Droem
Knaur

Jane Swigart

Von wegen Rabenmutter...

Die harte Realität der Mutterliebe

Aus dem Amerikanischen von
Irene Rumler

Droemer Knaur

Titel der Originalausgabe:
The Myth of the Bad Mother.
The Emotional Realities of Mothering
Originalverlag:
Doubleday

CIP-Titelaufnahme der Deutschen Bibliothek

Swigart, Jane
Von wegen Rabenmutter … Die harte Realität der Mutterliebe
Jane Swigart. [Aus dem Amerikan. von Irene Rumler]. –
München : Droemer Knaur, 1991
Einheitssacht.: The Myth of the Bad Mother <dt.>
ISBN 3-426-26512-5

Umschlaggestaltung: Atelier ZERO
Umbruch: Ventura Publisher im Verlag
Druck und Bindearbeiten: Franz Spiegel Buch GmbH, Ulm
Printed in Germany
ISBN 3-426-26512-5

2 3 5 4 1

Inhalt

Für
Saramanda
und
Tess

Einleitung

Der Mythos der schlechten Mutter

»Vielleicht geht es eher so zu, daß die Mutterbindung zugrunde gehen muß, gerade darum, weil sie die erste und so intensiv ist ...«

Sigmund Freud
»Über die weibliche Sexualität«

Tagebucheintrag: Dezember 1983

Gestern abend berichtete ich dem Kinderpsychiater N., daß ich endlich Frauen gefunden hatte, die aufrichtig über ihre Erfahrungen als Mütter schrieben. Er meinte: »Das waren sicher zornige, unglückliche Frauen. Bei denen kann man doch unmöglich darauf vertrauen, daß sie ihre Situation so schildern, wie sie wirklich ist. Frauen, die in ihrer Rolle als Mütter glücklich sind, reden nicht darüber.«
Ich konnte nicht einschlafen, weil mir die Frage im Kopf herumging, wie ein so intelligenter und gescheiter Mann wie N. zu einer solchen Einschätzung kommen konnte. Hatte er denn noch nie längere Zeit mit einem quengeligen Kind verbracht? Hatte er nie diese Schuldgefühle erlebt, die man bekommt, wenn man weiß, daß man ein Kind falsch behandelt hat (daß man sich nicht genug eingefühlt oder sich falsch verhalten hat)? Ich war so wütend, als hätte mir jemand den Mund verboten, als hätte er mit dieser Einstellung alle Mütter, die nicht zornig oder verzweifelt sind, zum Schweigen gebracht.
Doch vielleicht hatte N. recht. Vielleicht waren bei einem Großteil der Autorinnen, die ich entdeckt hatte (Tillie Olsen, Doris Lessing, Sylvia Plath, Anne Sexton, Grace Paley) wirklich Zorn oder Traurigkeit der

Auslöser dafür, daß sie ihr Schweigen gebrochen und die Erfahrungen ihres Mutterdaseins unter die Lupe genommen haben. Und doch geht aus ihren Werken eindeutig hervor, daß sie ihre Kinder geliebt haben. Vielleicht kann man einfach nicht aufrichtig sein, ohne gleichzeitig erbost und verärgert zu wirken, wie eine »Rabenmutter« eben. Dabei sind die meisten Mütter, die ich kenne, weder glückselig noch kreuzunglücklich, sondern leben in einer Grauzone, die wir uns eigentlich noch nie genauer angesehen haben. Für Mütter, die ihre Kinder lieben, ist es sehr schwer, sich nicht hin und her gerissen zu fühlen, nicht ständig voller Ängste und Schuldgefühle zu sein.

Das Bedürfnis jeder Mutter, gehört, ernstgenommen und verstanden zu werden, ist mit Sicherheit so wichtig wie das des Kindes. Den meisten Kindern ist nicht zu helfen, wenn man nicht gleichzeitig auch den Müttern hilft. Aber warum fällt es uns so schwer, über das zu reden, was uns in diesen vielen Tagen, Wochen und Jahren, die wir mit unseren Kindern verbringen, widerfährt – über die emotionalen Tatsachen des Mutterdaseins, mit denen man stündlich, ja im Grunde jede Minute zu tun hat?

Was als persönliches Tagebuch begann, in dem ich meine Erfahrungen als Mutter festhielt und zu ergründen versuchte, hat sich zu ausführlichen Recherchen zum Thema Aufziehen von Kindern im Bereich der Literatur und der Psychologie ausgeweitet. Was ich dabei über die Abläufe herausfand, die sich in dem Zeitraum, in dem man sich tagtäglich um ein Kind kümmert, in der menschlichen Psyche abspielen – über die tiefsten Empfindungen und Konflikte, die dieses ständige Sorgen in uns wachruft, und über ihre Bedeutung und Auswirkung auf unser Leben –, hat mich gleichzeitig fasziniert und erschreckt. Während ich alle Begleitumstände dieses Lebensabschnitts untersuchte, entdeckte ich nicht nur, was für eine heikle Angelegenheit die altruistische Liebe doch ist, sondern auch, wie sehr uns die Erfahrung, Kinder großzuziehen, mehr als alles andere Menschlichkeit lehrt.

In den vierziger und fünfziger Jahren galt im Mittelwesten der Vereinigten Staaten, wo ich aufgewachsen bin, die Aufzucht der

 Altruismus - Selbstlosigkeit

Kinder als Aufgabe der Frau. Die Familien waren groß, die Mütter ständig schwanger. Vier Kinder waren der Durchschnitt. Selbst in den Wohnvierteln der weißen Mittelschicht sahen die Mütter häufig erschöpft und überarbeitet aus. Das ständige Dasein für ihre Kinder führte offenbar dazu, daß sie geistig abstumpften und reizbar wurden.

Die Väter tauchten frühmorgens energiegeladen und glattrasiert auf und verschwanden dann wie Entfesselungskünstler bis zum späten Abend; manchmal waren sie auch tage- oder wochenlang auf Geschäftsreisen. Der Mittelpunkt ihres Lebens befand sich anderswo. Anderswo erledigten sie wichtige Arbeit und dachten über andere Dinge nach als über ihre Kinder und langweilige Hausarbeit. Das Bewußtsein von Wichtigkeit, das diese Männer ausstrahlten, erinnerte mich an Pfauen mit ihrem schillernden Federkleid.

Die Frauen dagegen, festgefahren in der eingeengten, feuchten Welt kleiner Körper, die ständig Nahrung und Aufmerksamkeit brauchten, wirkten so farblos wie gluckende Hennen. Andauernd kletterten warme, quirlige Fleischbündel auf ihren Schoß und kuschelten sich in ihre Arme. Dann krabbelten diese Fleischbündel wieder herunter, liefen auf und davon, jeden Tag ein Stück weiter weg ... Daß diese Mütter heftige emotionale Stürme abwettern mußten, daß sie ein Kaleidoskop widersprüchlicher Empfindungen durchmachten, davon hatte ich keine Ahnung. Ebensowenig konnte ich mir damals vorstellen, daß das Aufziehen von Kindern auch mit Genuß verbunden sein könnte (mit Freuden, die, wie ich später entdecken sollte, fast zu köstlich und beneidenswert waren, um sie laut auszusprechen).

Bevor ich selbst Kinder hatte, vergleichsweise spät für meine Generation (das erste bekam ich mit dreiunddreißig), empfand ich wenig Mitleid mit diesen an ihre Fleischbündel gefesselten Mütter meiner Jugend, am wenigsten für meine eigene Mutter – dazu hatte ich zu hart kämpfen müssen, um mich der Reichweite ihrer erdrückenden Arme zu entziehen. Jetzt, wo ich zu beschreiben versuche, was in Müttern vorgeht, stelle ich fest, daß das schillernde Federkleid des männlichen Intellekts, bei dem ich früher Zuflucht vor der an kindlichen Bedürfnissen erstickenden Welt meiner Mutter suchte und auch fand, nur begrenzt tauglich ist. Sooft ich jetzt versuche, dieses intellektuelle Erbe für mich zu nutzen, stoße ich auf einen hinreißenden Jungen: Huckleberry Finn, mit einem Fuß schon aus der Tür und drauf und dran, »nach Westen« zu verduften.

Huck Finn ist ein Symbol für die Sehnsucht, der fürsorglichen Obhut, die einem zum Hals heraushängt, zu entfliehen und ein unabhängiges Leben zu führen. Die Mutterfigur in Mark Twains Roman verkörpert unter anderem unser mehr oder minder sklavisches Angekettetsein an jemanden, der uns Zügel anlegt, uns bremst und Forderungen stellt, die unsere Selbständigkeit einschränken. Als Gegenleistung werden unsere Grundbedürfnisse erfüllt: Nahrung, Kleidung, Anerkennung, die Geborgenheit eines warmen Bettes, ein Dach über dem Kopf. Aber der Preis dafür ist die Freiheit. Wie habe ich mich als Kind danach gesehnt, es genauso wie Huck zu machen, den mütterlichen Dunstkreis zu verlassen und mit Jim auf das Floß zu klettern, das den Fluß hinab in die Freiheit treibt.

Aber Huck ist ein Junge, ungebunden und kinderlos. Mit zunehmendem Alter verblaßte für mich seine Anziehungskraft. Ich kann mich nicht mehr genau erinnern, wann ich Hucks Freiheit eher als ein zwanghaftes Davonlaufen empfand, als eine andere Form des Gefangenseins. Ich glaube, es war zu der Zeit, als ich anfing, mir Kinder zu wünschen.

Jetzt bin ich selbst eine Mutter. Meine Kinder sind kleine Huckleberrys und laufen von mir weg. Und dann kommen sie wieder zurückgerannt, klammern sich kurz an mir fest (um sich zu vergewissern, daß ich noch da bin), nur um beim nächstenmal noch weiter wegzulaufen. Erst fordern sie, und im nächsten Augenblick springen sie unbekümmert zur Tür hinaus. Heute wollen sie in den Arm genommen werden, brauchen körperliche Nähe und ein mitfühlendes Herz – innige Vertraulichkeit in irgendeiner Form –, morgen wollen sie mit ihren Freunden völlig in Ruhe gelassen werden und die Welt einfach auf ihre eigene, individuelle Art erleben. In diesem Buch untersuche ich das Schicksal derjenigen, die wie ich Kinder großziehen und dabei bremsen und Forderungen stellen müssen, bis diese Kinder kriechen, krabbeln, gehen und schließlich davonlaufen können.

Das Denken des Mannes ist überschattet von dem Wunsch, der

Mutter zu entfliehen, das der Frau davon, daß ihr genau dieses nicht gelingt. Die erste Realität in unserem Leben *ist* die Mutter. Vor eben dieser Realität laufen die Menschen in der westlichen Welt von jeher davon, bis sie erschöpft und verschlissen sind. Und vor eben diesem Verschmolzensein, das wir bei unserer ersten, für uns sorgenden Bezugsperson erlebt haben, laufen auch wir davon, obwohl wir uns gleichzeitig danach sehnen. Wir verbergen diese Sehnsucht und unseren Wunsch, davor wegzulaufen, indem wir die Mutter abwerten und *unsere eigenen Erfahrungen als Mütter, unsere eigenen Gefühle als sorgende Bezugspersonen* aus unserem Bewußtsein ausklammern. Sobald wir selbst Eltern werden, taucht die eigene Mutter in uns auf: manchmal als Madonna, manchmal als Hexe. Sie ist die Person, der wir einmal näherstanden als irgendeinem anderen Menschen – und jetzt sind wir in ihre Rolle geschlüpft.

Was bedeutet es, *nicht* »nach Westen« zu verduften? Diejenige zu sein, die zu Hause bleibt und sich tagtäglich um die Kinder kümmert? Bei kleinen Kindern zu bleiben bedeutet oft, in einer beengten Umgebung festzuhocken, häufig untätig dazusitzen oder herumzustehen. Bei einem Kind zu bleiben bedeutet, eine Verantwortung zu übernehmen, die so schwer und ehrfurchtgebietend ist, daß man sie unterdrücken oder verleugnen muß: Es bedeutet, das kleine Kind vor den Gefahren zu schützen, denen es Tag für Tag ausgesetzt ist. Babys kriechen, krabbeln, torkeln und fallen von Sofas, Klettergerüsten und Rutschen. Sie essen Dreck, Schuhcreme, Hundekot – einfach alles, wenn man sie nicht daran hindert. Sie können an Kieselsteinen ersticken und in knietiefem Wasser ertrinken. Bei Kindern zu bleiben bedeutet, dafür zu sorgen, daß sie gedeihen, emotional wie körperlich; und es bedeutet, daß man sie in eine Gesellschaft hineinwachsen läßt, die jedes Jahr Milliarden dafür ausgibt, sie auszubeuten.

Vor der Geburt meines ersten Kindes interessierte es mich nicht sonderlich, was Mütter eigentlich empfanden, wenn sie sich um ihre Kinder kümmerten. Ich hatte die diffuse Vorstellung, daß Frauen entweder gute Mütter waren, die ihre Kinder glücklich machten, oder schlechte Mütter, die sie unglücklich machten. Für die schlechten gab es viele Bezeichnungen: die kastrierende Mutter, die erdrückende, zudringliche Mutter; die kalte, zurückweisende Mutter. Die guten Mütter waren

alle so ziemlich gleich: Sie liebten ihre Kinder bedingungslos und rakkerten sich ab, damit es die Kinder so gut wie möglich hatten.
Erst als ich selbst Kinder hatte, wurde mir klar, wie häufig wir diese Mythen – von guten und schlechten Müttern – benutzen, um die chaotischen, manchmal überwältigenden Empfindungen zu vertuschen, die unweigerlich in uns aufgewühlt werden, wenn wir Kinder haben. Da kleine Kinder extrem verwundbar sind, fällt es uns schwer, jene Aspekte genauer unter die Lupe zu nehmen, die das Sorgen für Kinder mit sich bringt. Noch größer wird unser Widerstand, wenn es darum geht, uns klarzumachen, welche *Gefühle* die Menschen haben, die sich ständig um Kinder kümmern.
Sobald wir uns an diese enge Beziehung zwischen Mutter und Kind herantasten, neigen wir dazu, unsere Aufmerksamkeit vom Erwachsenen weg zum Kind schwenken zu lassen. Je gründlicher wir das Kind betrachten, um so weiter rückt die verantwortliche Bezugsperson in den verschwommenen Hintergrund, wo sie groß, aber undeutlich als Madonna oder Hexe aufragt. Doch häufig rührt unser Versagen beim Aufziehen von Kindern daher, daß wir uns sträuben, den gemischten und oft widersprüchlichen Gefühlen, die wir unseren Kindern gegenüber empfinden, auf den Grund zu gehen.
Da wir in einer Gesellschaft leben, in der die Mutter idealisiert und gleichzeitig abgewertet wird, war ich gezwungen, nachzusehen, was letzten Endes hinter diesen beiden Mythen steckt: dem Mythos der schlechten Mutter, die für die emotionalen Probleme und das Unglück ihrer Kinder verantwortlich ist, und dem der guten Mutter, die sich selbstlos ganz dem Wohlergehen ihrer Kinder widmet. Was ich dort gefunden habe, ist ein recht finsteres Kapitel in unserer Kultur, bei dessen Erforschung wir noch ganz am Anfang stehen.

Der Mythos

Stellen Sie sich eine Frau vor, die nur das Beste will für ihre Kinder, deren Bedürfnisse sie mühelos intuitiv erfaßt. Diese Mutter vergöttert ihre Sprößlinge und findet sie faszinierend. Sie ist so gut auf ihre Kinder eingestimmt und so einfallsreich, daß Langeweile für sie ein

Fremdwort ist. Sich um ihre Kinder zu kümmern, ist für sie so selbstverständlich wie atmen, und sie empfindet es als ein Vergnügen, das ihr keinerlei Selbstdisziplin oder Aufopferung abverlangt. Sie ist der Typus der guten Mutter.

Und jetzt stellen Sie sich das Gegenteil vor: eine Frau, der ihre Kinder schnell lästig fallen, der es gleichgültig ist, ob es ihnen gut geht; eine Mutter, die so narzißtisch veranlagt und so sehr mit sich selbst beschäftigt ist, daß sie nicht in der Lage ist, zu erkennen, was für ihre Kinder das Beste ist. Da sie unempfänglich für ihre Bedürfnisse ist, kann sie sich auch nicht in sie einfühlen und benutzt sie häufig, um sich selbst Befriedigung zu verschaffen. Diese Frau fügt ihren Kindern Schaden zu, ohne es zu wissen. Da sie unfähig ist, aus dem Leid, das sie verursacht, zu lernen, ist sie auch nicht in der Lage, sich zu ändern. Sie ist der Typus der schlechten Mutter.

So sehr wir uns auch danach sehnen mögen, der anfangs beschriebenen mythischen Gestalt zu gleichen, so wissen wir doch aus unseren täglichen Erfahrungen im Umgang mit Kindern und den kritischen Situationen, in die wir dabei geraten, daß wir nicht so sind und es nie sein werden. Es gibt keine perfekten Mütter. Gelegentlich hören wir von gestörten Individuen, die der zweiten mythischen Gestalt ähneln. Die Medien bringen Geschichten von bösartigen oder psychotischen Menschen, die ihren Kindern Schreckliches antun, ohne Schuldgefühle oder Reue zu empfinden. Ich möchte jedoch ausdrücklich zwischen solchen Einzelfällen und der großen Mehrheit der Mütter unterscheiden, nämlich Frauen, die ihre Kinder lieben und sie so gut wie möglich großziehen wollen … und die befürchten, schlechte Mütter zu sein.

Theoretisch können wir uns leicht eine Frau vorstellen, die in der Lage ist, ihre Kinder so zu lieben, wie wir es für richtig halten. In der Praxis jedoch führt die emotionale Situation, die durch das Aufziehen von Kindern entsteht, dazu, daß einerseits unser schlimmster Zerstörungsdrang zum Tragen kommt, andererseits unsere tiefsten Hoffnungen und Sehnsüchte und unsere ganze Liebesfähigkeit. Im Umgang mit unseren Kindern wollen wir unbedingt in Höchstform sein: voller Liebe und echter Anteilnahme. Doch die absolute Abhängigkeit und Hilflosigkeit kleiner Kinder fordert von dem, der für sie sorgt, immer wieder, daß er gibt, ohne unmittelbar etwas Greifbares zurückzubekommen. Selbst unter optimalen Voraussetzungen läßt sich ein solcher Altruismus schwer aufrechterhalten. Wir alle erleben Zeiten, in denen wir uns dabei ertappen, daß unsere Liebe aufgesetzt ist, daß wir es versäumen, die legitimen Bedürfnisse unserer Kinder zu befriedigen, daß wir ihre Gefühle verletzen. Wir lieben unsere Kinder innig, aber auf eine mangelhafte Art und Weise, über die nachzudenken recht schmerzlich ist.

Der ständige Umgang mit Kindern fördert unsere großzügigsten Seiten zutage – und unsere gemeinsten: Grausamkeit, Gleichgültigkeit, Besitzgier, Neid und Unwillen nicht nur über den Anspruch des Kindes auf Fürsorge, sondern auch über das langweilige, sich andauernd wiederholende Füttern, Wickeln und Pflegen.

Um die irritierenden Gefühle abzuwehren, die der ständige, enge Kontakt mit Kindern in uns wachruft, machen wir uns auf die Suche nach einem Sündenbock, nach der Ursache des emotionalen Schmerzes. Als Gesellschaft deuten wir mit einem kollektiven Zeigefinger auf die »Rabenmütter« und bringen damit alle anderen Mütter dazu, über ihre Situation Schweigen zu bewahren, aus Angst, sie könnten vielleicht wirklich die Ursache für die Schwierigkeiten und das Leid ihrer Kinder sein. Der Mythos der Rabenmutter ist das fotografische Negativ jenes anderen Mythos von der perfekten, hingebungsvollen Mutter. Diese Mythen verleiten uns zu dem Glauben, daß ausschließlich die Mütter – entweder liebevoll und Befriedigung verschaffend oder egoistisch und sich versagend – dafür verantwortlich sind, was aus ihren Kindern wird.

In Wirklichkeit jedoch ist das Aufziehen von Kindern ein Gemeinschaftsunternehmen, bei dem die Väter, das familiäre Umfeld und die ganze Gesellschaft insofern eine Rolle spielen, als sie sich entweder aktiv am Wohlergehen der Kinder beteiligen oder ihre Anteilnahme verweigern. Der Mythos der Rabenmutter verschleiert die Tatsache, daß die ersten Lebensjahre eines Kindes die wichtigsten und prägendsten sind. Die Zuständigkeit und die Verantwortung für diese entscheidende Phase sollte nicht nur in den Händen einer einzelnen, gering gewerteten, von niemandem unterstützten Person liegen. Unsere schnelle Bereitschaft, Mütter zu verteufeln oder zu idealisieren, macht uns blind für das, was wir sind, und schützt uns davor, die gewaltige, komplexe Aufgabe des Kinderaufziehens genauer unter die Lupe zu nehmen. Solange wir nichts über die damit verbundenen emotionalen Tatsachen wissen und nichts über die Bedürfnisse und Gefühle derer, die sich um die Kinder kümmern, kann es uns nicht gelingen, auf nationaler Ebene für eine optimale Betreuung unserer Kinder zu sorgen.

Die neue Moral

Im Verlauf des letzten Jahrhunderts haben wir eine ungeheure Menge an Informationen und Erkenntnissen über Kinder und ihr Bedürfnis nach Zuwendung im Säuglings- und Kleinkindalter zusammengetragen. Diese Untersuchungen von Kinderpsychiatern, Psychologen und Psychoanalytikern über die Bedeutung von liebevoller Zuwendung zu diesem frühen Zeitpunkt haben Eltern, zum erstenmal in der Geschichte, dazu animiert, sich Mühe zu geben, mit ihren Kindern so liebevoll und mitfühlend wie möglich umzugehen. *Doch das Interesse am Kind hat einen solchen Vorrang vor dem Interesse an der Mutter eingenommen, daß wir nahezu nichts über uns selbst als verantwortliche Bezugspersonen wissen.*

Allen Frauen, die Kinder bekommen, wird von der Gesellschaft die Rolle der »Mutter« auferlegt. Ob diese Rolle akzeptiert und gelebt oder ob sie jemand anderem übertragen wird (Kindermädchen, Kinderkrippe, Verwandten, Adoptiveltern), hängt von den kulturellen Umständen, von gesellschaftlichen und finanziellen Faktoren, von der emotionalen Belastbarkeit der Mutter und den jeweiligen Moden in der Kindererziehung ab. In Büchern, wie etwa *Geschichte der Kindheit* von Philippe Ariès, *Die Mutterliebe* von Elisabeth Badinter und *Inventing Motherhood* von Anne Daly, begegnen wir so unterschiedlichen Einstellungen von Müttern gegenüber ihren Kindern, daß es schwerfällt, zu entscheiden, was schockierender ist: die Gleichgültigkeit gegenüber Kleinkindern in vergangenen Jahrhunderten oder das enorme Augenmerk, das man in letzter Zeit – schon fast zwanghaft – auf die Kinder richtet. Neu ist, Badinter zufolge, die Tatsache, daß die Verantwortung für das tagtägliche Wohlergehen des Kindes heutzutage allein auf der Mutter lastet. Neu ist auch die ethische Dimension, die unserer heutigen Einstellung zugrunde liegt. Wir betrachten die Geburt eines Kindes nicht mehr ausschließlich als ein biologisches Ereignis, das der Erhaltung der Gattung dient. Wir begreifen inzwischen, daß das, was wir mit unseren Kindern *anstellen*, was wir *fühlen* und wie wir uns *verhalten*, wenn wir mit ihnen zusammen sind, tiefgreifende Auswirkungen auf ihr Leben hat.

Dem Denken von Freud und Jung, ihren Schülern und Kritikern liegt eine unausgesprochene Moral zugrunde, die für uns entscheidende Fragen aufwirft. Wir wissen inzwischen, wie leicht man Kinder zu rein egoistischen Zwecken benutzen kann – aus Gründen der Selbstdarstellung, um ein schales Leben mit Sinn zu erfüllen oder ein schwankendes Selbst zu retten. Vielleicht ist dieses neue Bewußtsein, wie leicht man ein Kind verletzen kann, eine der größten moralischen Errungenschaften des westlichen Denkens.

Doch statt uns anzuregen, das zu erforschen, was die heikle Aufgabe des emotionalen Gebens alles beinhaltet, liefen diese neuen Moralvorstellungen darauf hinaus, daß man unmögliche Elternideale postulierte und den Müttern Vorwürfe machte, wenn sie diesen Idealen nicht gerecht wurden. Noch immer gehen zu viele Leute davon aus, daß einem die intuitiven Fähigkeiten, die erforderlich sind, um ein Kind erfolgreich auf seinen Lebensweg zu schicken, einfach so zufliegen oder es nicht wert sind, daß man sich darüber Gedanken macht. Zwar gilt das Sorgen für Kinder allgemein als heilige Pflicht, doch beim Ausüben dieser Pflicht erhalten die Frauen keinerlei Unterstützung. Und deshalb können Mütter diese Pflicht auch gar nicht erfüllen.

Es kommt häufig vor, daß wir ein Kind als ein Wesen in einem Vakuum oder als das Opfer mangelnder elterlicher Fürsorge betrachten. Die Bedürfnisse derer, die für die tägliche Betreuung des Kindes verantwortlich sind, werden kaum beachtet oder gar ebenso gründlich untersucht wie die Bedürfnisse des Kindes. Unsere Gesellschaft geht davon aus, daß das Aufziehen kleiner Kinder eine leichte Aufgabe ist, für die Frauen, nicht aber Männer, eine natürliche Begabung mitbringen. Wir klammern uns an das Bild der Mutter als der geborenen »Fürsorgerin«, die keine eigenen Bedürfnisse kennt, sondern nur die ihrer Kinder.

Da an den Erfahrungen dieser »Fürsorger« so wenig Interesse besteht, leugnen oder verbergen Mütter weitgehend, wie ihre vielfältigen Pflichten sich tatsächlich auf sie auswirken. Dieses Schweigen einer ganzen Kultur über die emotionalen Tatsachen des Kinderaufziehens erzeugt solche Ängste, Schuldgefühle und Gefühle der Unzulänglichkeit, daß viele Menschen es als zu bedrohlich empfinden, genauer hinzusehen, in welchem subjektiven Zustand sie sich befinden, wenn sie für ihre Kinder sorgen. Es ist so, als wäre es denjenigen, die sich um ihre Kinder kümmern, nicht erlaubt, offen zu reden. Das Ergebnis ist, daß viele Mütter, darunter auch einige, die ich interviewt habe, gar nicht mehr den Wunsch verspüren, sich über diesen recht empfindlichen Teilbereich ihres Lebens auszusprechen. Das Überangebot an Büchern für Eltern scheint die Situation nur noch zu verschlimmern, weil hier häufig, oft in herablassendem Ton, unmögliche Elternideale postuliert werden und die Betonung ganz darauf liegt, was wir tun und sein *sollten*, statt darauf, wie und wer wir sind.

Verständnis für die Bezugsperson

Wenn wir nicht unmittelbar und hautnah erlebt haben, was es bedeutet, sich über einen längeren Zeitraum hinweg um Kinder zu kümmern, identifizieren wir uns eher mit dem Kind als mit dem Elternteil, der für das Kind da ist. Einige von mir befragte Kinderpsychologen sind inzwischen der Ansicht, daß wir vermutlich erst dann neue Erkenntnisse über Kinder gewinnen können, wenn diejenigen, die ständig mit ihnen zu tun haben, ganz offen über ihre Erfahrungen reden können.

Im Verlauf eines Interviews erzählte mir ein Psychoanalytiker:

> Ich war nicht in der Lage, mich in meine Patientinnen mit kleinen Kindern einzufühlen, bis meine Frau einmal weg mußte und ich mich zweieinhalb Wochen um unseren dreijährigen Sohn kümmerte. Ich hatte nie zuvor eine derart intensive Eins-zu-eins-Beziehung erlebt, in der man selbst immer nur gibt. Dadurch hat sich mein Leben buchstäblich verändert. Mir wurde klar, daß ich im Grunde keine Ahnung von Kindern hatte und davon, was

> Mütter so durchmachen; erst wenn man sich Tag für Tag und Stunde für Stunde um sie kümmert, lernt man zum einen ihre Welt kennen und weiß andererseits, in welchem Widerspruch sie zur Erwachsenenwelt steht. Es ist erschreckend, wieviel ich bei mir selbst, bei meinen Patienten und sogar bei meinem eigenen Sohn einfach nicht begriffen hatte.

Wir müssen herausfinden, welche Voraussetzungen altruistisches Verhalten fördern und aufrechterhalten, und was die Gründe dafür sind, daß es grundsätzlich schwierig ist, sich um Kinder zu kümmern. Ob wir nun Mann oder Frau sind, Kinder haben oder nicht, für Kinder zu sorgen erweckt unser verschüttetes Selbst. In guten wie in schlechten Zeiten lenkt uns der ständige Umgamg mit Kindern in zwei Richtungen: äußerlich zu den Kindern hin, für die wir sorgen, innerlich zu unseren eigenen frühesten Erfahrungen mit dem Umsorgtwerden. Die erste, ungeheuer intensive Beziehung zu unserer Mutter bleibt häufig unbewußt und unzugänglich, bis wir selbst Kinder haben; dann allerdings steigen all die Sehnsüchte und die ambivalenten Gefühle, die wir ihr gegenüber empfunden haben, wieder in uns hoch.

Dadurch, daß wir uns die Gefühle und Widersprüche bewußter machen, die unsere Kinder bei uns wecken, bekommen wir Zugang zu einigen Gefühlen, die unsere Eltern möglicherweise uns gegenüber empfunden haben. Oft gelingt es uns erst, wenn wir selbst Kinder haben, toleranter und nachsichtiger zu werden und zu jener schwierigen Ganzheit zu gelangen, die uns menschlicher werden läßt und die Vorliebe, mit der wir die Schuld bei anderen suchen, etwas abbaut. Die Psychoanalytikerin Selma Fraiberg verfaßte kurz vor ihrem Tod einen Artikel, in dem sie nachweist, daß das einfühlsame Verständnis für die Probleme der Mutter (im Gegensatz zu Mißbilligung und Tadel) die liebevolle, lebenspendende Beziehung zwischen Mutter und Kind wiederherstellen und stärken kann. Auf diesen Artikel möchte ich auch deshalb aufmerksam machen, weil eine frühere Arbeit von Fraiberg, *Every Child's Birthright: In Defense of Mothering*, ein Beispiel dafür liefert, wie psychoanalytische Theorien die Schuldgefühle von Müttern schüren und dadurch bewirken können, daß diese nur ungern offen und ehrlich über ihre Situation reden. Dieses Buch, in dem nachdrücklich betont wird, wie wichtig für den Säugling die Anwesenheit der Mutter ist, war für viele Mütter, die kurz nach der Geburt ihrer Kinder notgedrungen wieder arbeiten gehen mußten, äußerst beunruhigend. Selma Fraibergs Wirken gegen Ende ihres Lebens – sie gründete ein Behandlungszentrum für besonders gefährdete, unter Druck stehende Mütter mit Säuglingen und arbeitete intensiv mit ihnen – bestätigte die Erkenntnisse, zu denen sie und viele andere Fachleute endlich gelangt sind: daß es ebenso wichtig ist, auf die Bedürfnisse der *Mutter* zu hören, sie wichtig zu nehmen, Verständnis und Mitgefühl dafür aufzubringen wie für die ihres Kindes, und daß den meisten Kindern nicht zu helfen ist, wenn man nicht gleichzeitig den Müttern hilft.

Wenn niemand Mitleid mit der Mutter hat, wenn niemand da ist, der ihr zuhört, Verständnis für sie hat und auf ihre Schwierigkeiten und Frustrationen reagiert, wird sie sich zwangsläufig ignoriert, wertlos und zum Schweigen gebracht fühlen. Diese schmerzliche Erfahrung von Müttern, die sich unbeachtet und unwichtig fühlen, ist ähnlich wie die von Säuglingen, die niemand liebt, umsorgt und widerspiegelt. Wenn niemand da ist, der die tiefsten Gefühle und das Innenleben eines Kindes bestätigt, erhält dieses Kind nicht das erforderliche *feedback*, um einen Bezug zur Realität und ein starkes Selbstgefühl zu entwickeln. Dasselbe gilt für die Mutter. Es ist, als hätte unsere Kultur die Mütter ihrer Subjektivität beraubt und damit die Zukunft unserer Kinder aufs Spiel gesetzt.

Muttersein in der heutigen Zeit

Ich möchte in diesem Buch weder leugnen, daß das Aufziehen von Kindern etwas Tiefgreifendes und Sinngebendes ist, noch möchte ich die köstlichen Freuden, die der Umgang mit Kindern mit sich bringen kann, zu niedrig veranschlagen. Doch der Druck, den die Gesellschaft in unserem postindustriellen Zeitalter ausübt, erschwert die alltäglichen Aufgaben der Eltern ganz extrem. Zunächst einmal müssen wir uns sowohl die Schwierigkeiten als auch die Möglichkeiten ansehen, die Eltern haben, um emotionale Konflikte, die in bestimmten Entwicklungsstadien ihrer Kinder auftreten, erkennen, bewältigen und lösen zu können.

Viele von uns haben negative, manchmal sogar zerstörerische Beziehungsmuster ererbt, die wir, ohne es zu wissen, an unsere Kinder weitergeben. Uns diese Verhaltensweisen bewußt zu machen, empfinden wir als illoyal gegenüber unseren Eltern, die zweifellos ihr Bestes versucht haben und an denen wir hängen, ganz gleich, was sie getan oder versäumt haben. Doch wie der Anstieg der Jugendkriminalität, der Selbstmordrate und des Drogenmißbrauchs zeigen, gibt es wohl Erziehungsmethoden, die unsere Kinder äußerst empfänglich für schädliche Einflüsse machen.

Dieses Buch basiert im wesentlichen auf der Prämisse, daß wir, bevor wir die destruktiven Faktoren der modernen Zivilisation verstehen können, unsere wahren Gefühle gegenüber unseren Kindern und die komplexen Aufgaben, die das Aufziehen dieser Kinder mit sich bringt, erforschen müssen. Wir wissen, daß die Art und Weise, wie wir mit unseren Kindern umgehen, darüber entscheidet, wie in Zukunft mit der Erde umgegangen wird; daß unsere Gefühle ihnen gegenüber einen Einfluß auf die Außenpolitik haben, auf die Waffen, die wir herstellen, auf die Kriege, in die wir sie schicken. Ein Teil unserer Aufgabe als Eltern besteht heutzutage darin, Entwicklungen bewußt zu machen, die für unsere Kinder tödliche Konsequenzen haben könnten, damit wir ihnen nicht ein selbstzerstörerisches Vermächtnis hinterlassen. Wenn ich mich hier auf die dunklere Seite des Mutterseins konzentriere, so deshalb, weil ich das Gefühl habe, daß noch viel zu wenig darüber geschrieben worden ist, wie sich emotionale Deprivation auf *Eltern* auswirkt und welchen Einfluß sie auf deren Umgang mit den eigenen Kindern hat.

Früher einmal glaubte man, daß sich nur Männer davon ablenken oder abhalten lassen, sich um ihre Kinder zu kümmern. Inzwischen geht es den meisten Frauen so, daß sie zwischen der Arbeit, die sie von den Kindern wegholt, und ihrer Verantwortung als Mutter hin und her gerissen sind. Die Erfahrungen, die wir mit unseren Kindern machen, werden ganz erheblich von wirtschaftlichem Druck, Produktionsbedingungen, Marketingstrategien und Konsumdenken beeinflußt –

Faktoren, die sich katastrophal auf die Familie auswirken. Mag sein, daß unser Schweigen über die emotionale Situation derer, die Kinder großziehen, damit zu tun hat, daß wir die Familie nicht noch mehr durcheinanderbringen wollen, als dies ohnehin schon der Fall ist. Entscheidend für unser Verständnis der Sorgesituation ist eine gründliche Untersuchung der sich wandelnden Rolle der Mutter im öffentlichen Leben und der Tatsache, daß die Gesellschaft die für das Aufziehen von Kindern erforderlichen Fähigkeiten in grobem Maße abwertet.

Wir müssen für Mütter eine positive »haltende Umwelt« schaffen, um einer Gesellschaft entgegenzuwirken, die dem Wohlergehen nicht nur der Kinder, sondern auch derer, die sich um sie kümmern, in vieler Hinsicht feindlich gegenübersteht. Wie der von dem britischen Psychoanalytiker D. W. Winnicott geprägte Ausdruck nahelegt, erstreckt sich die »haltende Umwelt« des Kindes über die mütterlichen Arme hinaus auch auf die emotionale Befindlichkeit der Mutter, auf das gesamte Umfeld der kindlichen Welt. Darüber hinaus möchte ich dieses Konzept der »haltenden Umwelt« in diesem Buch auf sämtliche kulturellen Einflüsse ausdehnen, die die Mutter in ihrer Rolle als sorgende Bezugsperson betreffen.

Kommt eine Mutter nicht selbst in den Genuß einer schützenden und unterstützenden »haltenden Umwelt«, während sie versucht, ihrem Säugling eine solche zu bieten, kann es passieren, daß sich die Beziehung zu ihrem kleinen Kind schmerzlich und traumatisch entwickelt. Was für die Mutter traumatisch ist, ist auch für den Säugling, das Baby und das Kleinkind traumatisch. Um für diejenigen, die Kinder aufziehen, eine positive »haltende Umwelt« zu schaffen, ist es nach meiner Überzeugung nicht nur erforderlich, die verborgensten Gefühle von Müttern zu verstehen und nachzuempfinden, sondern auch über die äußeren Gegebenheiten Bescheid zu wissen, mit denen sie fertig werden müssen.

Arbeitsmethoden

Um den Mythos der Rabenmutter zu zerpflücken, habe ich versucht, unsere verborgensten Gedanken aufzuspüren, unsere unausgesprochenen Gefühle darzulegen und die unterschwelligen Tiefen auszuloten, um Licht in das Dunkel unserer emotionalen Geheimnisse zu bringen. Meine Untersuchungen über die tatsächliche Situation derer, die Kinder großziehen, verlaufen nicht linear. Kinder aufzuziehen verlangt von uns, daß wir die Grenzen zwischen uns selbst und dem anderen verwischen, in das Erleben eines Kindes eintauchen, um zu begreifen, was es empfindet und braucht. Dieser vorübergehende Verlust des eigenen Selbst führt dazu, daß das Thema des Kinderaufziehens samt allem, was dazugehört, etwas Bedrohliches annimmt und auf einer rationalen, nichtintuitiven Ebene schwer in den Griff zu bekommen ist.

Wir haben unseren reinen Verstand schon zu häufig dazu benutzt, um emotionale Gegebenheiten, die unser Leben lenken, wegzuleugnen. Aus diesem Grund habe ich verschiedene Forschungsmethoden gemischt: Tagebucheinträge und literarische Zitate; Interviews mit Eltern, Psychologen und Fachleuten aus dem medizinischen Bereich; psychoanalytische Fallgeschichten, persönliche Geständnisse und philosophische Aussagen. Mit voller Absicht bewege ich mich in diesem Buch zwischen den distanzierten, unpersönlichen Stimmen von Naturwissenschaftlern, Historikern und Literaturkritikern und den vertraulichen Mitteilungen von Menschen hin und her, die sich weder hinter einer akademischen Disziplin noch hinter den schweren Eisentüren des Intellekts verschanzen.

Um die Mutter deutlich abgegrenzt und nicht mit ihrem Kind verschmolzen zu sehen, bedarf es der künstlerischen Erhellung. Der Künstler leuchtet in die finstersten, bedrohlichsten Winkel unserer Kultur, macht uns mit Gefühlen bekannt, die im täglichen Leben noch nicht zugelassen sind, gestattet es uns, Aspekte der Realität zu betrachten, die sonst vielleicht zu häßlich oder zu erschreckend sein könnten.

Einmal abgesehen von den Werken einiger Autorinnen, die die Mutter-Kind-Beziehung aus der Perspektive des sorgenden Elternteils betrachten, zeigt unsere Kultur wenig Interesse an den schmerzlichen und frustrierenden Erfahrungen, die Mütter mit ihren Kindern machen. Aus diesem Grund verlasse ich mich in einigen Kapiteln auf das Können und die Kraft von Frauen, die in ihren Romanen und

Gedichten die unaufbereiteten Erfahrungen von Mutter-Kind-Beziehungen in Kunstwerke umgestalten. Dank ihres Mitgefühls für die sorgende Mutter formen diese Autorinnen die vielfältigen Emotionen von Müttern um und setzen ihnen so ein Denkmal. Diese fiktiven Behandlungen unseres Themas verschaffen mir jenen Abstand – das, was Winnicott als den »potentiellen Raum« zwischen der äußeren Realität und der inneren oder psychischen Realität des Individuums bezeichnet –, der es mir ermöglicht, mich auch auf die tiefere Bedeutung von mütterlichem Versagen einzulassen.

Wir wissen inzwischen, daß in Fällen, in denen eine Mutter anhaltende Schwierigkeiten hat, ihrem Kind liebevolle Zuwendung zu geben, beim Kind irreversible Schäden entstehen können. Dies gilt vor allem für die ersten Jahre, in denen die Abhängigkeit und Verwundbarkeit eines Kindes am größten ist. Da wir uns weitgehend mit der Hilflosigkeit von Kindern identifizieren, ist es schmerzhaft, gestörte Verhältnisse zwischen Kindern und Erwachsenen zu erforschen. Die Ungerechtigkeit gegenüber Kindern beunruhigt uns dermaßen, daß das Verständnis für den notleidenden Erwachsenen, der sich um das Kind kümmert, unsere Möglichkeiten häufig übersteigt. Wir haben oft das Bedürfnis, ein Kind zu retten, selbst Mutterstelle bei ihm zu übernehmen und diejenige Person zu bestrafen, die ihm Schaden zugefügt hat. Dadurch gehen wir aber einem grundlegenden Verständnis für die Voraussetzungen, die eine derart tragische Situation überhaupt erst geschaffen haben, aus dem Weg.

Wir alle versagen gelegentlich bei unseren Kindern – sind verletzend, unsensibel oder tun das Falsche. Das, was eine verwirrte Mutter durchmacht, ist oft nur eine extreme Form dessen, was wir alle erleben. Doch dadurch, daß wir die Spannungen und Widersprüche bei Müttern, die in ernsthaften Schwierigkeiten stecken, untersuchen, können wir viel über uns selbst erfahren und gleichzeitig lernen, die Voraussetzungen, die zu Kindsmißhandlungen beitragen, zu verändern.

Während meiner Arbeit an diesem Buch stieß ich häufig auf Ablehnung. Wenn ich Leuten erzählte, mit welcher Problematik ich mich befaßte, passierte es immer wieder, daß sie rasch den Blick abwandten oder sich von mir abkehrten. Man wechselte schnell das Thema, sprach über neutralere Dinge. Es gibt gute Gründe, warum das Schweigen über die Situation von Müttern anhält. Als ich die Werke von Doris Lessing und Tillie Olsen entdeckte, fand ich es anfangs unerträglich, ihre Romane und Erzählungen über die Erfahrungen von Müttern zu lesen. Tillie Olsens Short stories enthalten grimmige Wahrheiten darüber, was manche Mütter durchmachen. Die Schilderungen von Mutter-Säugling-Beziehungen in Doris Lessings frühen Werken sind einfach qualvoll. Da ich die Gedichte von Sylvia Plath und Anne Sexton zum erstenmal las, *bevor* ich selbst Mutter war, betrachtete ich die beiden Frauen zunächst nicht als *Mütter*, sondern als tragische Künstlerinnen, als hätten die beiden Aspekte im Leben einer Frau nichts miteinander zu tun. Als ich ihre Werke später nach Bildern und Informationen durchforstete, die sich auf ihre Erfahrungen als sorgende Mütter bezogen, entdeckte ich in ihren Gedichten dort, wo es um die komplexeren Erfahrungen ging, die jede Mutter mitmacht, eine unvergleichliche Ehrlichkeit.

Wie die literarischen Werke dieser beiden Frauen zeigen, sind mütterliche Gefühle von Schmerz durchsetzt, da sie immer auch mit unseren tiefsten Hoffnungen, unserem Zorn, unseren Ängsten und Sehnsüchten zu tun haben. Die leidenschaftlichen Gefühle, die unsere Kinder in uns wachrufen, werden selten ausgesprochen. In eben diese verschütteten Emotionen tauchen diese Autorinnen ein und schildern, wie schwierig es für manche Frauen ist, sich darüber Klarheit zu verschaffen. Dieses Erkunden innerer Zustände verleiht ihrem Werk etwas Beunruhigendes und gleichzeitig Kraftvolles.

In einigen Kapiteln des vorliegenden Buches wird über Fragen nachgedacht, die unsere Kultur gerne umgeht oder ableugnet: über unseren rätselhaften Kinderwunsch; über zwanghafte Schwangerschaften in Fällen, in denen weder der Wunsch noch die finanziellen Mittel vorhanden sind, ein Kind großzuziehen; über die Weigerung zahlreicher Männer, bei der tagtäglichen Fürsorge für die Kinder eine aktive, durchgängige Rolle zu spielen; und über die tiefere Bedeutung von mütterlichem Versagen. Drei Kapitel beschäftigen sich mit fest abgegrenzten Phasen in der Mutter-Kind-Beziehung – dem Säuglingsalter, dem Schulalter und der Adoleszenz –, während sich andere mit rätselhaften Bereichen befassen, die ich unter Berufung auf ein intuitives Verständnis dieser Themen zu entwirren versuche.

In Teil I, »Die vielschichtigen Probleme beim Aufziehen von Kindern«, untersuche ich, was das Großziehen von Kindern alles beinhaltet und was es bedeutet, in diesem Bereich zu versagen; ich untersuche die subjektiven Erfahrungen der Mutter in den ersten Lebensjahren ihrer Kinder und was uns dazu veranlaßt, uns fortzupflanzen. In Teil II, »Wir wollen nicht wissen. Wir wollen nicht sorgen«, beschäftige ich mich mit unserem Widerstand, zur Kenntnis zu nehmen, was Mütter mitmachen, mit der Abwertung der verantwortlichen Bezugsperson und mit der Frage, was so viele Leute davon abhält, sich auf das ganzzeitige Sorgen für ihre Kinder einzulassen. In Teil III, »Liebe und Verzicht«, wird das Wesen der schrittweisen Loslösung der Mutter von ihrem heranwachsenden Kind erörtert. Teil IV, »Was es bedeutet, wenn Mütter versagen«, befaßt sich mit der »haltenden Umwelt« für Mütter in unserer postindustriellen Gesellschaft, mit den Gründen für die Ängste und das Versagen von Müttern und damit, auf welche Weise das Sorgen für Kinder eine Erfahrung sein kann, die einen verändert, das eigene Bewußtsein erweitert und einen zu mehr Menschlichkeit führt.

Ich glaube, daß durch tiefere Einsichten in die Probleme, die das Aufziehen von Kindern mit sich bringt, ein positiveres Umfeld für all diejenigen geschaffen werden kann, die in unserer Gesellschaft die Fürsorge für Kinder übernehmen, und daß dies dazu führen kann, daß eine unserer allerwichtigsten Aufgaben einen höheren Stellenwert erhalten und entsprechend respektiert werden wird. Die Erforschung dieses sensiblen menschlichen Erfahrungsbereiches – in dem wir ebenso verwundbar sind wie die Kinder, deren Zukunft von unserer Fürsorge abhängt – wird uns in die Lage versetzen, die für uns selbst und für die nächste Generation zum Überleben so dringend erforderliche Liebe aufzubringen.

Teil I

Die vielschichtigen Probleme beim Aufziehen von Kindern

Kapitel 1

Mutterliebe und mütterliche Impotenz

Am Anfang kann man Liebe nur wirksam ausdrücken in Form der Säuglings- und Kleinkindpflege, was für uns die Bereitstellung einer förderlichen oder genügend guten Umwelt bedeutet; für den Säugling bedeutet es eine Möglichkeit, sich gemäß der stetigen Stufenfolge des Reifungsprozesses auf persönliche Weise zu entwickeln.

D. W. Winnicott
Reifungsprozesse und fördernde Umwelt

Ich leugne nicht, daß das Ungreifbare, etwa die Freude, Kinder aufwachsen zu sehen, das Verhalten beeinflußt. Aber wer will entscheiden, ob die Freude, zehn Kinder zu Kellnern in einem Drive-in-Restaurant aufwachsen zu sehen, größer ist als die, ein Kind zu einem Chirurgen heranwachsen zu sehen? Oder daß es für eine Frau lohnender ist, einen Chirurgen heranzuziehen, als selbst einer zu sein und keinen aufzuziehen?

Marvin Harris
Cannibals and Kings

Auszüge aus Interviews mit Müttern

Nichts könnte je den Platz meiner Kinder einnehmen. Wenn ich nicht schon zu alt wäre, würde ich noch ein Kind bekommen. Was mich beunruhigt, ist die Welt – das nukleare Wettrüsten (...) Hart ist für mich nicht das Großziehen der Kinder. Hart ist für mich vielmehr die Tatsache, daß ich, auch wenn ich meine vier Kinder noch so gut großziehe, machtlos bin, die Welt zu verändern – die ganzen Bomben und Kriege, die ganze Gewalt. Die schrecklich verschmutzte Luft, die meine Kinder Tag für Tag einatmen müssen, und die ganzen nuklearen Abfallprodukte. Es ist jetzt schon ziemlich schlimm; wie wird es erst für meine Kinder sein, wenn sie in meinem Alter sind und selbst Familien gründen? Wenn ich mich für einen Beruf entscheiden müßte, würde ich Politikerin werden – damit ich die Macht hätte, die Zerstörung rückgängig zu machen und meinen Kindern auf diese Weise zu einem besseren Leben zu verhelfen. (Marion, 46, vier Kinder)

Meine Mutter hat mir beigebracht, wie man einen Säugling bekommt, aber nicht, wie man ihn aufzieht. Ich hatte nie die Absicht, zu Hause zu bleiben und mich um ein Kind zu kümmern. Jetzt könnten Sie sagen, meine Arbeit als Kinderpsychologin besteht doch darin, mich um Kinder zu kümmern; aber ein psychisch gestörtes Kind stellt mich vor eine Reihe von faszinierenden, vielfältigen Problemen, die ich erst einmal erkennen muß und dann zu lösen versuche. Dieses Erkennen setze ich in einen psychotherapeutischen Prozeß um, der gleichzeitig auch ein intellektueller, ein intuitiver und ein emotionaler Prozeß ist. Trotzdem hat mir als Mutter nichts von alldem geholfen. Nach der Geburt meines Sohnes empfand ich die ewige Plackerei der Kinderpflege als unglaublich langweilig. Da halfen weder meine Promotion über die kindliche Entwicklung noch meine acht Jahre Privatpraxis. Mir zu überlegen, was ich den ganzen Sonntag lang mit meinem Sohn anfangen sollte, bereitete mir ungleich größere Schwierigkeiten als die zwei Jahre andauernde Behandlung meines problematischsten Patienten. Allerdings begreife ich jetzt besser, was Mütter durchmachen. Ich bin überzeugt, daß man einem Kind nicht helfen kann, wenn man kein Mitgefühl für die Mutter aufbringt (auch wenn einem das manchmal noch so schwerfällt). Aber abgesehen von der Tatsache, daß ich am Montag wieder zur Arbeit gehen durfte, gab es nichts, was mir meine Situation als Mutter erleichtert hätte. Vielleicht ist das so etwas wie Impotenz – mütterliche Impotenz. Ich kann meinem Sohn pro Tag nur ein bestimmtes Quantum geben. Danach fühle ich mich erschöpft und möchte zu meinem eigenen Leben zurückkehren, zu meiner eigenen Arbeit, die mich erfüllt. (Tanya, 35, ein Kind)

Die Geburt eines Kindes zehrt an den emotionalen und materiellen Vorräten jeder Gesellschaft. Da Kinder sehr verwundbar und absolut abhängig sind, kommt jede Geburt einer Art Bitte oder Forderung gleich. Ob wir der Notwendigkeit, uns um ein Kind zu kümmern, freudig oder gleichgültig, liebevoll oder ablehnend gegenüberstehen, spielt dabei keine Rolle, denn wir sind in jedem Fall gezwungen, uns mit der Problematik des Gebens auseinanderzusetzen. Wenn eine ganze Kultur das Interesse daran verliert, Kinder großzuziehen und das menschliche Leben zu bewahren – was meiner Meinung nach auf weite Teile unsere Kultur zutrifft –, müssen wir versuchen zu ergründen, was es bedeutet, wenn man sich um Kinder kümmert oder dies ablehnt, und was hinter unserer individuellen Fähigkeit oder Unfähigkeit, unsere Kinder und uns selbst zu lieben, steckt.

Die eingehende Beschäftigung mit dem Wesen der Mutterliebe hat mich dazu veranlaßt, zwei verschiedene Bewußtseinszustände zu postulieren: den einen, in dem wir für andere sorgen und dazu fähig sind, uns altruistisch um sie zu kümmern; diesen Zustand bezeichne ich als *Mutterliebe.* Und den anderen, in dem wir unfähig sind, uns um andere zu kümmern, und uns ganz zurückziehen; diesen Zustand bezeichne ich als *mütterliche Impotenz.*

Mutterliebe und mütterliche Impotenz: Eine Definition

Auf einer individuellen Ebene ist emotionales Sichzurückziehen normal, ja sogar notwendig, um in unserer Gesellschaft leistungsfähig bleiben zu können. Es gibt Zeiten, in denen wir uns keine Gedanken um das Wohlergehen eines anderen Menschen machen können, sei es nun ein Kind oder ein Erwachsener. Oft werden wir völlig von Zielen, Gedanken und Gefühlen in Anspruch genommen, die nichts mit der Sorge um andere oder mit irgendeiner Art von Fürsorge zu tun haben. Um außerhalb der eigenen vier Wände hervorragende Leistungen zu erbringen und etwas zu erreichen, ist es oft erforderlich, daß wir uns von unseren Kindern zurückziehen. Die meisten Arten von Arbeit, für die wir in unserer Gesellschaft bezahlt werden, setzen mütterliche Impotenz voraus. Das heißt, daß wir keinerlei Rücksicht auf das Wohlergehen anderer nehmen (wenn wir zum Beispiel bestimmte Produkte erfinden, Herstellungsmöglichkeiten entwickeln und uns Wege ausdenken, wie wir diese Produkte möglichst reizvoll und gut verkäuflich gestalten können). Wenn wir gezwungen sind, an einer Sache zu arbeiten, die uns frustriert oder langweilt, oder wenn wir uns gegen eine harte Konkurrenz durchsetzen müssen, haben wir wenig Zeit und Lust, uns altruistisch um ein Kind zu kümmern, dessen unmittelbare Interessen (gewaschen, gefüttert, getröstet, zur Sauberkeit erzogen zu werden etc.) so gut wie überhaupt nichts mit unseren eigenen Zielen zu tun haben. Doch als ich anfing, Eltern und Leute, die von Berufs wegen viel mit Kindern zu tun haben, zu interviewen, stellte ich fest, daß ganz tief in uns allen die Angst steckt, wir könnten, und sei es auch nur für kurze Zeit, nicht willens oder nicht in der Lage sein, uns um unsere Kinder zu kümmern.

Was ist Mutterliebe? Diesen Begriff zu definieren scheint unnötig. Wir erleben Mutterliebe bei den Madonnen von Raphael und Leonardo da Vinci und in den Gemälden von Renoir und Mary Cassatt, in deren Darstellungen von Müttern die hingebungsvolle Zuneigung zu den Kindern, das Entzücken an ihrem Wohlergehen und die Freude an den mit der Aufzucht verbundenen Pflichten zum Ausdruck kommen. Unter Mutterliebe versteht man meist die Fähigkeit, die Bedürfnisse und den individuellen Entwicklungsverlauf eines Kindes intuitiv zu erfassen, zu echter Anteilnahme fähig zu sein, ganz konkret zu sorgen und die Bereitschaft aufzubringen, sich subjektive

Erfahrungen, einfühlsame Identifikation, ja sogar eine Art symbiotische Verschmelzung zunutze zumachen, um Kinder zu verstehen und für sie zu sorgen.

Mutterliebe erfordert viele unterschiedliche Fähigkeiten und Verhaltensweisen. Über die körperliche Pflege und Fürsorge hinaus brauchen Säuglinge eine geborgene, liebevolle »haltende Umwelt«; im Idealfall brauchen Kleinkinder zum einen die Freiheit, eine ungefährliche Umgebung erforschen zu können, und zum andern einen Menschen, zu dem sie, nachdem sie sich so unbeeinträchtigt wie möglich vorgewagt haben, zurückkehren können, um Bestätigung zu erhalten und wieder »aufzutanken«. Alle Kinder brauchen die Gewißheit, daß derjenige, der für sie verantwortlich ist, sie nicht im Stich läßt, wenn sie anfangen, mehr Selbständigkeit zu entwickeln. Für Kinder ist es in jedem Alter wichtig, daß man ihnen einerseits deutliche Grenzen setzt, sie andererseits vor echten Gefahren beschützt. Wenn wir nicht die Geduld, den Wunsch, die starke Persönlichkeit, die Zeit, das Geld oder die Energie haben, diese Bedürfnisse zu erfüllen, entsteht das Gefühl mütterlicher Impotenz.

Das Einfühlungsvermögen und die Selbstaufopferung, die zu dieser Form des altruistischen Verhaltens gehören, sind prekäre menschliche Errungenschaften – die letzten, die sich im Reifungsprozeß einstellen, und die ersten, die verschwinden, sobald die Situation problematisch wird. Unsere Gesellschaft erwartet von Müttern, daß sie ihre Kinder selbstlos lieben und versorgen, doch die Vorstellungen von Mutterliebe und Kinderaufziehen stehen häufig im Widerspruch zu dem, was Eltern fühlen und leisten können.

Die meisten von uns, Männer wie Frauen, erfahren ihr ganzes Leben lang immer wieder beides: Mutterliebe und mütterliche Impotenz. Ich verwende den Begriff *Mutter*liebe, weil er eher das ständige Spenden von Fürsorge und Schutz suggeriert, das im Säuglingsalter und in der frühen Kindheit erforderlich ist; dieses Geben, ohne eine Gegenleistung zu fordern (vielleicht einmal abgesehen von köstlichen Umarmungen und hingebungsvollem Lächeln). Mit Vaterliebe verbindet man in unserer Kultur eine eher distanzierte, weniger enge Beziehung, die sich später entwickelt und mit einer Person assoziiert wird, die lenkt, lehrt und zu

Leistungen anspornt. In diesem Fall »zahlt« das Kind mit konkreten Erfolgen »zurück«.

Genau wie Männer dazu neigen, das Gefühl sexueller Impotenz dadurch zu verschleiern, daß sie sich übertriebener sexueller Heldentaten rühmen oder ein »Macho«-Verhalten an den Tag legen, verbergen Frauen das Gefühl mütterlicher Impotenz manchmal hinter der übermäßigen Betonung ihrer mütterlichen Fähigkeiten, hinter Beteuerungen, wie gut sie ihre Sache doch machen, was für eine enge und wunderbare Beziehung sie zu ihren Kindern haben und so weiter. Für eine Mutter, die ihre Kinder liebt, ist nichts niederschmetternder als die Unfähigkeit, diesen Kindern liebevolle Fürsorge angedeihen zu lassen, ganz gleich, aus welchen Gründen. Potenzgeprahle entstammt der Angst, in dem von den geschlechtsspezifischen Klischees unserer Kultur geschürten Konkurrenzkampf als Verlierer dazustehen, hat seine Wurzeln in dem Gefühl der Unzulänglichkeit, der Scham oder der Machtlosigkeit.

Da unsere Gesellschaft dazu neigt, den entscheidenden Faktor des emotionalen Gebens – des Gebens von Zeit, Verständnis, Sorge und Fürsorge – aus den Augen zu verlieren, betone ich bewußt die *emotionale* Seite dessen, was es bedeutet, einem Kind das zu geben, was es braucht. Materielles Wohlergehen wird in unserer Kultur zu häufig mit emotionalem Wohlergehen verwechselt. Doch emotionale Entbehrungen können sich ebenso katastrophal auswirken wie materielle Not; häufig besteht zwischen beiden eine direkte Verbindung. Mütter, die erschöpft von der Arbeit nach Hause kommen, sind oft zu ausgepumpt, um ihren Kindern emotionale Zuwendung zu geben. Geldmangel und die daraus folgende Notwendigkeit, zu arbeiten, können einer Mutter die Zeit und die Energie rauben, die sie bräuchte, um die Bedürfnisse ihres Säuglings zu befriedigen.

Wir wissen nicht genug über das Verhältnis zwischen emotionaler und materieller Deprivation. In zu vielen Fällen wird das Gefühl mütterlicher Impotenz unmittelbar durch niedrige Löhne, einen Mangel an Arbeitsplätzen, ausbeuterische Anstellungsverträge und dergleichen verursacht. Trotzdem erleben wir auch in Fällen, in denen genug zu essen, adäquate Wohnverhältnisse, reichlich Geld und zahlreiche Luxusgüter vorhanden sind, unglückliche oder sogar destruktive Beziehungen zwi-

schen Erwachsenen und ihren Kindern. Wenige Kulturen leben in einem solchen materiellen Überfluß wie wir. Doch dieser Wohlstand verhindert nicht, daß viele Menschen eine unerklärliche Leere, Langeweile oder Neigung zu Gewalttätigkeit in sich verspüren. Wenn wir feststellen, daß uns der Wohlstand keinen Frieden bringt und uns nicht von Ängsten und destruktivem Verhalten befreit, schämen wir uns, kommen uns vor wie verzogene, vom Überfluß bestrafte Kinder. Die meisten Leute glauben, wenn sie nur mehr Geld hätten, wären sie bessere Eltern und könnten ihre Kinder mehr lieben und ihnen alles geben. Leider trifft dies meistens nicht zu.
Es ist schwierig, altruistische Züge zu bewahren in einer Gesellschaft, die Erziehungsberechtigte und Kinder in erster Linie als Märkte betrachtet, als Einnahmequellen für die Nahrungsmittel-, Bekleidungs- und Spielzeugindustrie. Die Manipulation und die Ausbeutung von Eltern und Kindern durch die Geschäftswelt ist nur *ein* Indiz dafür, wie gering das Aufziehen von Kindern in unserer Gesellschaft veranschlagt wird und wie sehr die Beziehungen zwischen Kindern und Erwachsenen verarmt sind. Unsere Wirtschaft profitiert nicht davon, wenn sie liebevoll und fürsorglich denkt. Der Mythos der Rabenmutter hat die skrupellose Einstellung der Gesellschaft gegenüber Müttern und Kindern bislang verschleiert. In einer Kultur, die die Manipulation und die Ausbeutung von Menschen – ja sogar von Kindern – verzeiht, übersteigen die Anforderungen, die das ständige Sorgen für kleine Kinder stellt, die emotionalen Kräfte vieler Mütter.

Die emotionalen Tatsachen des Sorgens für Kinder

Die Geburt eines Kindes stellt jede Mutter vor tiefgreifende und entscheidende Fragen. Wird sie es schaffen, eine enge Bindung zu ihrem Säugling herzustellen und aufrechtzuerhalten und das Kind später, sobald es größer wird, langsam loszulassen? Und falls die Mutter, aus welchen Gründen auch immer, diese Bindung nicht zustande bringt, hat sie dann die finanziellen Mittel und/oder die emotionale Reife, eine gute Ersatzperson zu suchen, die sich um ihr Kind kümmert?

Obwohl das Aufziehen von Kindern eine Aufgabe ist, bei deren Erfüllung wir viel über uns selbst und die Welt lernen, wird sie in unserer Kultur nicht so gesehen. Bei uns ist es nicht Tradition, die Fürsorge für Kinder und alles, was damit zusammenhängt, hochzuhalten oder als eine echte Chance zu begreifen, intellektuelle oder geistige Einsichten zu gewinnen. Man zollt ihr nicht die Anerkennung, die sie verdient hat, und *ohne Anerkennung, ohne konkrete Hilfe und emotionale Unterstützung Kinder großziehen zu müssen, kann bei der Mutter oder der sorgenden Person schlimme Deprivationsgefühle hervorrufen und sie zum Opfer nicht nur ihrer eigenen unerfüllten Bedürfnisse, sondern auch der Forderungen ihrer Kinder machen.* Oft lassen die ständigen Pflichten, die das tägliche Sorgen für kleine Kinder mit sich bringt, wenig Raum und Energie für die Sublimierung von beruflichem Ehrgeiz oder das kreative Ausleben der eigenen Persönlichkeit. Damit sind die Menschen, die sich ihren Kindern widmen, gegenüber den anderen Mitgliedern unserer Gesellschaft im Nachteil.

Bei denjenigen Müttern, die bestrebt sind, ihre Kinder so gut wie möglich großzuziehen, kann diese Tätigkeit einen Reifungsprozeß in Gang setzen. Gleichzeitig neigen alle verantwortlichen Bezugspersonen in starkem Maß dazu, so zu werden oder sich so zu verhalten wie die Kinder, um die sie sich kümmern. Wir können nicht anders, als uns mit dem einzelnen Kind zu identifizieren und genau dasselbe zu fühlen; wir können nicht anders, als genausoviel Liebe zu brauchen wie der junge Mensch, für den wir da sind; zwangsläufig werden wir genauso abhängig, wütend, aufsässig und unersättlich – verspüren also alle jene Emotionen, die ein Kind auf seinem langen, schwierigen Weg vom Säuglingsalter über die Adoleszenz bis zum Erwachsenenalter erlebt. Dank eben dieser Identifikation sind wir in der Lage, uns in Kinder einzufühlen und auf diese Weise etwas über uns selbst zu erfahren. Kinder können dazu beitragen, daß wir menschlicher werden, weil sie uns, während sie die einzelnen Phasen der Kindheit durchlaufen, eine nicht abreißende Kette kleiner Einsichten aufzwingen. Allerdings können sie auch bewirken, daß wir gegenüber den Bedürfnissen und dem Anderssein anderer Menschen blind werden. Paradoxerweise stellt bereits das schmerzhafte Heraufbeschwören

von Narzißmus, Sinnlichkeit, Grausamkeit und Gleichgültigkeit einen Teil des Humanisierungsprozesses dar. Wenn wir Kinder großziehen, kommen häufig genau die Dinge zum Vorschein, die wir selbst erst meistern, kontrollieren oder überwinden müssen, um unseren Kindern nicht weh zu tun.
In ihrem Buch *Der Weg der Frau* behauptet Esther Harding, eine Analytikerin Jungscher Schule, die hervorstechendste Eigenschaft der Mutterliebe sei

> ... der Wunsch, Leben zu bewahren (...) Ein Kind (...) kann ganz anders sein, als die Mutter es sich je gewählt hätte. Vielleicht ist es sogar körperlich oder geistig ein Krüppel – dennoch kann sie das Material nicht um eines besseren willen ablehnen.

Harding zufolge besteht die Hauptaufgabe der Mutter darin, sich um ein Kind zu kümmern, das sie zwangsläufig frustriert, enttäuscht und sich zu einem ganz anderen Menschen entwickeln wird als der, den sich die Mutter gewünscht hätte. Dazu kommen Harding zufolge noch

> ... die äußeren Pflichten (...) der Mutterschaft (...) Die gestörten Nächte, die ewig wiederkehrende Arbeit des Badens, Fütterns, Nähens, all die Besorgnisse, die selbst mit unbedeutenden Erkrankungen der Kinder verknüpft sind, der jahrelange Verzicht auf Entspannung und Erholung, die fortwährende Unterordnung persönlicher Wünsche unter die kindlichen Bedürfnisse.

Für Harding besteht die schwierigste und wichtigste Pflicht einer Mutter darin, ihre Kinder daran zu hindern, ihre (der Mutter) unbewußten Bedürfnisse, Wünsche, Gefühle und Impulse auszuleben. Der Jungschen Theorie zufolge kann und wird jedes Kind die Wünsche, Begierden, Schmerzen, Schuldgefühle und Depressionen seiner Eltern ausleben, sofern diese nicht bewußt gemacht werden – das heißt von dem betreffenden Elternteil selbst erlebt und ausgelebt werden, damit das Kind nicht davon »angesteckt« wird. Ein Kind kann für seine Eltern leicht zu einem Symbol werden: zu einer Verkörperung von Facetten ihrer selbst oder anderer wichtiger Personen in ihrem Leben. Ein Kind kann mit der Zeit einen Teil unseres Selbst repräsentieren, den wir hassen oder der unbefriedigt ist. Andererseits können Kinder aber auch zu einem Quell der Befriedigung werden, auf den der eine oder andere Elternteil nicht verzichten will. Es kann passieren, daß ein Kind mit zunehmendem Alter einen Bruder oder eine Schwester verkörpert, ja sogar einen Elternteil, der in der Vergangenheit Deprivations- oder Konkurrenzgefühle geweckt hat. Ein Kind kann für die Mutter oder den Vater einen geliebten Bruder oder einen idealisierten Vater symbolisieren, eine beneidete Schwester, die nur in der Phantasie erlebte, fürsorgliche Mutter oder auch die zudringliche, besitzergreifende Mutter, die in Horrorfilmen in Gestalt eines Vampirs oder Dämons erscheint. Mit einem Wort, ein Kind kann für den Erwachsenen alles werden, und das bedeutet, daß die Identität eines Kindes – seine Einmaligkeit oder sein »wahres Selbst« – in Gefahr ist. Daß sich die Sünden der Eltern sehr leicht auf ihre Kinder übertragen können – in diesem etwas verschwommenen, bedrohlichen Punkt sind sich die Analytiker Freudscher wie Jungscher Prägung einig. Eltern müssen ihre Kinder vor ihren eigenen inneren Konflikten schützen und ihnen auf diese Weise die Freiheit erhalten, so zu sein, wie sie in ihrer Einzigartigkeit wirklich sind.

Ebenso entscheidend für die Entwicklung eines jeden Kindes ist die nicht immer leicht zu begreifende Tatsache, daß Eltern gelegentlich die Funktion eines Behältnisses für erschreckende oder überwältigende Gefühle übernehmen müssen, mit denen Kinder nicht allein zurechtkommen können: nächtliche Alpträume, Wut, Schuldgefühle, Traurigkeit und Rachegelüste gegenüber denen, die sie lieben. Kinder leiden oft unter der irrationalen Angst, man könnte sich an ihnen rächen wollen oder sie im Stich lassen, und sind nicht in der Lage, zwischen ihrer Wut und dem konkreten Verletzen eines anderen zu unterscheiden. Alle normalen Kinder haben ein starkes Bedürfnis nach einer liebenden Gegenwart, nach einem Menschen, der einfach *da ist*, der ihnen Halt gibt, wenn solch intensive Gefühle sie zu überwältigen drohen.

Bei einem Symposion über Formen der nonverbalen Kommunikation untersuchten Psychoanalytiker verschiedener Schulen die Art und

Weise, wie Kinder mit ihren Eltern kommunizieren, bevor sie sprechen können. M. Chayes erklärte, es sei häufig erforderlich, daß Eltern *Gefühls*zustände begreifen, die für das Kind schmerzhaft oder beunruhigend sind:

> Ein kleines Kind verfügt nicht über Worte, mit denen es sich mitteilen könnte. Es kann nur dadurch kommunizieren, daß es eine bestimmte affektive (emotionale) Reaktion herbeiführt. Wenn dieser Affekt von der Mutter aufgegriffen und verstanden wird, kann sie das, was das Kind ihrer Meinung nach erlebt, in Worte fassen (...) Ist die Mutter eine Frau, die ihren emotionalen Hunger, ihre Ambivalenz, ihren Haß oder irgendeinen anderen Aspekt ihrer selbst nicht akzeptiert, wird sie nicht einfühlsam auf die Botschaften des Kindes reagieren, und das Kind wird sich mißverstanden und alleingelassen fühlen.

Diese Aufgabe – die »inakzeptablen« Emotionen eines Kindes intuitiv zu erfassen und darauf zu reagieren – erfordert eine besondere Kraft, die wir oft unterschätzen. Es fällt uns schwer, den Haß, die Aggressionen und die zahlreichen Zerstörungsphantasien unserer Kinder ernst zu nehmen, zu tolerieren und aufzunehmen. Wenn wir als Kinder selbst nicht »gehalten« wurden und nicht das Gefühl hatten, daß unsere »bösen Gefühle« von einem starken, liebevollen, ständig gegenwärtigen Menschen aufgenommen wurden, werden wir extreme Schwierigkeiten haben, diese Aufgabe bei unseren eigenen Kindern zu erfüllen.
Im Verlauf meiner Interviews habe ich häufig erlebt, daß Frauen Dinge sagen wie: »Meine Mutter hat mich als Kind nie im Arm gehalten. Deshalb achte ich besonders darauf, daß ich mein Kind immer in den Arm nehme, wenn es traurig ist.« Männer sagen normalerweise Dinge wie etwa: »Mein Vater hat nie viel Zeit für mich gehabt. Ich gebe mir besondere Mühe, meinen Kindern dieses Erlebnis zu vermitteln, das mir gefehlt hat.« Diesen wohlmeinenden, engagierten Eltern fällt es sicher nicht leicht, ihren Kindern das zu geben, was sie von ihren eigenen Eltern selbst nie bekommen haben. Ein liebevoller Vater berichtete:

> Als ich meinen Sohn einmal auf einen Ausflug zum Fischen mitnahm, stellte sich heraus, daß das so ziemlich das Schwierigste war, was ich je gemacht habe. Immerhin hatte ich alles ganz sorgfältig geplant, das Essen und das Übernachten im Zelt, und eine neue Ausrüstung hatte ich auch gekauft. Doch das Problematische waren die endlos langen Tage und die Tatsache, daß ich im Lauf der Zeit ziemlich ungeduldig wurde. Schon daß ich mit ihm allein war, bedeutete eine Herausforderung. Es ist schwierig, sich den ganzen Tag mit einem Siebenjährigen zu unterhalten. Und ich hatte von meinem eigenen Vater her keinerlei Erfahrung, auf die ich hätte zurückgreifen können. Ich hatte nicht die Möglichkeit, mir meinen Vater zum Vorbild zu nehmen.

Es ist schwierig, die Qual eines solchen Altruismus zu ertragen – einem Kind etwas zu geben, was man selbst nie bekommen hat. Man muß das Defizit oder den Mangel *spüren*; manchmal empfindet man Ärger und Unwillen darüber, daß man nie das bekommen hat, was man gebraucht oder sich gewünscht hätte; es kann sogar passieren, daß man neidisch auf die Kinder wird, denen man etwas gibt (und die diese Großzügigkeit für selbstverständlich halten). Für eine Mutter oder einen Vater kann diese Erfahrung ebenso schmerzlich wie heilsam sein.

Selbst wenn eine Mutter noch so gute Absichten hat, sie wird sich gelegentlich lieber zurückziehen, als die intensiven Gefühle des Kindes zu akzeptieren und darauf zu reagieren. Wenn unsere Eltern unsere Gefühle als Kinder nicht bereitwillig und einfühlsam aufgenommen und widergespiegelt – und sie auf diese Weise abgemildert – haben, tendieren wir dazu, diesen Gefühlen bei unseren Kindern intolerant und skeptisch gegenüberzustehen. Und es bedarf einer gewaltigen Anstrengung und Bewußtmachung, diese Intoleranz *nicht* auf sie zu übertragen. Von Natur aus sind wir alle voller Gier und Ambivalenz, nur verstecken unsere Kinder diese Eigenschaften nicht. Einem Kind beizubringen, derartige Gefühle zu akzeptieren und im Zaum zu halten, ist in der Tat eine immense Aufgabe, die echtes Mitgefühl mit uns selbst und auch mit unseren Kindern erfordert.

Manche Bezugspersonen werden so sehr von ihrer eigenen heftigen

Wut, ihrer Angst oder ihrer Sehnsucht verfolgt, daß sie die Kinder unbeabsichtigt als Behältnisse für ihre Bedürfnisse und Emotionen benutzen. Das extremste Beispiel dafür ist die Tatsache, daß junge Menschen zum Kämpfen in Kriege geschickt werden, von denen sie keine oder nur wenig Ahnung haben. Andere Beispiele dafür wären etwa die, daß wir unsere Kinder häufig dazu benutzen, um *unsere* Bedürfnisse nach liebevoller Zuwendung oder Selbstdarstellung zu befriedigen, oder daß wir sie so behandeln, als seien sie erwachsen und in der Lage, unsere Frustration oder Trauer aufzunehmen. Das Ausagieren unserer eigenen Probleme und Konflikte mit Hilfe unserer Kinder, die vielleicht häufigste Form mütterlicher Impotenz, stellt einen bedrohlichen und schwer faßbaren Bereich in unserem Leben dar, den wir erst erforschen müssen. Wir wissen wenig darüber und wollen uns nicht damit befassen. Doch um zu verstehen, auf welche Weise destruktive Tendenzen von einer Generation an die nächste weitergegeben werden, ist eine Untersuchung dieses Phänomens unerläßlich.

Die Konflikte heutiger Mütter

Das Aufziehen von Kindern, die damit einhergehenden ständigen Pflichten und die Emotionen, die dabei hochkommen, sind in der Tat so nervenaufreibend und vielschichtig, daß sich viele Leute, wenn sie die Wahl haben, nicht ganzzeitig um ihre Kinder kümmern: zum Beispiel die meisten Männer. Jahrhundertelang holten sich die Familien der europäischen Oberschicht Säuglingsschwestern, Erzieherinnen, Bedienstete oder Kindermädchen ins Haus, die sich um die Kinder kümmerten, und waren im günstigsten Fall Teilzeit-Eltern. Wohlhabende Leute, die schon immer die Möglichkeit gehabt haben, Personal zu engagieren, ersparen sich häufig die mühselige, körperlich erschöpfende und emotional aufreibende Arbeit der täglichen Kinderpflege. Jede Arbeit, die einen von den Bedürfnissen und Forderungen kleiner Kinder fernhält, bietet eine Art Sicherheit; sie bewahrt den Erwachsenen vor der kontinuierlichen Belastung des altruistischen Gebens und vor der Versuchung, einen Menschen, der derart abhängig und leicht verwundbar ist, zu vernachlässigen, auszunutzen oder stellvertretend durch ihn zu leben.

Doch nur wenige Frauen sind bereit, auf die Erfahrung des Mutterseins zu verzichten. Die meisten Frauen heutzutage wollen arbeiten *und* sich um ihre Kinder kümmern. Zwar gibt es Mütter, die durchaus nicht in Konflikte geraten, wenn sie die Sorge für ihre Kinder ganzzeitig anderen Leuten übertragen, aber die meisten von mir interviewten Frauen wurden von Scham und Zweifeln geplagt, weil sie ihre Kinder weitgehend anderen Leuten überließen. Einige zeigten sich erleichtert, daß sie aus finanziellen Gründen arbeiten gehen *mußten,* weil sie den Eindruck hatten, daß die Gesellschaft Frauen, die ihre Kinder ohne materielle Notwendigkeit tagsüber verlassen, insgeheim verurteilt. Viele Mütter trieb die *emotionale* Notwendigkeit dazu, außer Haus zu arbeiten. Sie fühlten sich häufig schuldig, weil sie eigene Ambitionen hatten und folglich nicht den ganzen Tag für ihre Kinder da sein konnten und weil sie zum Kinderaufziehen keineswegs die Einstellung hatten, die sie glaubten haben zu müssen (weil sie Frauen waren).

Erst seit kurzem gilt es als akzeptabel, daß eine Frau ihren Wunsch nach beruflichem Vorwärtskommen – der bei ihr nicht weniger heftig ist als bei einem Mann – annimmt und danach handelt. Es ist schwierig, ein Kind aufzuziehen, wenn die eigenen Energien anderswo verbraucht werden. Aber viele berufstätige Mütter können noch immer nicht von der Vorstellung ablassen, daß sie es eigentlich fertigbringen müßten, neben ihrer Arbeit gut und problemlos für ihr Kind zu sorgen.

Es fällt es den meisten Müttern ausgesprochen schwer, zuzugeben, daß sie keine Zeit darauf verwenden wollen, sich um ihre Kinder zu kümmern, und daß deren Aufzucht ihren persönlichen Ambitionen ernstlich in die Quere kommt. Sich klarzumachen, daß man sich nicht um sein eigenes Kind kümmern will (außer man hat gerade Lust dazu), trifft viele Mütter im Kern ihres Selbstverständnisses als Frau. Für eine Frau ist das Eingeständnis, daß sie einfach nicht den Wunsch hat, für ihr Kind da zu sein, offenbar ebenso demütigend wie für einen Mann das Eingeständnis, daß er keine Erektion zustande bringt. Was ist das für eine Mutter, die das Versorgen von Kindern langweilig findet? Was bedeutet es, daß sie lieber etwas anderes täte?

Schweigendes Einverständnis: Freuds Analyse der Helene Deutsch

Helene Deutsch war Freuds Schülerin und gleichzeitig seine Patientin. Sie wurde selbst eine berühmte Psychoanalytikerin und schrieb zwei Werke über die *Psychologie der Frau.* Während ihrer Analyse bei Freud verlor sie nie ein Wort über die schmerzlichen Widersprüche, die sie als Mutter erlebte.

Da sich die meisten berufstätigen Mütter darüber ausschweigen, welche Spannungen ihre Kinder in ihnen erzeugen, haben wir nur wenige Vorbilder für eine ehrliche Erforschung unserer eigenen Situation. Beispiele für eine solche Aufrichtigkeit, wie etwa Helene Deutschs Autobiographie mit dem Titel *Selbstkonfrontation,* sind schockierend und gleichzeitig erhellend. Obwohl ich überzeugt bin, daß Helene Deutsch sich nicht vorgenommen hat, die Gefühle von Müttern zu untersuchen, die ihre Kinder anderen Leuten anvertrauen müssen, beschreibt sie in ihrer Autobiographie genau die Widersprüche, die diese Mütter erleben. Eine der von dieser faszinierenden Biographie aufgeworfenen und zum Teil beantworteten Fragen lautet: Warum fällt es Karrierefrauen, die zwischen ihrer Rolle als Mutter und einer sinnvollen und wichtigen Arbeit draußen in der Welt hin und her gerissen sind, so schwer, offen über ihre Probleme zu reden, obwohl es ihnen, ihren Kindern und anderen Frauen doch eindeutig helfen würde?

Obwohl Helene Deutsch eine Kinderschwester als Mutterersatz einstellte, sprach sie, solange sie Freuds Patientin war, nie über diese Paula. Ebensoweg sprach sie darüber, daß sie ihre Mutterrolle an diese Kinderschwester abgetreten hatte; Paula hatte nämlich zur Bedingung gemacht, daß die Mutter zu ihrem Baby »kommen und gehen [sollte] wie eine freundliche Tante«:

> Während ich das kriegsbedingte große Arbeitspensum zu bewältigen suchte, hatte ich immer das quälende Gefühl, daß ich sowohl meinen Sohn Martin als auch mich selbst einer reichen Glücksquelle beraubte: der engen Mutter-Kind-Beziehung, die für den Säugling in den ersten zwei Lebensjahren am wichtigsten ist. Ich

liebte mein Kind sehr, aber wir hatten nur selten Gelegenheit, die Freuden dieser Beziehung in ihrer ganzen Wärme und Zärtlichkeit auszukosten.

Mag sein, daß Freud unbewußt damit einverstanden war, daß Helene Deutsch über ihre Konflikte als Mutter Schweigen bewahrte. Mag sein, daß sie ihrerseits gespürt hat, daß Freud nicht wissen *wollte*, daß seine begabte Schülerin ihre Rolle als Mutter abgetreten und sich statt dessen dafür entschieden hatte, in einer Männerwelt erfolgreich zu sein – als herausragende Psychoanalytikerin und letzten Endes als Verfechterin seiner Vorstellungen von der Psychologie der Frau. Vielleicht wollte Freud gar nicht wissen, daß Helene Deutschs Arbeit als Ärztin ebenso befriedigend war wie die Mutterrolle (wenn nicht befriedigender) und daß es ihr – so schwer es ihr auch gefallen sein mochte – doch nicht *so* schwergefallen war, die Fürsorge für ihr Kind an die Kinderschwester Paula abzutreten. Wenige Männer wollen wissen, wie schwierig es ist, ein Kind aufzuziehen, das uns im Gegensatz zu einem Patienten, der für eine derart altruistische Zuwendung ein üppiges Honorar bezahlt, als Gegenleistung für unseren ganzen Zeit- und Energieaufwand oft nichts zurückgibt, außer vielleicht Jahre später die Gewißheit, daß wir unsere Sache »nicht schlecht« gemacht haben.
Vielleicht wollte Helene Deutsch Freud damit einen Gefallen tun, daß sie nicht über ihre Erfahrungen als Mutter sprach. Doch ich vermute, daß die berühmte Analytikerin, was diesen Aspekt ihres Lebens betraf, aus denselben Gründen zurückhaltend war wie wir:

> Meine Analyse war didaktischer Art und somit Bestandteil meiner beruflichen Ausbildung. Dieser Umstand gestattete mir, glaube ich, meinem natürlichen Widerstand nachzugeben und der Erwähnung von Konflikten mit meiner Mutterrolle – und dazu zählte der Komplex Paula – auszuweichen. Schließlich war es meine schweigende Übereinkunft mit dieser Frau, was meine berufliche Tätigkeit ermöglichte: Ich konnte unter der Bedingung arbeiten, daß ich praktisch auf meine Mutterrolle zu ihren Gunsten verzichtete.

Wir sollten uns diesen »natürlichen Widerstand«, über Konflikte im Umfeld von Mutterrolle und Beruf zu sprechen, einmal näher ansehen. Das einvernehmliche Schweigen zwischen Freud und Helene Deutsch – das Bedürfnis der beiden, *nicht* über Helene Deutschs Gefühle gegenüber Paula und über ihre Schwierigkeiten mit der Mutterrolle zu reden – hatte vielleicht ähnliche Gründe wie heutzutage das Schweigen zwischen Männern und Frauen. Fast alle von mir interviewten Frauen, sogar diejenigen, die in psychotherapeutischer Behandlung waren, sagten, es fiele ihnen noch immer äußerst schwer, darüber zu reden, daß sie *nicht* in der Lage sind, ihrem Kind das zu geben, was es ihrer Ansicht nach bräuchte, und über die Schuldgefühle, die sie empfinden, wenn sie die Sorge für das Kind jemand anderem übertragen.

Die Tatsache, daß wir die Schwierigkeiten, die uns das Sorgen für unsere Kinder bereitet, nicht wahrhaben wollen, könnte noch einen anderen Grund haben. Vielleicht wollen wir nicht wissen, wie schwierig es für unsere eigenen Mütter war, uns zu bemuttern – wie sehr *sie* vielleicht Hilfe gebraucht hätten. Wir möchten lieber glauben, daß es einfach war, uns zu lieben, und daß dazu weder übermäßige Disziplin noch Selbstaufopferung erforderlich waren. Zuzugeben, wie schwierig es ist, ständig für ein Kind dazusein, ist eine Art Beweis dafür, wie viele Schwierigkeiten und Mühen wir unserer Mutter bereitet haben. Vielleicht befürchten wir insgeheim, daß wir als Kinder unsere Mütter mit unseren Bedürfnissen ausgelaugt haben. Vielleicht steckt das hinter unserem Bedürfnis, alle Mütter zu idealisieren. Das, was sie als sorgende Bezugspersonen durchgemacht haben, wirklich verstehen zu wollen, könnte bei uns zu große Schuldgefühle wecken.

Es ist bezeichnend für das Schicksal der Psychoanalyse, daß sich Helene Deutsch während ihrer therapeutischen Sitzungen bei Freud nie über Paula geäußert hat. Hätte sie offen über die vielfältigen Gefühle gesprochen, die ihr Kind bei ihr auslöste, hätte Freud die Psychologie der Frau vielleicht aus einem anderen Blickwinkel erforscht und die frühe Mutter-Kind-Beziehung womöglich mit größerem Interesse für die Perspektive der Mutter untersucht. Doch in seinen Theorien finden die Erfahrungen der Mutter und ihre emotionale Situation keinerlei Berücksichtigung. Hätte es Helene Deutsch geschafft, offen über ihre Konflikte und Schwierigkeiten als berufstätige Mutter zu sprechen, hätte Freud vielleicht darauf reagiert und sich mit den Belastungen beschäftigt, die das Dasein für Kinder mit sich bringt. Möglicherweise hätte er sogar den Vater als sorgende Bezugsperson in Betracht gezogen und nicht nur als Autoritätsperson und Vorläufer des kindlichen Über-Ichs.

Da Freuds Fähigkeit zu ehrlicher Selbstanalyse den Ausgangspunkt für so viele seiner Theorien darstellte, besäßen wir jetzt vielleicht umfangreichere Erkenntnisse über den Altruismus, den das Sorgen für Kinder erfordert, und darüber, warum es für Frauen wie für Männer schwierig ist, Kinder großzuziehen. (Immerhin werden Psychoanalytiker – und alle anderen auf dem Gebiet der Psychologie tätigen Fachleute – für ihr sorgfältig einstudiertes, mütterliches, »fürsorgliches« Verhalten gut bezahlt.) Vielleicht hätten sowohl Väter als auch Mütter mehr Mut und Lust, die Konflikte zu ergründen, die durch die Anforderungen des Kindergroßziehens verursacht werden und der Grund dafür sind, warum so viele Männer gar nicht oder nur in sehr geringem Umfang für ihre Kinder sorgen. Männer wie Frauen lassen sich nur ungern auf die mit der Fürsorge für Kinder verknüpften emotionalen Tatsachen ein, und das bedeutet, daß sich in unserer Gesellschaft, die sich weigert, die Bedürfnisse von sorgenden Bezugspersonen ernst zu nehmen, beide verschwören.

Die meisten Männer wollen nichts wissen von der Scham, dem Gefühl, zu versagen, und den Schuldgefühlen, die Frauen, die sich um ihre Kinder kümmern, häufig empfinden. Um ihre eigenen Ziele verfolgen zu können, ohne sich übermäßig viel Gedanken um das Wohlergehen ihrer Kinder machen zu müssen, müssen Männer ihre Frauen als liebende Mütter sehen, denen das Sorgen leichtfällt. Einer liebenden Mutter sollte es nicht passieren, daß die Anforderungen, die ihre Kinder an sie stellen, sie zur Raserei treiben.

Frauen verbergen ihre diesbezüglichen Gefühle aus einer Vielzahl von Gründen. Der Wunsch, einem zärtlich geliebten Ehemann zu gefallen, sorgt dafür, daß manche Frauen den Mund halten. Es gibt auch Frauen, die Angst haben, ihren Männern klar und deutlich zu sagen, wieviel Hilfe sie wirklich bräuchten. Eine erklärte Feministin, die

ganztags arbeitete, gleichzeitig aber für ihre drei Kinder zu sorgen hatte, sagte: »Ich glaube, er hätte sich von mir getrennt, wenn ich ihm die Wahrheit gesagt hätte. Denn das hätte bedeutet, daß er mehr für die Kinder da sein muß, und ich glaube, das hätte er nicht ertragen.« Andere Frauen haben den Eindruck, offen über die Schwierigkeiten des Mutterseins zu reden, sei ein Eingeständnis von Schwäche.
Wenn Männer die Tatsache, daß sie ihren Frauen einfühlsam zuhören, als eine Aufforderung zum Mithelfen interpretieren, kann dies durchaus ihr Interesse schmälern, sich die Situation bewußtzumachen. Wenn ein Vater unfähig oder nicht bereit ist, sich an der Fürsorge für sein Kind zu beteiligen, wird daraus manchmal ein sorgsam gehütetes Geheimnis, bei dem sich die ganze Familie aus Angst, den Vater vor den Kopf zu stoßen oder seine Kräfte zu überschätzen, verschwört.

Die Bedürfnisse der verantwortlichen Bezugspersonen

Liest man Helene Deutschs Autobiographie, in der sie sich eingehend mit den Beziehungen in ihrer Kindheit beschäftigt, mit ihrem Ringen, sich aus der emotionalen Unterdrückung zu befreien, und mit ihrer Teilnahme an der psychoanalytischen Bewegung in Wien und Berlin vor dem Zweiten Weltkrieg, so werden ihre Konflikte zwischen Mutterrolle und Karriere verständlich. Tatsächlich zeigt uns dieses aufregende Leben, das sie als Freud-Schülerin, Ärztin und psychoanalytische Denkerin geführt hat, einen der schwierigsten Aspekte des Mutterseins: die zahlreichen Möglichkeiten, außerhalb der Rolle der fürsorglichen Mutter Erfüllung zu finden, und die immense Befriedigung, die einem Leistungen auf anderen Gebieten verschaffen.
Diese Autobiographie, die Helene Deutsch gegen Ende ihres Lebens schrieb, macht deutlich, daß uns der berufliche Erfolg und die Freude über diesen Erfolg von unseren Kindern weglotsen können und uns möglicherweise dazu zwingen, eine Entscheidung zugunsten unserer eigenen Ziele zu treffen:

> Später bedauerte ich, daß mein damals siebenjähriger Sohn in

> diesem Jahr den Preis für meine Karriere zahlen mußte. Mein einziges Bedenken gegen den Aufenthalt in Berlin war, daß er eine zeitweilige Trennung von meiner Familie mit sich brachte. Als Kompromiß beschlossen wir, daß Martin die Hälfte des Jahres bei mir in Berlin, die andere bei Felix in Wien verbringen sollte. Solange er in Berlin war – von seinem Vater getrennt und von seiner Mutter in gewissem Sinn vernachlässigt –, hatte er die strengen Erziehungsmethoden einer deutschen Gouvernante zu erdulden. Seine Mutter arbeitete inzwischen auf die Erfüllung ihres Wunsches hin, Leiterin eines angesehenen Ausbildungsinstituts zu werden.

Doch in einem früheren Zusammenhang stellt Helene Deutsch fest:

> Rückblickend kann ich sagen, daß ich immer dann, wenn mir die Tür zur *Sublimierung* offenstand, als Frau und Mutter viel glücklicher war. Und umgekehrt: Wenn etwas in meinem Privatleben meine wissenschaftliche Produktivität beeinträchtigte, war ich weniger glücklich und in meiner ganzen Einstellung zu meiner Umgebung aggressiver.

Wir sehen hier, wie schmal der Grat zwischen Mutterliebe und mütterlicher Impotenz in Wirklichkeit ist, und daß es notwendig ist, ein Gleichgewicht zwischen den eigenen Interessen und der Rücksicht auf andere herzustellen.

In manchen Fällen verlangt die Psychoanalyse von ihren besonders eifrigen Anhängern eine gewisse Disziplin, eine Art Aufrichtigkeit, die auch noch andauert, wenn die Behandlung bereits beendet ist. Da sich Helene Deutsch dieser Aufrichtigkeit verschrieben hatte, konnte sie gegen Ende ihres Lebens »versäumte« Einsichten, die ihr lange nach der Analyse bei Freud kamen, aufdecken und zugeben. Dank ihrer Offenheit erleben wir die Erfahrungen dieser Frau mit ihrer Mutterrolle weder als schlecht noch als destruktiv. Helene Deutsch zeigt uns, wie man sich diesen Konflikten stellen, sie verstehen und darüber sprechen kann. Was uns und unseren Kindern am meisten schadet, ist unser Schweigen über derartige Gefühle mütterlicher Impotenz.

Um diese mütterliche Impotenz zu überwinden, müssen wir die Dinge beim Namen nennen. Die Schuldgefühle, Ängste und Vorwürfe, die das verantwortliche Betreuen von Kindern begleiten und beeinflussen, hindern uns daran, zu jener Art Aufrichtigkeit zu gelangen, durch die mütterliche Impotenz in echte Mutterliebe umgewandelt werden kann. Wir müssen das Verlangen der Frauen, am beruflichen Wettbewerb teilzunehmen, ihren Wunsch nach Anerkennung und Wertschätzung und ihr Bedürfnis, ihre Persönlichkeit kreativ zum Ausdruck zu bringen, ernst nehmen. Wir müssen uns ins Gedächtnis rufen, daß es Zeiten gibt, in denen die Bedürfnisse einer Mutter wichtiger sein können als die ihres Kindes. Um dem heimtückischen Mythos, Mütter seien ein nie versiegender Quell der Liebe und der emotionalen Fürsorge, entgegenzuwirken, müssen wir daran denken, daß auch diejenigen, die sich um Kinder kümmern, gelegentlich auftanken müssen, wenn sie weiterhin Fürsorge und Unterstützung gewähren sollen. Wenn wir der Ansicht sind, daß unsere eigenen Ziele wichtiger sind als alles andere, müssen wir uns klarmachen, welchen Einfluß diese Einstellung auf uns selbst und auf unsere Kinder haben wird. Sonst verlieren wir die Möglichkeit, Fehler zu erkennen und zu korrigieren.

Je mehr wir unsere Kinder lieben, um so mehr wird es uns wahrscheinlich irritieren, auf welche Weise wir uns von der Liebe und Fürsorge, die sie brauchen, ablenken lassen. Je unzulänglicher wir uns fühlen, um so weniger sind wir bereit, über die Zusammenhänge zwischen inneren Konflikten und der Außenwelt nachzudenken. Doch um das Ausmaß und die Möglichkeiten unserer Liebe kennenzulernen, müssen wir unseren Schwierigkeiten in diesem Bereich auf den Grund gehen. Erst wenn wir uns klar machen, wie schwer es ist, die Interessen eines anderen über unsere eigenen zu stellen, können wir die prekäre Aufgabe, unsere Kinder so gut wie möglich aufzuziehen, zumindest ansatzweise erfüllen.

Kapitel 2

Das subjektive Erleben der Mutter

Das Fleisch besitzt einen Verstand. Einen Verstand, so schnell wie der Blitz.

Antonin Artaud
Die Kunst und der Tod«

... ich glaube, daß die Mutter das Mädchen weder genauso betrachtet noch genauso manipuliert wie den Jungen. Ihr Blick enthält Erwartungen und Wünsche, die das jeweilige geschlechtsspezifische Diagramm anordnen und definieren. Der Junge wird von seiner Mutter sehr früh von der Nähe zu ihrem Körper und der Sehnsucht abgetrennt. Das Mädchen hingegen wird in dieser Nähe festgehalten ... Der mütterliche Dunstkreis (...) wird lange Zeit ihre Welt sein ...

Raquel Zak de Goldstein
»The Dark Continent and Its Enigmas«

Tagebucheinträge 1974–78

Mein Baby ist einfach wunderbar. Alles an ihm ist wunderschön. Glück bedeutet, mit ihm zusammenzusein, sich um es zu kümmern. Ich habe nie zuvor eine solche Freude erlebt.

Manchmal habe ich das Gefühl, wenn ich nicht rauskomme aus diesem Gefängnis hier, weg von den Ansprüchen, die dieses Baby an mich stellt, dann werde ich noch verrückt. Aber oft, wenn ich von ihm weg bin, möchte ich nur wieder zurück und kann es kaum erwarten, es zu sehen. Wenn ich heimkomme und es lächeln sehe, bin ich hingerissen. Ich verstehe nicht, was das alles bedeutet?

Heute im Lebensmittelladen war ich mit den Nerven völlig am Ende. Die Kleine begann vor Schmerzen zu schreien. Ich stand lange Zeit vor dem Regal mit den Haferflocken und hielt sie auf dem Arm, bis sie schließlich nach einem gewaltigen Stuhlgang (der teilweise auf meiner Bluse landete) aufhörte und zu lächeln begann. Ich habe mich nicht so schnell erholt. Ich konnte mich nicht entschließen, ob ich sie auf den Boden legen und wickeln, sie nach Hause bringen und das Einkaufen sein lassen oder meine Einkäufe erledigen sollte, als wäre nichts geschehen. Entscheidungen dieser Art beschäftigen mich jetzt Tag für Tag.

Wenige Mütter reden offen und ehrlich. Warum? Was haben wir denn zu verlieren? Hat das Sorgen für Kinder irgend etwas an sich, was einen herunterzieht? Was einen anfällig macht für Tratsch und Besserwisserei? Was den eigenen Horizont auf die Rotzbäche, die die Nasen der Kinder herunterrinnen, zusammenschrumpfen läßt oder auf die Tricks, mit denen man sie davon abhält, zu heulen, sich zu beklagen, zu raufen und sich gegenseitig das Spielzeug wegzunehmen? Wenn man diese Art von Arbeit aufwerten könnte, wenn man sie für wichtig halten und ihr eine größere Bedeutung beimessen könnte – die Anerkennung und Achtung, die sie verdient –, wäre es dann leichter, das tägliche Einerlei zu ertragen?

Meine Großmutter war zu sehr mit dem schieren Überleben beschäftigt, um über die Gefühle nachzudenken, die ihre zehn Kinder bei ihr weckten. Meiner Mutter ging es zu schlecht, als daß ihr bewußt geworden wäre, was das Aufziehen der Kinder sie gekostet hat. Kinder haben das Chaos in ihrem Leben nur noch verschlimmert. Ich kenne Mütter, die es nicht ertragen, von ihren Kindern getrennt zu sein, und andere Mütter, die es nicht erwarten können, von ihren Kindern wegzukommen; doch weder die einen noch die anderen haben offenbar auch nur den geringsten Wunsch, zu ergründen, woran sie sich klammern oder wovor sie davonlaufen. Arbeitende Mütter sind meistens zu beschäftigt, zu sehr von Schuldgefühlen geplagt oder zu erschöpft, um sich über solche Dinge Gedanken zu machen. Ich selbst habe auch immer weniger Lust, all die Gefühle, die das Dasein für Kinder bei mir entfesselt hat, allzu genau unter die Lupe zu nehmen. Sooft ich es versuche, gelange ich offenbar nur bis zu einem bestimmten Punkt. Dann packt auch mich eine tiefe Verwirrung, und mein ganzer Mut verläßt mich.

Die frühesten Erfahrungen, die wir mit unseren Kindern machen, sind so überwältigend, daß es uns schwerfällt, nüchtern darüber nachzudenken. Die Geburt und das Versorgen eines Säuglings bringen die rationalen Elemente in uns durcheinander, reißen uns aus unserer normalen Wahrnehmungsfähigkeit, katapultieren uns in veränderte Zustände und wieder heraus. In den ersten Jahren leben Kinder unsere subversivsten Wünsche aus und konfrontieren uns mit Aspekten der menschlichen Psyche, die zu meistern und zu kaschieren wir uns stets große Mühe gegeben haben, zerstören Phantasievorstellungen von Überlegenheit, die wir womöglich gehegt haben. Abgesehen von ihrem massiven psychologischen Einfluß sind Babys sensorische Stimuli, die unser Empfindungsvermögen und unsere bewußten Wahrnehmungen verändern und unser Bewußtsein erweitern.

Nach der Geburt meiner Kinder fing ich an, in zwei widersprüchlichen Welten zu leben: Die eine war intuitiv, von Verschmelzung geprägt, ganz und gar im körperlichen Bereich verhaftet. Obwohl ich diese Welt als wild und ungezügelt und völlig unkontrollierbar empfand, zeigte sie mir, daß sie *wirklich* war. Die andere Welt – mehr oder minder rational, aber beherrscht von dem Bedürfnis, alles genau zu verstehen – kam mir zunehmend hauchdünn, voller Abwehr und irrelevant vor.

Das federleichte Gewicht meiner Tochter, ihre weiche Haut, mein intensives Verlangen, sie an mich zu drücken – das waren die Dinge, die die größte Wirklichkeit besaßen. Der Anblick ihrer dünnen, flaumigen Haare und ihrer wachen kleinen Augen, ihr hinreißendes Gurren und ihr markerschütterndes Geschrei, der Geruch von Muttermilch und Babyöl, Fäkalien und Penaten-Creme, ihr ständig wechselndes Mienenspiel, das das gesamte Spektrum menschlicher Emotionen aufzugreifen schien: diese Dinge wurden zum Mittelpunkt meiner Welt und verscheuchten alle anderen Interessen.

Während dieser ganz besonderen Zeit mußte ich jeden Laut und jede Geste meiner Tochter zu deuten lernen: wann sie hungrig war und wann sie spielen wollte; ob sie schrie, weil sie Blähungen hatte, oder ob sie Angst hatte und getröstet werden wollte. Ich hielt sie im Arm und entdeckte auf diese Weise, wann ich sie beruhigen mußte und wann sie schlafen wollte. Durch bewußtes Nachdenken kam ich nicht darauf, was sie brauchte. Ich tauchte ein in ihre Welt. Theorien und Abstraktionen verblaßten; das Argumentieren hörte auf. Da ich nicht in der Lage war, klar zu denken, driftete ich häufig in einen Zustand buchstäblicher Gedankenlosigkeit hinein, dem ohne die Kraft von Worten unmöglich zu entrinnen oder zu widerstehen war. Gelegentlich verlor ich mich auch in der Welt meiner Tochter, wenn ich nicht dahinterkam, warum sie weinte, warum sie sich unnötig aufregte, was sie eigentlich wollte.

Im ersten Teil dieses Kapitels wird dieser intuitive Zustand der Verschmelzung mit einem anderen Menschen untersucht, den man als Mutter nach der Geburt eines Säuglings erlebt. Anschließend beschäftige ich mich mit dem, was passiert, wenn diese intime Phase der Mutter-Kind-Beziehung endet – mit jenem komplexen und bedeutsamen Loslösungs- und Individuationsprozeß, den Psychoanalytiker auch »die psychische Geburt des Menschen« nennen.

Sinnlichkeit und Selbstlosigkeit

In einer Kultur, in der so viele Erfahrungen mittels technischer Apparaturen vermittelt und zahlreiche zwischenmenschliche Beziehungen durch die Interaktion mit Maschinen ersetzt werden, kann die intensive Körperlichkeit der Geburt und der Säuglingspflege in der ersten Zeit als beunruhigender Schock wirken. Nur wenige Frauen sind auf die intensive Sinnlichkeit vorbereitet, die das Versorgen eines Säuglings mit sich bringt. Angenehme körperliche Empfindungen werden in unserer Kultur zumeist mit erwachsener Sexualität in Verbindung gebracht. Die Mutter-Säugling-Beziehung wird häufig recht romantisch dargestellt, so als sei die Liebe, die eine Mutter für ihr Baby empfindet, etwas Geistiges, Erdentrücktes. Die Medien verbreiten eine ständige Flut kitschiger Bilder von idealisierten Mutter-Kind-Beziehungen – sei es in Werbespots für Windeln oder Babynahrung, in Fernsehkomödien oder in Familienfilmen. Solche Bilder verschleiern die extreme Körperlichkeit, die den Umgang mit Säuglingen kennzeichnet.

Abgesehen von der handfesten Sinnlichkeit kleiner Babys werden Mütter mit einer Art von Intimität konfrontiert, die sie noch nie erlebt haben. In den ersten Monaten kann sich die Mutter mit ihrem Säugling identifizieren, kann sich mit ihm auf wunderbare Weise eins fühlen. Dadurch daß sie ihn füttert und ihm Zuwendung und Fürsorge angedeihen läßt, kann eine Mutter zum zweitenmal die besondere Zärtlichkeit erleben, die sie bei ihrer eigenen Mutter erlebt hat. Wenn man ein Kind bekommt, zieht man einen Menschen heran, der einen bedingungslos liebt. Ein Teil von uns sehnt sich nach eben dieser Liebe, die man bei einem Erwachsenen niemals ganz so finden wird, außer vielleicht in jenem kurzen Stadium der heftigen Verliebtheit zu Beginn einer Beziehung. Eine Mutter verglich die Intensität des Sichkümmerns für einen Säugling mit dem Anfang einer Liebesbeziehung:

> Wenn Elena mitten in der Nacht aufstand, um ihren Sohn zu versorgen, fühlte sie sich, als ginge sie zu einem Liebhaber. Sie badete sogar und machte sich schön, bevor sie hineinging, um ihn

zu füttern. Sie war siebenundzwanzig, als sie ihr erstes Kind bekam, und sie hatte sich leidenschaftlich in dieses Kind verliebt. Genau dasselbe erlebte sie nach der Geburt ihrer Tochter. Das Beste am Muttersein war für Elena die köstliche Nähe, die sie verspürte, wenn sie spät nachts ihre Babys wiegte und fütterte, während ihr Mann in einem anderen Zimmer schlief.

Doch manchen Müttern ist die Sinnlichkeit im Umgang mit einem Säugling zu nahe an der Erotik. Eine Mutter wurde von den sinnlichen Gefühlen, die sie beim Stillen empfand, völlig überwältigt:

> Grete bekam mit dreiundzwanzig ihr erstes Kind; sooft sie ihr Baby stillte, war sie sexuell so erregt, daß sie fast einen Orgasmus hatte. Nach zwei Wochen Stillen hörte sie völlig verwirrt damit auf, weil sie das Gefühl hatte, sie sei irgendwie pervers. Zum Glück führte Grete während ihrer dritten Schwangerschaft zahlreiche Gespräche mit einer Mitarbeiterin der Säuglingsberatungsstelle, die ihr versicherte, es sei durchaus nicht anormal, daß Frauen beim Stillen sinnliche Empfindungen haben. Diese Gespräche ermöglichten es Grete, ihr drittes Kind zu stillen, ohne allzu besorgt über ihre Reaktionen zu sein.

Für andere Frauen ist die wundervolle Ausschließlichkeit der Mutter-Kind-Beziehung – vor allem im ersten Jahr – befriedigender als irgend etwas sonst. Das kann zu einer Belastung für die Ehe werden und dazu führen, daß sich der Ehemann ausgeschlossen und vernachlässigt fühlt. Viele junge Mütter fühlen sich hin und her gerissen zwischen der Anhänglichkeit an ihr Baby und der Liebe zu ihrem Mann – und entscheiden sich für das allumfassende Engagement für ihr Kind:

> Jeanette, eine achtundzwanzigjährige Krankenschwester, berichtete, sie habe nach der Geburt ihrer Tochter nur in Ruhe gelassen werden wollen, um ihr Baby im Arm halten und liebkosen zu können. Da sie wieder halbtags arbeitete, nachdem das Baby einen Monat alt war, hatte Jeanette beschlossen, es nicht zu stillen. Aber

auch das Füttern mit der Flasche änderte nichts an der Wärme und Nähe, die sie für ihre Tochter empfand. Wenn Jeanette von der Nachtschicht nach Hause kam, sang sie ihrer Tochter stundenlang vor und spielte mit ihr. Von den Forderungen ihres Mannes allerdings, vor allem von seinen sexuellen Annäherungsversuchen, wollte sie nichts wissen. »Ich wollte nicht, daß er mich auch nur anrührt. Ich wünschte mir einfach nur, daß er mich in Ruhe läßt, damit ich mit meinem Baby schmusen konnte. Ich kann Ihnen nicht sagen, wie sehr ich mich danach sehnte, es einfach nur im Arm zu halten. Während der Arbeit dachte ich an nichts anderes.« Es hat über ein Jahr gedauert, bis sie überhaupt wieder an Sex mit ihrem Mann denken konnte, und auch dann mußte sie ständig den Impuls bekämpfen, ihn abzuweisen.

Jeanette bekam erst wieder Interesse an ihrem Mann und ihrem Sexualleben, als das Baby gut ein Jahr alt war. »Ich glaube, ich hatte Glück, daß er nicht mit einer anderen auf und davon ist«, meinte sie. Etwa um diese Zeit schafften die beiden es endlich, zusammen wegzufahren und das Baby eine Woche lang bei den Großeltern zu lassen.

Nach diesem Erleben von Nähe und Einssein mit ihren Säuglingen fehlt vielen Müttern etwas, wenn diese wunderbare Intimität ein Ende nimmt. Nach dem Abstillen können bei manchen Frauen übertriebene Einsamkeits- und Leeregefühle dazu führen, daß sie sofort wieder schwanger werden wollen:

Lorraine (29), Mutter von sechs Kindern, sitzt in ihrer Küche in einer kleinen Stadt in Wyoming und erzählt mir von dem »Hunger nach einem Baby«, den sie jetzt verspürt, nachdem sie ihr jüngstes Kind im Alter von dreizehn Monaten abgestillt hat. Ihre Sehnsucht nach einem weiteren Baby ist so groß, daß Lorraine an ein siebtes Kind denkt, obwohl sie und ihr Mann nur mit Mühe jeden Monat ihre Rechnungen bezahlen können. Lorraine befürwortet aus religiöser Überzeugung große Familien, meint aber, das sei nicht der eigentliche Grund, warum sie noch ein Kind wolle. Die Sehnsucht nach einem Säugling sei bei ihr so stark, daß sie es manchmal nicht ertragen könne, kein Baby auf dem Arm zu haben und zu stillen.

Für manche Frauen ist die Mutter-Säugling-Beziehung sehr intensiv und befriedigend, zumal in einer Gesellschaft, die so kalt und rücksichtslos ist wie die unsere. Doch die erfreulichen Seiten des Daseins für Kinder sind womöglich ein ebenso tabuisiertes Thema wie ablehnende und negative Gefühle in diesem Zusammenhang. Über die genußvolle Sinnlichkeit beim Stillen eines Säuglings, die bei manchen Frauen einen Orgasmus auslöst, wird wenig gesprochen. Und was ist mit der hilflosen Abhängigkeit des kleinen Babys, die sich bald in innige Zuneigung zur Mutter verwandelt? Ein Baby liebt und braucht seine Mutter mehr als irgendein Erwachsener zu irgendeiner Zeit einen anderen. So dringend gebraucht zu werden und in der Lage zu sein, die Bedürfnisse eines Säuglings nach Liebe zu stillen, kann einer Frau ein Gefühl der Erfüllung verschaffen, das ihr keine andere Beziehung gibt.

Manche Frauen genießen die Freuden der frühen Bindungsphase so sehr, daß es ihnen schwerfällt, darauf zu verzichten. Gleichzeitig ist die Fürsorge für einen Säugling sehr anstrengend und erfordert eine gewisse Selbstaufopferung, die an masochistische Unterwerfung grenzen kann, besonders wenn ein Baby unter Koliken leidet oder tagelang krank ist. Die emotionalen Gegebenheiten, mit denen sich viele Mütter in diesem Zeitraum herumschlagen müssen, können auf merkwürdige Weise zwischen tiefer Befriedigung und Selbstaufopferung schwanken, zwischen angenehmen, fast schon als zügellos empfundenen Gefühlen und einem Ausgelaugtsein, das in Zeiten der Selbstverleugnung auftritt.

Es gibt Frauen, die das Dasein für ein Baby als so lästig und aufreibend empfinden, daß sie alles tun, um dem aus dem Weg zu gehen. Die übermäßige Bedürftigkeit des Säuglings, die Pflege und Fürsorge, die er zum Überleben braucht, rufen bei einigen Frauen Panik, Wut und das Gefühl, zu kurz zu kommen, hervor. Es ist schwierig, sich klarzumachen, daß man auf einen Säugling einfach wegen seines ganz normalen Verhaltens wütend ist – weil er bedürftig und passiv ist und einem so viel abverlangt. Diese inakzeptable Wut auf einen Säugling kehrt sich häufig nach innen, verwandelt sich in Depressionen und Selbstzweifel. Manchmal wandeln wir unsere unerträgliche Wut in die übertriebene Angst um, dem Säugling könnte etwas zustoßen. Eine Mutter berichtete, sie habe die Nächte stets neben der Wiege ihres Sohnes verbracht, auf sein Atmen gelauscht und sich vergewissert, daß ihn nicht der plötzliche Kindstod ereilt habe.

Diese aufgezwungene Intimität kann bei der Mutter aber auch derartige Leere- und Deprivationsgefühle hervorrufen, daß sie die Flucht antritt: in Arbeit, Karriere, eine Liebesaffäre, eine andere Ehe, eben in *irgend etwas* anderes. Wenn eine Mutter als Säugling und Kleinkind selbst unter mangelnder mütterlicher Zuneigung gelitten hat, können die ständigen Pflichten der Kinderpflege und die damit einhergehende körperliche Nähe die Verlust- und Verarmungsgefühle von einst wiederaufleben lassen. Eine gute Freundin vertraute mir an, das Sorgen für ihr Baby habe zur Folge gehabt, daß sie sich unglaublich depriviert fühlte; denn dadurch wurde sie daran erinnert, wie sehr sie sich als Kind gewünscht hatte, gehalten zu werden, und wie kühl und zurückhaltend ihre eigene Mutter gewesen war. Eine andere Mutter gestand, daß sie mit den Anforderungen ihrer kleinen Kinder nicht fertig wurde und sich deshalb entschlossen hatte, wieder ganztags zu arbeiten: »Ich wäre verrückt geworden, wenn ich zu Hause geblieben wäre und mich um sie gekümmert hätte. In der kurzen Zeit, in der ich das getan habe, also bis sie ein und zwei Jahre alt waren, nahm ich zehn Kilo ab und war ständig krank. Ich fühlte mich erst wieder wohl, als ich meine alte Arbeit wieder aufnehmen konnte.«

Ein Kind zu füttern und zu umhegen, kann leicht unsere eigenen verborgenen Sehnsüchte nach Liebe und Fürsorge wecken. Der Hunger unseres Säuglings kann in uns unerwartete und qualvolle Reaktionen hervorrufen, Gefühle des Versagens, der Unzulänglichkeit, der Angst vor dem Verschlungenwerden, ja sogar Abscheu:

> Die Sozialarbeiterin Vickie (25) berichtete, ihre ersten sechs Monate als Mutter seien unerträglich gewesen. Vickie hatte sich in den letzten Monaten ihrer Schwangerschaft intensiv auf das

Stillen vorbereitet und sich sehr darauf gefreut. Doch eine Woche nach der Geburt ihres Babys kam keine Milch mehr. »Ich fühlte mich als schreckliche Versagerin. Ich schaffte es einfach nicht, die Milch wollte einfach nicht kommen. Ich kann Ihnen gar nicht sagen, wie unzulänglich ich mir vorkam. Ich habe jeden Tag stundenlang geheult.« Eine Zeitlang schämte sich Vickie so sehr, daß sie es nicht über sich brachte, aus dem Haus zu gehen. Mehrere Monate Therapie waren nötig, damit sie aufhörte, sich als schlechte Mutter zu betrachten, und endlich anfangen konnte, sich über ihre Tochter zu freuen.

Ann, Vizepräsidentin einer Bank in San Francisco, nahm nach der Geburt ihres ersten Kindes drei Monate Urlaub. Sie hatte mit dem Kinderkriegen bis Mitte dreißig gewartet und wollte ihr Baby auf alle Fälle stillen. Sie hatte viele Bücher gelesen, in denen es hieß, dies sei das Beste, was man für ein Kind tun könne, um ihm »einen guten Start ins Leben zu verschaffen«. Doch während der ersten Lebenswoche ihres Sohnes begann Ann unter Beklemmungen zu leiden. »Ich konnte es nicht ertragen«, sagte sie. »Er kam mir so gierig vor. Ich hatte dauernd das Gefühl, daß er mich bei lebendigem Leib auffressen würde! Und dann biß er mir mit seinem harten kleinen Zahnfleisch in die Brust, und es tat höllisch weh. Also ging ich schließlich dazu über, ihm Sojamilch aus der Flasche zu geben.«

Rebecca, eine ehemalige Schauspielerin, die ein Repertoire-Theater leitete, weigerte sich, sich um ihren Säugling zu kümmern, weil ihr der Geruch von Windeln und die unappetitliche Fütterei angeblich unerträglich waren. Beim Geruch von Fäkalien wurde ihr schlecht. Wenn sie sah, wie ihr Sohn mit seinem Essen herumspielte und es sich in die Haare schmierte, hätte sie ihn am liebsten erwürgt. Sie berichtete, sie habe nichts mit ihm anfangen können, »bis er in der Lage war, ein intelligentes Gespräch zu führen«.

Zum Glück konnte Rebecca es sich leisten, für einen Ersatz zu sorgen. Sie sah sich in der Rolle der Verwalterin – sie sagte dem jeweiligen Kindermädchen, was es zu tun und zu lassen hatte, entschied, wann und wo ihr Sohn in die Schule gehen, welche Fächer er belegen, in welches Ferienlager er fahren sollte. Auf diese Weise nahm Rebecca Einfluß auf das Leben ihres Kindes und hielt, wenn auch auf einige Entfernung, die Beziehung zu ihm aufrecht.

In den ersten drei Lebensjahren muß die verantwortliche Bezugsperson meistens geben, ohne etwas zurückzubekommen. Manche Säuglinge sind schwierig – sie leiden zum Beispiel unter Koliken oder lassen sich nur äußerst schwer füttern und beruhigen. Andere sind von Natur aus empfindlich und reizbar. Eine Mutter schilderte, welche Qual es für sie war, daß ihre Tochter ständig weinte:

> Margarets Baby war zu zappelig, als daß sie es hätte stillen können, und schrie sechs Monate lang vor Magenkrämpfen. Vier Monate vor der Geburt ihrer Tochter waren Margaret und ihr Mann von Familie und Freunden aus ihrem Heimatort weggezogen. Margarets Mann war in die Gegend der San Francisco Bay versetzt worden, wo die beiden keine Menschenseele kannten. »Ich war fürchterlich einsam, und dieses Kind hörte einfach nicht auf zu schreien. Es schrie monatelang Tag und Nacht. Stellen Sie sich vor, wie das ist, wenn man sein eigenes Kind einfach nicht beruhigen kann. Das hat mich beinahe verrückt gemacht. Wissen Sie, man wird wahnsinnig, wenn man alles versucht und nichts funktioniert. Es gab Zeiten, da hätte ich die Kleine am liebsten umgebracht. Es gab Nächte, in denen ich sie fast erwürgt hätte, bloß um diesem schrecklichen Gewimmer ein Ende zu machen.«

Auf manche Mütter hat das anhaltende Geschrei und Gewimmer eines Babys eine verheerende Wirkung. Eine Mutter berichtete, der Kinderarzt habe ihrem kranken Baby, das seit Tagen geschrien hatte, sogar ein Barbiturat verschrieben. »Ich weiß nicht, was ich gemacht hätte, wenn das Schreien nicht aufgehört hätte.« Eine andere Mutter erzählte mir eine Geschichte, die aus der Kindheit ihrer Großmutter in Südrußland stammte:

> Während die Dienstboten das Abendessen zubereiteten und die dicke Köchin und die klapperdürren Serviermädchen in der Küche herumflitzten, füllten sie Socken mit Stoffresten und kleinen Mengen Opium und gaben sie den weinenden Säuglingen zum Nuckeln. Sooft sie an der Wiege vorbeikamen, versetzten sie ihr einen Tritt, so daß sie hin- und herschaukelte, während sie arbeiteten.

Die ständige praktische Fürsorge, das Gewähren von Schutz und das Aufbringen von Mitgefühl können bei denjenigen, die sich um Kinder kümmern, dazu führen, daß sie sich nicht nur erschöpft fühlen, sondern unter echter Deprivation leiden. Bei manchen Frauen führt das Gefühl der emotionalen Verarmung dazu, daß sie anfällig werden für störende Kräfte von außen und innen: für Depressionen, Zorn, Schuldgefühle (wer wird denn wütend sein auf einen hilflosen, geliebten Säugling, der einen braucht?) und das Gefühl der Wertlosigkeit, das daher kommt, daß unsere Kultur die intensive Mühe des Kinderaufziehens eindeutig sehr gering bewertet.

Das Erlebnis der Verschmelzung

Die meisten Mütter versuchen ganz unbewußt, ihre Babys nicht nur vor physischem Schaden, sondern auch vor emotionalen Verletzungen zu bewahren, indem sie sich alle Mühe geben, die besonderen Eigenheiten und Empfindlichkeiten ihres Säuglings intuitiv zu erfassen; denn nur so können sie Einflüsse, die sich negativ auf das Kind auswirken würden, verhindern. Bei dem Versuch, dahinterzukommen, was ein Baby empfindet, muß die sorgende Bezugsperson manchmal in die sprachlose Welt des Säuglings eintauchen, in der Empfindungen und nicht der Verstand die Wahrnehmungen diktieren. Aufbauend auf die Vorstellungen von Winnicott schreibt der Psychoanalytiker Thomas Ogden in seinem Buch *The Matrix of the Mind*, die Aufgabe der Mutter bestünde in den ersten paar Monaten darin,

> das Bewußtsein des Getrenntseins beim Kind hinauszuzögern ..., das Bedürfnis des Säuglings zu befriedigen, bevor es zu einem heftigen Verlangen wird (...) Für kurze Zeit schafft die Mutter die Illusion, daß gar keine Bedürfnisse existieren.

Die Mutter versucht, mit ihrem Säugling eins zu werden, um sein zerbrechliches Seinsgefühl zu stützen, zumindest so lange, bis der Säugling widerstandsfähig genug ist, um die beunruhigende Tatsache zu akzeptieren, daß er klein und relativ schwach, ein eigenständiger Mensch und doch völlig abhängig ist.

Welche Auswirkungen hat diese Art des Gebens auf eine Mutter? In ihrer Erzählung »Erzähl mir ein Rätsel« beschreibt Tillie Olsen die Mutterliebe als etwas, das so intensiv ist und so blind macht, daß es das Gefühl eines Menschen für die eigene Identität vorübergehend auslöschen kann:

> Die Leidenschaft des Sorgens ... [steigt] mit dem Bedürfnis wie ein Strom; und wie ein Strom ertränkt und opfert sie alles andere (...) Und jetzt legen sie ihr ein Baby in den Schoß. Die Unmittelbarkeit der Umarmung ..., warmes Fleisch wie dieses, das Ansprüche stellte und kosend alles andere wegstupste und mit lebendigen Mündern verschlang; heiß – lebendig wie ein Tier –, intensiv und jetzt ... die lange Trunkenheit; das Ertrinken in Brauchen und Gebraucht werden.

Wenn wir für Kinder da sind, führt uns das häufig von uns selbst *weg* und gleichzeitig zum Leben hin. In dieser Geschichte weigert sich eine im Sterben liegende Großmutter, ihr Enkelkind auch nur zu berühren, weil das Sterben – ihr Sichzurückziehen von allem, was sie liebt – für sie auch eine »Reise zu ihrem Ich« bedeutete, die bis jetzt durch lebenslanges Geben, Sorgen, Brauchen und Gebrauchtwerden hinausgeschoben wurde. Selbstloses Sorgen für einen Säugling macht uns für eine gewisse Zeit selbst*los*, und jede Mutter, die keine Unterstützung bekommt, erlebt gelegentlich das bedrohliche Gefühl der Auslöschung.

In einem Gedicht mit dem Titel »Morning Song« beschreibt Sylvia Plath die Selbstlosigkeit, die mit dem Austragen und Versorgen eines

Säuglings einhergeht, als etwas Animalisches, Unpersönliches, ähnlich dem Meer – so überwältigend, daß es die erzählende Mutter in dem Augenblick aufspringen läßt, in dem sie einen Schrei von ihrem Baby hört:

> Ein Schrei, und ich stolpere auf vom Bett, kuhschwer und blumig
> In meinem viktorianischen Nachthemd.
> Dein Mund geht auf, rein wie der einer Katze …

Das Kind in diesem Gedicht ist wie ein Spiegel, der das Gefühl der Mutter, sich irgendwie aufzulösen, zurückwirft:

> Ich bin deine Mutter nicht mehr als
> Die Wolke, die tropft, bis ein Spiegel entsteht, der ihre
> Langsame Auslöschung zeigt von der Hand des Windes …

Wie der Gebrauch von Wörtern wie »ertrinken«, »Trunkenheit«, »Opferung« und »Auslöschung« andeutet, büßen all diejenigen, die sich um Säuglinge kümmern, eine Zeitlang die scharf umrissene Grenze zwischen sich selbst und dem anderen ein, verschmelzen mit dem Säugling, um intuitiv zu erfassen, was er braucht. Einige Frauen lieben dieses Stadium; andere genießen es, vorausgesetzt, es nimmt nur einen Teil ihrer Zeit in Anspruch. Einige Mütter können nicht über längere Zeit hinweg eintauchen, ohne das Gefühl zu haben, daß ihre Identität ausgelöscht wird. (Eine Mutter berichtete, sie würde immer wieder träumen, daß sie von einer Flut weggeschwemmt wird, während sie versucht, den Kopf ihres Kindes über Wasser zu halten.) Eines steht fest: Das frühe Stadium der Bindung im Säuglingsalter erfordert von der Bezugsperson mehr Geben, als sich die meisten Frauen vorstellen können, bevor sie ein Kind haben.

Die symbolische Bedeutung des Babys

Was ist ein Säugling für seine Mutter? Zunächst ist er ein Teil ihres Körpers, der sich auf geheimnisvolle, unerklärliche Weise bei seinem Eintritt in die Welt loslöst, beinahe ein Teil ihres eigenen Selbst, den sie aufziehen und dann hinausschicken muß in die Welt außerhalb ihres Einflußbereichs, außerhalb ihres Zugriffs. Für manche Mütter ist ein Kind ein Besitz, für andere ein leidenschaftlicher Geliebter. Ein Säugling kann ungeheuren Trost spenden, zu einem Puffer werden, die Mutter von unerquicklichen Umständen abschirmen. Dies alles kann ein Baby in rascher Folge für ein und dieselbe Frau bedeuten.

Nach Ansicht bestimmter Psychologen ist der Säugling zunächst eine narzißtische Erweiterung – etwas, was man eine gewisse Zeitlang nicht als losgelöst betrachten kann. Die Psychoanalytikerin Elizabeth Loewald ist der Meinung, daß ein Säugling für manche Mütter zeitweilig zu einer Art Übergangsobjekt wird – zu etwas, was gleichzeitig sie selbst und nicht sie selbst ist, geliebt, aber noch nicht von ihren Wünschen und Phantasien abgetrennt. Dazu meint die Analytikerin Alice Balint:

> Die Mutterliebe gilt eben ihren triebhaften Wurzeln entsprechend nur dem ganz kleinen Kinde, dem am mütterlichen Körper hängenden Säugling (...) Wie die Mutter für das Kind, ist auch das Kind für die Mutter ein Befriedigungsobjekt.

In einer Abhandlung mit dem Titel »Parenthood as a Developmental Phase« (Elternschaft als Entwicklungsphase) behauptet die Psychoanalytikerin Therese Benedek, daß Kinder unsere Aufmerksamkeit nach innen lenken, weil die Gerüche, Berührungen und Geräusche des Säuglings, Babys, Krabbelkindes und Kleinkindes Spuren der Erinnerung heraufbeschwören, weil uns ihr Hunger und ihre Hilflosigkeit, ihr unablässiges Sichbewegen, ihre Ängste und ihre Begeisterung, ihr Spiel, ihre freudigen und schrecklichen Kämpfe um Selbständigkeit an unsere eigenen erinnern. Auf diese Weise wird es manchmal schwierig, die eigenen Bedürfnisse und frühen Erfahrungen von denen unserer Kinder zu unterscheiden.

Viele Psychologen bezeichnen die Zeit des Elternseins als ein Entwicklungsstadium. Der Psychiater Peter Blos behauptet, mit der Geburt eines jeden Kindes erfolge eine – normale und wichtige – vorübergehende Regression. Blos meint:

> Der bessere Zugang der Mutter zu Kindheitserinnerungen, unbewußten Wünschen, Konflikten und Fixierungen und das Lockern von Abwehr überdauert die physischen und endokrinologischen Veränderungen der biologischen Schwangerschaft und der Phase nach der Geburt. Diese psychische Offenheit wird viele Monate lang aufrechterhalten und beginnt sich erst im Laufe des zweiten Lebensjahres des Kleinkindes abzuschwächen (...) Beendet wird diese Periode psychischer Flexibilität durch die zunehmende Bewußtheit des Kleinkindes für seine psychische Losgelöstheit und die Tatsache, daß die Mutter erkennt, daß diese eingetreten ist.

Sich in den ersten Monaten um ein Kind zu kümmern, ist manchmal so erschöpfend, daß es für eine Mutter möglicherweise wichtig ist, ihr Baby als eine teilweise Erweiterung ihrer eigenen Psyche empfinden zu können. Doch kommt der Punkt, an dem diese anfängliche Verwischung zwischen dem Selbst und dem anderen ein Ende finden muß. Zu diesem kritischen Zeitpunkt muß die Mutter lernen, wer, abgesehen von ihren eigenen Wünschen und Phantasien, ihr Kind ist.

Entwöhnung und Rückkehr der Rationalität

Eine der ersten kritischen Unterbrechungen der Verschmelzungsbeziehung zwischen Mutter und Säugling wird als »Entwöhnung« bezeichnet und hängt mit der konkreten Entwöhnung von der Flasche oder der Brust zusammen. Diese Entwöhnung, die endgültig die Tatsache bewußtmacht, daß Mutter und Kind *nicht* eins sind, bedeutet immer eine Art Schock, vor allem dann, wenn die Mutter in der Beziehung zu ihrem Säugling jene tiefe Vertrautheit und das Gefühl der Ganzheit wiedererlangt hat, das sie früher bei ihrer eigenen Mutter erlebt hat. Oft kündigt sich die Tatsache, daß eine Mutter wieder nüchtern zu denken beginnt, dadurch an, daß sie anfängt, sich abzugrenzen und aufs neue erlebt, was es bedeutet, eigenständig und allein zu sein und eigene Wünsche und Bedürfnisse zu haben.
Im Gegensatz zu den kleinen Trennungen, die jeden Tag stattfinden

und durch die Abhängigkeit des Säuglings und die harten Anforderungen der Kinderpflege gemildert werden, ist das Abstillen oder die Entwöhnung von der Flasche der Anfang vom Ende einer Etappe. Zum einen ist die Entwöhnung ein Bewußtseinszustand, zum anderen eine Reaktion auf die Veränderungen in der Entwicklung des Säuglings. Sie ist ein Ereignis, das eine Verlagerung in der Beziehung zwischen der Mutter und dem Säugling symbolisiert, der jetzt nicht mehr als passiver, hilfloser Empfänger mütterlicher Dienste betrachtet werden kann.

Für einige Mütter ist die Entwöhnung so etwas Ähnliches wie das Ende der Flitterwochen oder des Stadiums der Verliebtheit in einer Liebesbeziehung: Soll die Beziehung weiterbestehen oder wachsen, muß jetzt regelrecht daran gearbeitet werden. Für andere Mütter bedeutet die Entwöhnung eine willkommene Erleichterung, das Ende einer erdrückenden Intimität mit einem übermäßig hilflosen und abhängigen Wesen. Nach der Entwöhnung haben Mütter häufig das Gefühl: »Mein Baby ist jetzt ein richtiger Mensch, ein ganz spezielles Individuum.« Früher oder später kommt die starke, wilde Persönlichkeit eines Säuglings zum Vorschein. Jede Mutter hat so ihre Phantasievorstellungen von ihrem Baby, schon lange, bevor es zur Welt kommt, und was dieses Baby dann ist oder wird, ist stets eine Überraschung – im besten Fall eine angenehme; im schlimmsten Fall entpuppt es sich als eine Persönlichkeit, die man ablehnt.

Ob die Entwöhnung beschleunigt oder hinausgezögert wird, ob sie als schmerzlich oder als befreiend empfunden wird, sie bedeutet in jedem Fall für beide, Mutter und Kind, einen feierlichen Übergang. Die Entwöhnung, eine in hohem Grad individuelle Angelegenheit, wird von jeder Mutter unterschiedlich erlebt. Manche Frauen tolerieren nur ein geringes Maß an Abhängigkeit und ermuntern ihre Kinder in frühen Jahren zur Selbständigkeit:

> Roberta (25), eine Hausfrau aus Houston, erzählte mir bei einer Tasse Kaffee, daß sie es einfach nicht ertragen konnte, mit anzusehen, wie ihr einjähriger Sohn noch immer an seiner Flasche nuckelte. »Ich hatte dauernd das Gefühl, ich würde einen Weichling aus ihm machen, wenn ich den ganzen Tag zusehe, wie er an

seinem Schnuller nuckelt.« Als ihr Sohn elf Monate alt war, warf Roberta alle Flaschen weg. Ihr Sohn heulte und schrie eine Woche lang, weigerte sich, die schmackhaften Mahlzeiten zu essen, die sie ihm aus frischem Gemüse und bestem Fleisch zubereitete und im Mixer pürierte. Als er schließlich zu heulen aufhörte und seine exquisite Babynahrung zu sich nahm, hatte Roberta das Gefühl, endlich den ersten Schritt getan zu haben, aus ihm einen Mann zu machen.

Der Zeitpunkt, zu dem eine Mutter beschließt, ihr Baby zu entwöhnen, hängt sowohl von internen als auch von äußeren Faktoren ab. Manche Ehemänner dulden es nicht, mit einem Baby um die Aufmerksamkeit ihrer Frau wetteifern zu müssen. So kommt es, daß Frauen den Entwöhnungsprozeß manchmal beschleunigen, obwohl sie die bisherige Situation sehr genossen haben – weil sie befürchten, sonst ihre Männer vor den Kopf zu stoßen oder ihre Ehe aufs Spiel zu setzen:

Francis berichtete, ihre erste Ehe sei nach der Geburt ihres Sohnes in die Brüche gegangen. »Mit meinen einundzwanzig Jahren war ich noch recht jung, und nachdem das Baby da war, konnte ich einfach nicht zwei Dinge gleichzeitig tun – Ehefrau und Mutter sein.« Als sie mit dreißig zum zweitenmal heiratete, nahm sie sich fest vor, daß sich ihre Mutterrolle diesmal nicht zwischen sie und ihren Mann stellen sollte. Aus diesem Grund stillte sie ihre Tochter mit drei Monaten ab und ließ sie eine Woche lang in der Obhut einer Kinderfrau, während sie und ihr Mann auf die Bahamas flogen, um ihre Beziehung wieder zu festigen. Zu ihrem Pech quollen ihre Brüste vor Milch über und taten ihr die ganze Woche lang weh, so daß sie jede Nacht in dem teuren Himmelbett lag und nach ihrem Säugling weinte. »Als ich nach Hause kam, erkannte mich mein Baby gar nicht mehr. Doch als es dann meine Stimme hörte, weinte es stundenlang.«

Der Verlust der intimen Nährbeziehung kann zum Symbol für andere schmerzliche Verluste werden und vorübergehend Depressionen auslösen:

Elena, die es ungeheuer genossen hatte, ihre zwei Babys zu stillen, war ganz verzweifelt, als sich ihr jüngstes Kind mit einem Jahr weigerte, weiterhin an der Brust zu trinken. »Ich wußte, daß wir keine Kinder mehr bekommen würden. Das war's dann also.« Elena berichtete, daß sie von irrationalen Gefühlen überwältigt wurde, so als hätte ihr Baby sie zurückgewiesen. »Es kam mir vor, als hätte es das Interesse an mir verloren, und das war für mich unerträglich.« Mit der Zeit begann sie sich wegen ihrer selbstsüchtigen und tyrannischen Gefühle zu hassen. »Es kamen mir unglaublich morbide Gedanken, und ich fing an, mich nach meiner toten Mutter zu sehnen. Irgendwann hätte ich mich am liebsten auf ihr Grab geworfen, weil sie mir so sehr fehlte.«

Zutiefst erschrocken über die rapide negative Entwicklung ihrer Gefühle, suchte sie ihren Frauenarzt auf. Dieser erklärte ihr, ein Teil ihrer Depression sei hormonell bedingt und rühre von den Veränderungen her, die der Körper durchmacht, wenn der Milchfluß aufhört. Ein anderer Teil der Depression hatte jedoch mit Verlustgefühlen zu tun – dem Verlust der mit der Nährbeziehung einhergehenden Nähe.

Manche empfinden das Stillen als so befriedigend, daß sie ohne Rücksicht auf die Bedürfnisse ihrer Kinder deren Streben nach Unabhängigkeit hinauszögern:

Als engagiertes Mitglied der Stillbewegung hatte Ruth fünf Jahre lang Mütter beraten, die mit dem Stillen ihrer Babys Schwierigkeiten hatten. Als ihr jüngster Sohn zwei Jahre alt war, schaute er nach dem Stillen zu ihr hoch und sagte, während noch Milch von seinem Kinn tropfte: »Mama, darf ich jetzt aus der Flasche trinken?«

Rückblickend meinte Ruth, sie sei taub und blind gewesen für alle Anzeichen dafür, daß ihr Sohn nicht mehr gestillt werden wollte. Sie hatte dieses Stillerlebnis so sehr genossen, daß sie ihn nicht abstillen wollte. »Manchmal müssen einen die Kinder dazu überreden, daß man sie groß werden läßt!« meinte sie.

In ihrem Buch *Von Frauen geboren* schreibt die Schriftstellerin Adrienne Rich, daß viele Mütter, solange ihre Kinder im Säuglings- und Kindesalter sind, wirklich daran arbeiten müssen, Schritt für Schritt auf ihre Kinder und auf die leidenschaftliche Intensität, die die unterschiedlichen Phasen des Mutterseins begleitet, zu verzichten. Adrienne Rich gehört zu den ersten Frauen, die offen zugeben, wie schwierig dieser Ablösungsprozeß für die *Mutter* ist. Eine Mutter verglich ihn im Spaß mit der Entwöhnung von einer süchtig machenden Droge; doch eine »radikale Entziehungskur«, so meinte sie, sei sicher weder für die Mutter noch für das Kind gut.

Loslösung (Separation) und Individuation aus der Perspektive der Mutter

Einem sehr kleinen Kind Selbständigkeit, Individualität und ein wirklich eigenständiges Selbst zuzubilligen, gehört zu den schwierigsten Aufgaben der Eltern. Unsere Kinder loszulassen, erfordert ein großes Maß an Stärke und an Reife, besonders dann, wenn wir sie innig lieben und uns ihnen zutiefst verbunden fühlen.
Über das subjektive Erleben eines Säuglings können wir nur spekulieren: Es wird für uns immer ein Geheimnis bleiben. Wie die meisten Mütter bestätigen werden, vollzieht sich um das zweite Lebensjahr eine gewaltige Veränderung im Kind und in seiner Beziehung zur Mutter. Viele Leute bezeichnen dieses Phänomen als »das schreckliche zweite Jahr«. Psychologen halten dieses Alter heutzutage für ein kritisches und außergewöhnlich komplexes Entwicklungsstadium, das entscheidende Auswirkungen auf das weitere Leben des Kindes hat. Margaret Mahler hat diese Entwicklungsphase des Kindes erforscht; ihre Theorien stützen sich auf umfangreiche Beobachtungen von Kindern und Müttern.
Der psychoanalytische Terminus – »Loslösungs- und Individuationsprozeß« – wurde von Margaret Mahler geprägt und ist eine Art Abkürzung für das, was sich im Gefühlsleben eines Kindes etwa im Alter zwischen 18 und 24 Monaten abspielt. Mit einigen Ausnahmen – dazu gehören Louise Kaplan mit ihrem Buch *Oneness and Separa-*

teness (Einssein und Getrenntsein), Nancy Chodorow mit *Das Erbe der Mütter* und eine kleine, aber immerhin stetig zunehmende Anzahl von Artikeln und Fallgeschichten – gibt es bisher kaum Versuche, diese emotionale Phase aus der Perspektive der Mutter zu erforschen, also all das, was in ihr vorgeht, wenn ihre Kinder anfangen, sich mehr und mehr Selbständigkeit zu erkämpfen. Es ist jedoch leicht einzusehen, warum es uns schwerfällt, über die Emotionen zu sprechen, die durch dieses Entwicklungsstadium bei Frauen geweckt werden. Heftige widersprüchliche Gefühle – Verlustgefühle, Sehnsüchte, Abscheu, Gefühle von Rivalität, von Benutzt- und Ausgenutztwerden, von Enttäuschung, ja sogar von Haß –, alle diese Emotionen schlagen von Zeit zu Zeit in jeder Mutter hoch, sobald sich das Kleinkind von ihr abzusetzen beginnt. Doch diese Gefühle darf eine Mutter nicht haben, sie sind für sie tabu und dennoch während des Loslösungs- und Individuationsprozesses und im Anschluß daran unvermeidlich. Sich in dieser Phase um ein Kind zu kümmern, kann Mütter zur Verzweiflung treiben. In »Lesbos«, einem ihrer letzten Gedichte, beschreibt Sylvia Plath sehr lebendig, wie ihre kleine Tochter einen Wutanfall bekommt, während ihr Sohn, der noch ein Baby ist – sie nennt ihn eine »fette Schnecke«–, eine Schleimspur auf dem Boden hinterläßt. Diese Szene ist Müttern, zumindest in unserer Kultur, sehr vertraut – einer jener flüchtigen, alptraumhaften Augenblicke, die wir zu vergessen versuchen: Eine Mutter hebt ihre Tochter, die mit dem »Gesicht auf dem Boden« liegt und »um sich tritt«, auf und verfrachtet sie in ihr Zimmer, bis sie sich wieder beruhigt hat, oder sie ruft zu ihrer Entlastung einen Babysitter. Doch Sylvia Plath geht noch einen Schritt über die Beschreibung dessen hinaus, was für jeden, der mit Kleinkindern zu tun hat, das tägliche Brot ist. Statt all das dem »schrecklichen zweiten Jahr« anzukreiden, *erschafft* Sylvia Plath mit ihrer Poesie aufs neue jene emotionale Situation, in der uns klar wird, was es bedeutet, sich um zwei fordernde Kleinkinder zu kümmern; was es heißt, so zornig und unbeherrscht zu sein wie ein plärrendes Krabbelkind und sich dann selbst die Schuld zu geben an allem, was schiefgelaufen ist.

Daß solche verwirrenden Gefühle ausgesprochen werden, ist im Leben wie in der Literatur neu. Wir haben einen ganz enormen

Widerstand, uns die Emotionen einzugestehen, die in uns aufkochen, brodeln, erkalten, wenn wir uns um Kinder in diesem Alter kümmern. Leider bombardiert uns unsere Kultur mit heiligmäßigen Bildern auf der einen und harschen Urteilen auf der anderen Seite. Die Botschaft lautet, daß Gefühle wie Besitzgier, Neid und Kummer (sofern das Kind nicht gestorben ist) so wenig akzeptabel sind, daß man sie eigentlich gar nicht haben sollte und sich erst recht nicht dazu bekennen darf.

Für Mütter ist der Loslösungsprozeß eine vielschichtige Angelegenheit. Eine Mutter muß es nicht nur ertragen, daß sich ihr Kind von ihr ablöst, sondern sie erlebt gleichzeitig auch ihre eigene Loslösung von diesem Kind. Dazu kommt, daß beim Aufziehen eines Kindes die eigenen Kindheitserlebnisse wachgerufen werden. Während das zweijährige Kind gegen seine Machtlosigkeit und gegen sein Kleinsein wütet und anfängt, sich nach Selbständigkeit zu sehnen, *empfindet die Mutter alle diese Dinge möglicherweise selbst*; und gleichzeitig muß sie mit dem Verlust eines Säuglings fertig werden, dessen hingebungsvolle Liebe vor kurzem noch nicht durch derart schmerzliche ambivalente Gefühle beeinträchtigt wurde.

Wenn alles glattgegangen ist, wird sich das Kind jetzt anderen Menschen zuwenden, wird die Ausschließlichkeit der Mutter-Kind-Beziehung abbauen. Wenn das Kleinkind anfängt, eine tiefe Zuneigung zu anderen Menschen zu entwickeln, müssen sich viele Mütter beschämt eingestehen, daß sie eifersüchtig sind.

Loslösung und Individuation aus der Perspektive des Kleinkindes

Wenn ein Kind zum erstenmal die Welt außerhalb des mütterlichen und des eigenen Bereichs entdeckt, hat das immer mit Neugier und freudiger Erregung zu tun. Selbst unter den günstigsten Umständen ruft das erste Ausprobieren der Selbständigkeit sowohl bei Kindern als auch bei Müttern die unterschiedlichsten Gefühle hervor: Begeisterung und Wut, Vergnügen und Verrat, Verlust und Begeisterung. In ihrem Buch *Die psychische Geburt des Menschen* geht Margaret

Mahler der Wut und der Ambivalenz des Kleinkindes und seinem Sichlosreißen von der Mutter im Verlauf des »schrecklichen zweiten Jahres« auf den Grund. In dieser Zeit muß die Bezugsperson zulassen, daß sie auf andere Weise benutzt wird als zu der Zeit, als das Kind noch kleiner und völlig abhängig war. Erforderlich ist dazu ein großes Maß an Altruismus, an Bereitschaft, zu geben, und an uneigennütziger Anteilnahme. Denn jetzt muß die Mutter lernen, zu tolerieren, daß das Kind sie ignoriert und sich im nächsten Augenblick an sie klammert, daß sie *dasein* muß, wenn das Kind sie braucht, und nicht beachtet wird, wenn das Kind in Ruhe gelassen werden will.

Nach Ansicht von Margaret Mahler müssen Kleinkinder, die zum erstenmal von den köstlichen Früchten der Selbständigkeit gekostet haben, trotzdem noch »auftanken« – mit anderen Worten, die verantwortlichen Bezugspersonen müssen nach wie vor für sie dasein, damit sie nach ihren Erkundungszügen in die Außenwelt zu ihnen zurücklaufen können. Sobald Babys lernen, daß man von der Mutter wegkriechen, wegkrabbeln, weggehen und sogar weglaufen kann, verspüren sie ein Hochgefühl, das sich aus dem tollen Erlebnis herleitet, sich gleichzeitig zu bewegen, etwas zu erkunden und etwas zu meistern. In einem Artikel, der sich eingehend mit dem Loslösungs- und Individuationsprozeß bei kleinen Mädchen befaßt, beschreibt Anni Bergman, eine enge Mitarbeiterin von Margaret Mahler, die Illusion des Einsseins mit der Mutter und das darin enthaltene »Gefühl der Sicherheit und Geborgenheit«:

> Die Mutter ist noch immer der Mittelpunkt der kindlichen Welt, und das Baby braucht sie als etwas Selbstverständliches, und um in regelmäßigen Abständen zum »emotionalen Auftanken« zu ihr zurückzukehren (...) Das emotionale Auftanken ist eine wichtige Erscheinung in dieser Phase. Es beschreibt die Art und Weise, wie ein erschöpftes Baby durch einen kurzen Körperkontakt mit der Mutter Energie erhält und wieder neue Kraft schöpft, um erneut loszuziehen und die Welt zielstrebig und voller Vergnügen zu erkunden, um erneut auf endlose Streifzüge zu gehen.

Allerdings hört dieser wunderbare Zustand notgedrungen auf, wenn sich das Kind weiterentwickelt. Sobald Kinder größer werden, entdecken sie, daß sie klein sind, unbeholfen und verletzlich. Sie fallen unweigerlich hin, tun sich weh, machen die Erfahrung, daß sie nicht alles tun können, was sie möchten. Langsam kommt ihnen zu Bewußtsein, daß ihre Mütter von ihnen losgelöste Wesen sind und daß sie allein sind. Im Alter von zwei Jahren, so meint Anni Bergman, kann die »Illusion der Einheit, des Einsseins, nicht mehr aufrechterhalten werden«. Dies führt zu einem Verhalten, das Margaret Mahler als »Ambitendenz« bezeichnet hat:

> ... den abwechselnden Wunsch, allein zu sein und die Mutter gegenwärtig zu haben, damit sie Lösungen liefert, nur um diese dann sofort zurückzuweisen.

Ziemlich ärgerlich vom Standpunkt der Mutter aus, wenn man andauernd gebraucht und dann gleich wieder zurückgewiesen wird, wenn erwartet wird, daß man da ist – um Hunger zu stillen und Schutz zu bieten –, ohne sich allerdings einzumischen, es sei denn, das Kind braucht einen. Kein Wunder, daß sich Mütter in dieser Phase benutzt und ausgenutzt fühlen. Daß ein Kleinkind Wutanfälle bekommt, wenn es feststellt, daß seine Mutter weder eine Verlängerung seiner selbst noch ein Dienstbote ist, der auf Wunsch zur Verfügung steht, ist ganz normal. Doch ganz egal, wie sich Kleinkinder aufführen, ganz gleich, was für unerhörte Forderungen sie stellen – die Mütter müssen auch weiterhin ständig für sie da sein und auf sie aufpassen.

Die emotionalen Auswirkungen des Grenzensetzens

Bei dem Versuch, das Ausmaß seiner Kräfte kennenzulernen, stellt ein Kind die Grenzen seiner Welt ständig in Frage. In unserer freizügigen Gesellschaft wird es zu diesem Zeitpunkt ernstlich notwendig, ein Kind zu disziplinieren, es einzuschränken, ihm zu sagen: »Nein, das darfst du nicht tun!« Manche Eltern haben keine ausreichend gute Meinung von sich selbst, um ihren Kindern Grenzen zu setzen. Sie glauben, wenn sie ihrem Kind Dinge verbieten, wird es sie nicht mehr lieben. Der Vater eines zweijährigen Jungen meinte: »Ich fürchte, daß er mich jetzt haßt. Was kann ich nur tun, damit er aufhört, mich zu hassen?« Wenn kleine Kinder um sich schlagen, beißen, spucken, einen haßerfüllt und trotzig anblicken, kommt uns das wie echter Haß vor, so als hätten sie dieselben Wut- und Haßgefühle wie wir Erwachsenen. Natürlich ist das nicht der Fall. Zu den verblüffendsten Eigenschaften von Zweijährigen gehört die Tatsache, daß sie einem nicht grollen, zumindest nicht lange.

Nach Ansicht des Kinderpsychiaters Dr. Henry Massie ist das Bedürfnis eines Kindes, zu wissen, wie seine Eltern *wirklich* sind – welche Verhaltensweisen sie tolerieren, was sie nicht ausstehen können und wo die Grenzen der eigenen Macht ihnen gegenüber verlaufen –, so groß wie das Bedürfnis nach Luft, Nahrung und Wasser:

> Von den Eltern, mit denen ich arbeite, haben viel zu viele große Schuldgefühle bei der Vorstellung, ihren Kindern etwas zu verbieten und ein solches Verbot auch durchzusetzen, daß sie es nicht fertigbringen, ihnen Grenzen zu setzen. Dies gilt vor allem für berufstätige Mütter, die es oft zutiefst beunruhigt, daß sie jeden Tag von ihren Kindern weggehen. Aber Kinder müssen unbedingt wissen, wer ihre Eltern sind. Und sie brauchen jemanden, der ihnen hilft, ihre Heftigkeiten in den Griff zu bekommen, wenn sie es alleine nicht ganz schaffen. Viele Kinder, die bei mir in Behandlung sind, kommen überhaupt nicht mit ihren eigenen heftigen Gefühlen klar, weil ihnen niemand Grenzen gesetzt hat – also geholfen hat, sich im Zaum zu halten. Ein Kind ist so wild, daß es in meiner Praxis alles mögliche demoliert, und dann tut es so, als sei es ein Polizist und steckt sich selbst ins Gefängnis.

Liebevollen Eltern mag es schwerfallen, zu begreifen, daß Zorn eine ganz normale Reaktion ist, wenn Kinder ständig und äußerst provokant ihre Grenzen ausprobieren. Viele sind schockiert, wenn sie sich dabei ertappen, daß sie ihre Kinder anschreien wie einen Erwachsenen. Manche Eltern befürchten, daß sie durch den Versuch, abscheuliches Benehmen zu unterbinden, ihren Kindern ernstlich Schaden zufügen könnten. Viele, die sich eisern gegen körperliche Züchtigung aussprechen, sind entsetzt, wenn ihnen plötzlich selbst die Hand ausrutscht. Kinder stellen häufig unsere tiefsten Überzeugungen und Wertvorstellungen in Frage:

> Als Dans 17 Monate alte Tochter zum siebtenmal die Hand nach der Steckdose ausstreckte, verpaßte er ihr einen Klaps aufs Hinterteil. Dan, Philosophieprofessor an einer größeren Universität, kümmert sich genauso um seine Tochter und den dreieinhalbjährigen Sohn wie seine Frau, die ganztags arbeitet. Kleinlaut gab Dan zu: »Ich hätte nie gedacht, daß ich jemals ein Kind schlagen würde. Aber jetzt geht es nicht mehr darum, ob mir die Hand ausrutscht oder nicht, sondern wie oft mir heute die Hand ausrutschen wird.«
>
> Bevor Dans Tochter mit der Steckdose liebäugelte, hatten wir noch Witze darüber gemacht, wie Kant und Hegel wohl mit Kindern umgegangen wären und inwiefern diese Erfahrung ihr Denken möglicherweise verändert hätte. Mit einem schuldbewußten Lächeln meinte Dan: »Wie hätte ich auch wissen sollen, wozu mich meine Kinder bringen? Jetzt bin ich soweit, daß ich philosophische Systeme in einem ganz neuen Licht betrachte.«

Aus Angst, sie könnte ihr Kind mißhandeln, gewöhnte sich eine Mutter an, ihre Tochter ins Kinderzimmer zu bringen, bis sie selbst ihre Emotionen in den Griff bekommen hatte:

> Als ihre Tochter zweieinhalb Jahre alt war, hatte Jeanette wegen eines Krankenschwesternstreiks einen Monat lang keinen Dienst. Voller Freude darüber, daß sie endlich den ganzen Tag bei ihrem Kind sein konnte, was außer in zwei Urlauben noch nie möglich gewesen war, nahm sie es vorübergehend aus der Kinderkrippe. »Ich hatte ja keine Ahnung, wie schwierig sie geworden war. Am dritten Tag fing sie an, mich jedesmal zu schlagen, wenn ich ihr erklärte, daß sie etwas nicht tun dürfe. Ich bekam eine solche Wut auf dieses Kind. Ich mußte mir alle Mühe geben, nicht zurückzuschlagen. An einem Tag habe ich sie sicher mindestens zehnmal in ihr Zimmer gebracht. Abgesehen davon, daß sie sich unmöglich

aufführte, hatte ich Angst, daß ich ihr sonst wirklich weh tun könnte.«

Eine andere Mutter war enttäuscht und entsetzt über das Verhalten ihres Sohnes:

> Als Elena ihr zweites Kind erwartete, verlor sie die Geduld mit den ständigen Wutausbrüchen und dem widerspenstigen Benehmen ihres Sohnes. »Sooft ich sagte, ›Gehen wir ins Haus‹, wollte er draußen bleiben. Wenn ich sagte, ›Also gut, dann bleiben wir draußen‹, sagte er, ›Nein, ich will rein‹. Was immer ich von ihm wollte, er tat genau das Gegenteil. Manchmal ertappte ich mich dabei, daß ich ihn haßte – oder vielmehr die Art und Weise haßte, wie dieses Kind mit mir umsprang. Von wem sonst würde man sich schon anspucken lassen? Nachdem das ein oder zwei Monate lang so gegangen war, wünschte ich, ich hätte nach dem ersten Kind wieder zu arbeiten angefangen und wäre nie mehr schwanger geworden.«

In dieser Zeit greifen manche Mütter auf die Art und Weise zurück, wie ihre Eltern mit ihnen umgegangen sind; einige wenden ganz bewußt andere Methoden an, wobei sie manchmal genau das Gegenteil von dem tun, was ihre Eltern getan haben:

> Als ich mich mit Lorraine traf, berichtete sie, daß sie am Tag zuvor ihrer vierjährigen Tochter den Mund mit Seife ausgewaschen hatte. »Ich finde es wirklich abscheulich, wenn ich solche Sachen machen muß, aber ich habe mir geschworen, mir alle Mühe zu geben, meine Kinder nie zu schlagen – denn das haben meine Eltern mit mir gemacht.« Obwohl Lorraine durchaus respektvoll von ihren Eltern sprach, erzählte sie, daß damals, als sie und ihre sieben Geschwister noch klein waren, körperliche Bestrafung an der Tagesordnung war. »Mom und Dad haben uns mit dem Riemen geschlagen. Ich erinnere mich noch, daß ich eine furchtbare Angst vor diesem Ding hatte. Ich kann nicht behaupten, daß ich meinen Kindern nicht schon ab und zu einen Klaps gegeben

habe. Manche Tage hätte ich nicht überstanden, ohne verrückt zu werden, wenn ich nicht wenigstens ein Kind versohlt hätte. Das ist das Schlimmste am Muttersein, daß man sie im Zaum halten muß. Aber anders geht es nicht. Sonst würden sie sich entweder selbst oder gegenseitig umbringen.«

Die Formulierung »seine Grenzen ausprobieren« trägt wenig dazu bei, einen Eindruck vom Verhalten des Kindes oder von der Reaktion der verantwortlichen Bezugsperson zu vermitteln. Ich erinnere mich noch, daß ich damals, als meine älteste Tochter zwei war, bei diesen ersten Anzeichen von unmißverständlicher Feindseligkeit, von einer Wut, wie ich sie nie zuvor erlebt hatte, schockiert und völlig durcheinander war. Zu meinen lebhaftesten Erinnerungen an meine ersten Jahre als Mutter zählt ein Nachmittag, den ich mit ein paar anderen, mir weitgehend unbekannten Frauen verbrachte, die alle Kinder im Alter meiner Tochter hatten. Wir hatten kurz zuvor eine »Spielgruppe« gegründet:

Ich sitze auf einer sonnigen, mit Blumen bepflanzten Terrasse. Kleine Kinder stapfen und schlängeln sich um eine Steinbank, zwischen Sträuchern und Geranientöpfen hindurch, untersuchen Steine, Blätter, Blütenblätter, Schnecken und Wassertropfen.
Ich beobachte meine Tochter, die völlig unbefangen die Welt um sich herum erkundet. Sie findet es herrlich, inmitten so vieler anderer kleiner Menschen zu sein. Offenbar braucht sie im Augenblick genau das: mit anderen Kindern zusammenzusein, mich jedoch in der Nähe zu haben, so daß sie ihre Umgebung ungehindert erforschen kann und doch weiß, daß der sichere Hafen nicht weit weg ist. Tapfer wagt sie sich vor. Die steifen, zurückhaltenden Mütter erinnern mich daran, wie einsam ich mich seit der Geburt dieser »kostbaren« Tochter fühle, denn ihre Geburt hat mich von der Arbeit, von Kollegen und gemeinsamen Interessen weggerissen und in eine andersartige, fremde Welt voller »Mütter mit Kindern« versetzt.
Eine Mutter hat eine Bibel dabei. Sie hatte die meisten Schwierigkeiten von allen, weil ihr Baby mit einem Herzfehler zur Welt

gekommen war. Diese Frau wirkt auf mich gütiger und menschlicher als die anderen, obwohl wir offenbar wenig Gemeinsamkeiten haben.
Plötzlich sehe ich, wie ihre kleine Tochter – sie ist kleiner als alle anderen – einen Stein aufhebt und auf ihre Mutter wirft. Er trifft die Frau ins Gesicht, direkt unterhalb des Auges. »Du hast mich getroffen!« braust die Mutter auf. Die Tochter kommt näher und schlägt mit aller Wucht auf ihre Mutter ein. Peinlich berührt tun alle so, als würden sie es nicht sehen.
Aber dieser Vorfall erinnert mich an die Wutausbrüche, die auch ich seit einiger Zeit bei meiner Tochter erlebe und über die mich jedesmal ziemlich aufrege. Die liebevolle Zuneigung meiner Tochter verwandelt sich immer wieder in eine Art bewußte Bosheit, dann wieder zurück zu inniger Zuneigung, zu heftigen Umarmungen und Liebkosungen, die manchmal das einzige sind, was mich aufrechterhält. Ich habe mich deshalb sogar an eine gute Freundin gewandt, die sich sehr gut mit Kindern auskennt; sie hat mir erklärt, was sich hier abspielt: »Sie entdecken, daß sie nicht der liebe Gott sind, und das macht sie stocksauer«, sagte sie. »Du bist nicht das Anhängsel, für das sie dich immer gehalten haben. Sie sind lächerliche kleine Zwerge in einer Welt voller Riesen. Jetzt fangen sie an, dich gleichzeitig zu lieben und zu hassen, sie können nicht anders – das ist die einzige Möglichkeit, wie sie anfangen können, sich zu lösen. Es bedeutet, daß sie sich der Liebe der Mutter in ausreichendem Maß sicher sind. Aber man darf nicht zulassen, daß sie einen schlagen. Denn wenn sie sehen, daß sie einem wirklich weh getan haben, ist ihnen fürchterlich zumute.«
Wieder und wieder jault die Mutter mit der Bibel auf, während ihre Tochter sie buchstäblich verprügelt. Eine andere Mutter sagt: »Meine Tochter hat angefangen, sich genauso zu benehmen – sie beißt und tritt und spuckt mich sogar an!« Eine andere Mutter sagt: »Ich habe mir angewöhnt, meinen Sohn in sein Zimmer zu sperren, so schlimm führt er sich auf.« Eine Zeitlang macht sich Erleichterung breit, die Abwehrmauern fallen, und jede Mutter weiß etwas Ähnliches zu berichten:
»Meine hat mich so fest ins Knie gebissen, daß es geblutet hat.«

»Bobby hat mich ans Schienbein getreten.«
»Susi hat mir ein Büschel Haare ausgerissen.«

Hauen, zwicken, Haß, Wut, Zorn. Und alles gegen uns gerichtet. Das Ganze erinnert einen an einen Hund, der die Hand beißt, die ihn füttert; an Adam und Eva, die unbedingt in den verbotenen Apfel beißen mußten, obwohl Gott für sie allein einen so fruchtbaren Ort geschaffen hatte. Verrat: Sie verraten uns dadurch, daß sie uns hassen und frei sein wollen, obwohl wir ihnen doch so viel gegeben haben. Und wir verraten sie, indem wir an ihnen festhalten oder sie im Stich lassen, bevor sie es wirklich verkraften können, weil wir es nicht mehr ertragen können, wie sie sich benehmen.

Elterliche Schuldgefühle, Wut und Selbsterkenntnis

Einige Mütter versuchen verzweifelt, ihre Kinder nicht auf dieselbe Art zu verletzen, wie *sie* als Kinder verletzt worden sind. Doch dieses Bemühen kann zu unvorhergesehenen Zwangslagen führen. Erst kürzlich rief mich meine alte Freundin Carol unter Tränen an. Die Kindergärtnerin hatte ihr mitgeteilt, ihre Tochter lege in der Gruppe ein wildes, unbeherrschtes Verhalten an den Tag, verhielte sich emotional gestört und bräuchte eine Psychotherapie. Carol und ich sind zusammen aufgewachsen. Da ihre Eltern geschieden waren, verbrachte sie so viel Zeit wie möglich bei uns. Carols Mutter habe ich als eine unangenehme, nachtragende Frau in Erinnerung, die viel auf Reisen war und schließlich eine unglückliche zweite Ehe einging. Die Personen, die sich ersatzweise um Carol kümmerten, wurden willkürlich ausgewählt und häufig entlassen und durch andere ersetzt. Jetzt opferte Carol ihre Karriere als Juristin, um ihre Tochter so großzuziehen, wie sie es für das Beste hielt; sie war immer bei ihrem Kind und verließ es nur kurz, wenn es sich gar nicht vermeiden ließ. Carol setzte ihrer Tochter nur selten Grenzen. Als sie mich im Jahr zuvor besucht hatte, erzählte sie mir, daß sich das Grenzensetzen bei ihr mit den rigiden, manchmal an Mißhandlung grenzenden Disziplinierungsmaßnahmen vermischte, die sie selbst als Kind erlebt hatte.

Carol hatte das Gefühl, daß die Art und Weise, wie ihre Mutter sie im Zaum gehalten hatte, eine erhebliche Beeinträchtigung für ihr späteres Leben darstellte. Sie befürchtete, daß sie, wenn sie ihrer Tochter Grenzen setzte, die Kreativität des Kindes hemmen oder ihr denselben Schaden zufügen könnte, den man ihr zugefügt hatte. Unter Tränen sagte sie zu mir:

> Woher kann irgendeine Mutter irgendeine Sicherheit nehmen? Ich hasse Mütter, die sich ihrer Sache so verdammt sicher sind! Ich habe alles Menschenmögliche getan, um Jenny eine glücklichere Kindheit zu verschaffen, als ich sie hatte. Meine Mutter hat mir immer eine Mordsangst eingejagt, wenn sie zu Hause war. Ich habe mir geschworen, Jenny so etwas nie anzutun. Und einige von diesen Leuten, die sie angeheuert hat, damit sie sich um mich kümmern, verursachen mir noch heute Alpträume. Ich habe mein ganzes Leben danach ausgerichtet, Jenny eine bessere Mutter zu sein, als meine Mutter es war, und sie davor zu bewahren, daß sie dasselbe durchmachen muß wie ich damals (...) Und jetzt muß ich mir sagen lassen, daß ich meinem Kind etwas genauso Schlimmes angetan habe, wenn nicht sogar Schlimmeres.

Schuldgefühle. Unsicherheit. Der Versuch, es diesmal besser zu machen. Der Versuch, mehr zu geben. Der Versuch, eine bessere Mutter zu sein als die eigene Mutter. Trotz solcher Gefühle oder gerade deshalb schleppen viele Mütter endlose Schuldgefühle mit sich herum. Schuldgefühle, weil man dem Kind zuviel Aufmerksamkeit schenkt oder nicht genug, weil man dem Kind zuviel Freiheit läßt oder nicht genug, Schuldgefühle, weil man schlägt oder nicht schlägt. Diese Gefühle sind alltäglich, werden aber häufig versteckt. Die Schuldgefühle der arbeitenden Mutter, die Schuldgefühle der Mutter, die nicht zu arbeiten braucht, die Schuldgefühle der Mutter, die beides unter einen Hut zu bringen versucht – halbtags zu arbeiten und halbtags Mutter zu sein – und dabei das Gefühl hat, daß beide Jobs darunter leiden; die Schuldgefühle der Mutter, die einfach nur von ihren Kindern wegkommen will, aber nicht glaubt, darauf ein Recht zu haben; die Schuldgefühle der Mutter, die sich aus dem Staub macht – und ihr Kind im Stich läßt; die Schuldgefühle der Mutter, deren Kind unglücklich wirkt oder Anzeichen einer psychischen Störung oder einer rein körperlichen Krankheit zeigt; die Gewißheit, daß man seinem Kind irgendwie einen dauerhaften Schaden zugefügt hat, ganz gleich, was man getan oder unterlassen hat.

Woher kommen diese entsetzlichen, bedrückenden Schuldgefühle und warum lasten sie so schwer auf den Schultern der Mütter? Wieviel davon ist begründet und sollte unbedingt wahrgenommen werden, weil es vielleicht als Ansporn dient, daß wir uns selbst genau betrachten und dadurch zu besseren Eltern werden? Ohne Schuldgefühle gäbe es vielleicht nichts, was uns dazu bewegen könnte, uns zu bessern und aus unseren Fehlern zu lernen. Aber das mütterliche *mea culpa, mea culpa, mea maxima culpa* ist mit Sicherheit übertrieben; Mütter neigen dazu, sich an allem die Schuld zu geben.

Die meisten dieser Schuldgefühle sind gesellschaftlich bedingt, grausam und für die Mütter schädlich; man lädt sie ihnen auf, damit niemand sonst Verantwortung für das Wohlergehen der nächsten Generation übernehmen muß. Ein Teil der Schuldgefühle entsteht aus der Wut, die wir empfinden, wenn unsere Kinder anfangen, ihren blanken Ärger uns gegenüber offen zu zeigen, sich auf schockierende Weise zu behaupten, Dinge zu tun, die wir keinem anderen Menschen durchgehen lassen würden, ohne es ihm auf der Stelle heimzuzahlen. Wir sind erzürnt, wenn wir merken, daß unsere Kinder (und sei es nur vorübergehend) wütend auf uns sind – schließlich haben wir so hart gearbeitet, um sie großzuziehen. Doch der Zorn auf kleine, schutzlose Kinder, die wir doch so innig lieben, erscheint uns fehl am Platze.

Eltern haben häufig das Gefühl, daß sie in der einen oder anderen Beziehung etwas falsch gemacht haben, daß sie entweder zu nachgiebig oder zu streng waren. Früher gab es ein starkes System religiöser oder moralischer Normen, das Eltern bei disziplinarischen Problemen half. Ein unerschütterlicher Kodex von Regeln ließ die Eltern darauf vertrauen, daß *alles*, was sie taten, richtig war, selbst wenn sie ihr Kind mißhandelten. Das Fehlen einer solchen Gewißheit in unserem weltlich orientierten Zeitalter hat dagegen dazu geführt, daß wir alle jene Werte in Frage stellen, die einst als absolute Wahrheit galten.

Hilflosigkeit und Unsicherheit führten zu der heutzutage herrschenden, übertrieben großzügigen Einstellung. Wenn wir verwirrt oder zu sehr mit uns selbst beschäftigt sind, können wir uns innerlich oft nicht dazu durchringen, nein zu sagen.

Wir neigen nicht nur dazu, uns so zu verhalten, wie sich unsere Eltern verhalten haben, wir empfinden auch oft unseren Kindern gegenüber das, was unsere Eltern in diesem Stadium uns gegenüber empfunden haben. Alles, was wir in unserer Beziehung zu unserer eigenen Mutter als schmerzlich erlebt haben, kehrt zurück, sobald wir selbst für ein Kind zu sorgen haben. Zu den emotionalen Aufgaben des Kinderaufziehens gehört die Fürsorge für ein kostbares, verwundbares neues Leben, während gleichzeitig frühe Bindungen und Konflikte erneut durchlebt werden. So ist es nicht überraschend, daß sich die Leute auf alle neuen Theorien stürzen, die sich damit befassen, wie sich Eltern verhalten sollen, um die Gefühle abzuwehren, die die Kinder in ihnen aufwühlen. Allerdings können nur wenige Eltern aus ehrlicher Überzeugung behaupten, daß ihnen diese modischen Techniken etwas nützen. Einer der verlockendsten, aber auch bedrohlichsten Aspekte des Kinderaufziehens besteht darin, zum erstenmal überhaupt herauszufinden, wer wir wirklich sind und wie wir auf so widersprüchliche emotionale Erfahrungen reagieren.

Während der ersten drei Lebensjahre eines Kindes muß die primäre Bezugsperson außerordentlich vielfältige Aufgaben erfüllen: Sie muß eine Bindung zu einem winzigen neuen Wesen herstellen, das so hilflos und abhängig ist, daß ständig jemand greifbar sein muß; sie muß außerdem daran arbeiten, die Welt des Kindes zu ordnen und sein zerbrechliches, aufkeimendes Selbst zu stützen. Sobald die Bezugsperson diese intuitiven Fähigkeiten beherrscht, muß sie eine völlig neue Palette von Rollen, Aufgaben und Verhaltensweisen lernen: wie man Forderungen an das Kleinkind stellt; wie man sein Handeln zügelt und in bestimmte Bahnen lenkt; wie man den Zorn und die liebevolle Hingabe des Kindes, seine Bewunderung und seine Aufsässigkeit – das ganze Spektrum negativer und positiver Gefühle – toleriert und akzeptiert. Während diese ungeheuer wichtige frühe Beziehung aufgebaut wird, muß eine Mutter gleichzeitig die Spannungen und Konflikte früherer Zeiten nochmals erleben und verarbeiten: die

Sehnsucht nach ihrer eigenen Mutter und die Sehnsucht nach Freiheit; das Bedürfnis nach einem Menschen, der ihr hilft, mit den ungestümen Impulsen und dem Schmerz, den dieser Prozeß verursacht, umzugehen.

Kapitel 3

Die Sehnsucht nach Kindern und die Sehnsucht nach der Mutter

Ein Kind zur Welt zu bringen …, [ist] für die Mutter unter Umständen eine Art Erfüllung des … zweifachen Wunsches, ein Baby zu sein und ein Baby zu haben (…) Möglicherweise wird die Symbiose mit der eigenen Mutter erlebt … und damit würde die zunehmende Loslösung einen doppelten Verlust bedeuten … den Verlust [eines Kindes] und den Verlust der Mutter.

Anni Bergman
Considerations About the Developmental Phase

Der Wunsch nach einem Kind ist wahrscheinlich das, was am Menschen am wenigsten menschlich ist.

Janine Chassequet-Smirgel
»The Feminity of the Analyst«

Auszüge aus Interviews

Wenn man je unter so etwas wie Bedeutungslosigkeit gelitten hat, sorgt ein Baby dafür, daß dieses Gefühl völlig verschwindet. Vollkommen. Ich habe nie eine solche Macht verspürt wie damals, als ich dieses Baby aus mir herauspreßte und die Hebamme mir dieses blutige, kleine lebendige, atmende Ding an die Brust legte! Es war, als hätte ich etwas Echtes geschaffen! Dieses echte, lebendige Baby! Das war zuviel! Ich habe nie in meinem Leben so etwas erlebt und werde wohl auch nichts Vergleichbares mehr erleben, wenn ich nicht noch ein Kind bekomme. Und ich will Ihnen was sagen: Ein Teil von mir würde am liebsten dauernd weiter Kinder bekommen, jedes Jahr eines. (Maxine, 24, ein Kind)

Wenn man schwanger ist, fühlt man sich richtig wichtig! Man ist *jemand! Solange du dieses Baby in dir drin hast, kann dir keiner dieses Gefühl wegnehmen!* (Serena, 43, sieben Kinder)

Einige dieser schwangeren Teenager sind so verdammt einsam und arm dran. Es ist erschreckend, welchen emotionalen Hunger man bei diesen Teenagermüttern erlebt. Je jünger das Mädchen, um so größer der Hunger. Je jünger die Mutter, um so rastloser (...) Das Mädchen, mit dem ich heute sprach, war so traurig ..., ich glaube, sie wurde schwanger, weil sie dachte, das Baby würde so was Ähnliches sein wie eine Puppe. Das Problem ist, daß Babys so verdammt viel Arbeit bedeuten. Und da hockt dieses Mädchen jetzt in ihrer dreckigen Küche, hört Rock 'n' Roll, möchte unbedingt raus, um mit ihren Freunden Rollschuh zu fahren, und sitzt hier fest, mit einem winzigen, hilflosen Ding, das sie im Arm hält wie eine Stoffpuppe. Tut so, »als ob« sie erwachsen wäre. Was um Himmels willen treibt ein Kind dazu, sein Leben auf diese Weise zu ruinieren? Eigentlich werden da zwei Leben ruiniert, nicht nur eines. (Sozialarbeiterin)

Ob es sich um einen biologischen Imperativ, ein psychologisches Bedürfnis oder einen kulturellen Zwang handelt – der Wunsch der Menschen nach Nachkommenschaft ist stark und manchmal völlig unabhängig davon, ob die Möglichkeiten vorhanden sind, ein Kind nach der Geburt auch großzuziehen. Bei manchen Frauen hat der dringende Wunsch, schwanger zu werden und ein Kind zur Welt zu bringen, absolut nichts zu tun mit der Fähigkeit oder auch nur dem Wunsch, sich um ein neues, junges Leben zu kümmern. Offenbar ist die Sehnsucht, Kinder zu bekommen – stärker als der Intellekt und weit entfernt vom gesunden Menschenverstand –, im irrationalen Bereich verwurzelt, in unserer biologischen Veranlagung oder in den finsteren Winkeln unseres Unterbewußtseins.

Die Geburt eines Säuglings ist etwas Ehrfurchtgebietendes und vermittelt einem nicht nur das Gefühl von Macht und Geheimnis, sondern auch das Gefühl eines neuen Anfangs. Unter günstigen Umständen bedeutet die Entscheidung, ein Kind in die Welt zu setzen, Hoffnung, Vertrauen in sich selbst und die Welt und den Glauben, daß die schöpferischen Kräfte des Lebens letztlich über die zerstörerischen Kräfte siegen werden. Hoffnung, Vertrauen und Glaube sind Wörter, die man an sich mit religiösen Sehnsüchten, also mit den geistigen Aspekten des menschlichen Lebens verbindet. Es ist keineswegs überraschend, daß der Schöpfergott, die Geburt des Erlösers und Fruchtbarkeitsgöttinnen zur Kernsymbolik von alten und neuen Religionen gehören.

Das Verlangen nach Kindern erscheint uns so natürlich, daß es selten in Frage gestellt wird. Diesem Mysterium auf den Grund zu gehen, kommt einem pietätlos vor, fast wie ein Sakrileg gegen die menschliche Natur. Mag sein, daß die Tatsache, daß manche Religionen die Geburtenkontrolle verbieten, ihren Ursprung zum Teil in der Ehrfurcht vor dem Leben hat und vor unserer wunderbaren Fähigkeit, uns selbst zu reproduzieren. Doch diese Ehrfurcht vor unkontrollierter Fruchtbarkeit ergibt nur dann einen Sinn, wenn reichlich Mittel – emotionale wie materielle – vorhanden sind, um für Kinder den Nährboden zu schaffen, den sie brauchen.

Die Sehnsucht nach Kindern

Im Idealfall sind Zeugung und Geburt eines Kindes ein konkreter Ausdruck für die Liebe zwischen zwei Menschen, die Verkörperung ihres innigen Wunsches, gemeinsam ein neues Wesen zu schaffen und

aufzuziehen, das einzigartig und gleichzeitig ein Teil von beiden ist. Die Geburt eines Kindes kann auch der sichtbare Ausdruck für den eher intimen Wunsch zweier Menschen sein, ihr »Blut zu vermischen« – in Gestalt eines anderen Menschen symbolisch zu verschmelzen.
In Wirklichkeit pflanzen sich die Menschen aus anderen, weniger mystischen und esoterischen Gründen fort. Manche Leute bekommen Kinder, weil sie einsam sind, andere wegen des gesellschaftlichen Drucks, wieder andere lassen sich von eher niederen Motiven leiten, die sehr viel mehr mit Konkurrenzdenken und Selbstdarstellung zu tun haben als mit dem Wunsch, ein Kind großzuziehen.
Warum wollen die Menschen heutzutage Kinder, wo doch die meisten selbst über eine Empfängnis entscheiden können? Als ich zu diesem Thema Leute aus der gebildeten Mittelschicht interviewte, hörten sich die bewußten Motive, die sie für ihren Kinderwunsch angaben, zum Teil merkwürdig prosaisch an. Ein Mann sagte, er wünsche sich einen Sohn, der später einmal »in seine Fußstapfen treten würde«. Als ich ihn fragte, wie das zu verstehen sei, meinte er, er wolle jemanden, der nach ihm den Familienbetrieb übernehmen würde. Zwei ältere Frauen gaben an, stark von gesellschaftlichem und elterlichem Druck beeinflußt gewesen zu sein:

> In der Zeit, in der ich meine Kinder bekam (in den vierziger Jahren), erwartete man von Frauen, daß sie Kinder bekamen. Hätte ich keine Kinder gehabt, hätten mich die Leute bemitleidet oder sich über mich lustig gemacht. Ich weiß nicht einmal, ob ich Kinder wollte, aber damals hat man sich als Frau diese Frage gar nicht gestellt. Ich glaube nicht, daß ich die Kraft gehabt hätte, »anders« zu sein.

> Meine Eltern wollten Enkel. Sie lagen mir ständig damit in den Ohren. Ich hatte das Gefühl, ich würde sie furchtbar enttäuschen, wenn ich keine Kinder bekommen würde.

Eine Frau sagte, sie habe ihre Kinder aus »Neugier« bekommen:

> Ich wollte *alles* erleben. Ich hatte Angst, eine Erfahrung auszulassen, wenn ich nicht wenigstens *ein* Kind bekam.

Eine andere Mutter gab zu, daß sie neidisch auf die Fruchtbarkeit ihrer jüngeren Schwester war. Der Anblick ihrer hinreißenden Nichten und Neffen machte sie derart eifersüchtig, daß sie schließlich »nachgab« und selbst zwei Kinder bekam, obwohl ihre anstrengende berufliche Laufbahn als Anwältin es ihr nicht gestattete, viel Zeit mit ihnen zu verbringen.
Eine Frau erklärte, Kinder zur Welt zu bringen, sei ein Abenteuer, und Kinder aufzuziehen, mache so viel Spaß, daß ihr die Leute leid täten, die sich selbst um eine solche Freude brächten. Eine andere Frau meinte:

> Ich kann mir nicht vorstellen, keine Kinder zu haben. Ich habe so viele glückliche Erinnerungen an meine eigene Kinderzeit. Ich wollte immer Kinder haben, einfach nur um ihnen all das geben zu können, was meine Eltern mir als Kind gegeben haben. Meine Mutter war großartig. Dad auch. Wir waren uns alle sehr nahe. Es kam mir gar nie in den Sinn, daß es hier eine Entscheidung zu treffen gab. Ich kann mir schwer vorstellen, daß jemand keine Kinder möchte.

Offenbar gab es auch noch andere Gründe, Kinder zu bekommen: die Angst, im Alter ohne Nachkommen dazustehen und eine unerträgliche Leere zu empfinden, der Wunsch nach Unsterblichkeit, die Suche nach einem Sinn, der Wunsch, die Unschuld der Jugend, wenn auch stellvertretend, wiederzuerlangen.

> Ich wollte nie Kinder, bis ich über dreißig war. Dann erschien mir auf einmal alles, was ich tat, ohne Kinder sinnlos. Vielleicht hatte das biologische Gründe – die »biologische Uhr«, wie man so sagt –, aber das glaube ich nicht. Es war eher so etwas wie eine emotionale oder geistige Uhr. Ich wollte Kinder, weil mir auf einmal nichts anderes mehr wichtig erschien.

> Meine Gedichte und Romane werden später einmal nichts weiter sein als staubige Gebrauchsgegenstände, einmal oder gar überhaupt nie gelesen. Aber meine Kinder sind lebendig, sind wirklich, und ihre Kinder und die Kinder dieser Kinder werden in alle Ewigkeit herumspringen und lebendig sein.

Der Gedanke, ohne Kinder alt zu werden, ist schrecklich. Ich habe Angst, eines Morgens aufzuwachen und mich unfruchtbar und leer und völlig allein zu fühlen. Vielleicht ist das ein egoistischer Grund, um Kinder zu bekommen, aber das ist so ziemlich meine größte Befürchtung.

Da war ich nun mit meinen 34 Jahren, zynisch in jeder Beziehung, das Gesicht voller Falten, mein schlaffer Körper ganz heruntergekommen. Ich wollte etwas Junges schaffen, etwas Unschuldiges. Diese Unschuld war es, was ich mir wünschte. Es gibt nichts so Kostbares und Schönes wie die Unschuld von Kindern.

Einige Paare hatten offenbar aus den falschen Gründen Kinder bekommen – um eine Verarmung der Beziehung zu verhindern oder eine nicht funktionierende Ehe zu kitten:

Meine Frau und ich konnten es nie ertragen, einander am Tisch gegenüber zu sitzen, nur wir beide. Vielleicht ist das der Grund, warum wir so viele Kinder bekommen haben. Wir hatten uns einfach nicht viel zu sagen, und bei so vielen Kindern war das nicht nötig.

Mein Ex-Mann und ich hatten fürchterliche Probleme miteinander. Ich glaube, wir hofften, daß ein Baby unsere Ehe retten würde. Irgendwie glaubten wir, ein Kind würde es schaffen, uns einander wieder näherzubringen; aber es passierte genau das Gegenteil. Wir stritten uns nur noch häufiger und lebten uns noch mehr auseinander.

Andere Gesprächspartner berichteten von intensiven Einsamkeitsgefühlen und dem Wunsch nach jener ganz besonderen Nähe, die sie in dieser Beziehung zu finden glaubten:

Nach meiner Scheidung hatte ich das Gefühl, daß mich niemand liebte. Ich fühlte mich unglaublich einsam. Ich weiß noch, daß ich zu einer Freundin sagte: »Ich wünschte, ich hätte ein Baby. Dann hätte ich jemanden, der mich wirklich liebt.« Als ich zum zweitenmal heiratete, wurde ich sofort schwanger, teilweise wohl auch deshalb, um nie wieder diese Einsamkeit erleben zu müssen.

> Eine Freundin erzählte mir immer wieder von der engen Beziehung, die sie zu ihrem Baby hatte und die sie als sehr viel besser und intensiver empfand als die Beziehung zu ihrem Mann.

Einige Eltern erwähnten ihr Bedürfnis, mit einer traumatischen Kindheit dadurch fertig zu werden, daß sie der nächsten Generation eine »normale« Kindheit ermöglichten. Ein Vater formulierte das so:

> Für mich und meine Brüder war die Kindheit ein Alptraum. Ich glaube, ich wollte es diesmal richtig machen und meinen Kindern von allem das Beste geben. Mein Dad war ein richtig gemeiner Hund. Da gibt es Geschichten, die würden Sie mir gar nicht glauben. Trotzdem wollte ich immer Kinder haben, sogar schon als ich selbst noch ein Kind war. Und dann wollte ich ihnen das Leben so schön machen, wie ich es nie gehabt hatte.

Manche sprechen von der Sehnsucht, geliebt und umhegt zu werden, und von der Sehnsucht, zu lieben und selbst jemanden zu umhegen. Eine Frau berichtete von ihrer intensiven Sehnsucht nach ihrer Mutter und äußerte die Hoffnung, daß diese Sehnsucht gemildert würde, wenn sie selbst Mutter wurde:

> Ich vermißte meine Mutter schrecklich. Wir zogen weit fort, und ich war furchtbar einsam. Ich dachte mir, wenn ich meine Familie schon nicht bei mir haben kann, ist das zweitbeste, eine eigene zu gründen. Zum Glück kam meine Mutter her, als das Baby zur Welt kam, aber sie blieb nicht lange genug. Ich kann Ihnen gar nicht sagen, wie schrecklich ich geweint habe, als sie abfuhr.

Die tiefe Befriedigung, die das Umsorgen von Kindern mit sich bringt, erleben wir oft gerade deshalb als so intensiv und wunderbar, weil das die Zeiten heraufbeschwört, in denen wir selbst umhegt wurden. Durch die Fürsorge für Kinder kehrt sich der Wunsch nach einer liebenden Bezugsperson um, und man tendiert in gewisser Weise dazu, »das Recht auf eine ungestörte Wunscherfüllung ... andern [abzutreten]« (wie Anna Freuds Definition für Altruismus beziehungsweise für »altruistische Abtretung« lautet).

Die Sehnsucht nach der Mutter

Der Wunsch, geliebt und umsorgt zu werden, ist das vermutlich am meisten verleugnete menschliche Gefühl; und doch beeinflußt es unsere Gedanken und unser Verhalten auf allen Ebenen. Durch die Art und Weise, wie die Mutter/Bezugsperson/Gesellschaft dieses Bedürfnis befriedigt, werden feste Sehnsuchts- und Befriedigungsmuster begründet, feste Denk- und Empfindungsmuster, die sich letztlich darauf auswirken, wie wir mit unserer Welt umgehen.

Kurz nach unserer Geburt verwandelt sich unser Bedürfnis nach Nahrung, Wärme und Schutz in die Sehnsucht nach der Person, die dies alles zur Verfügung stellt. Aus Zufriedenheit und Sattheit, also aus der Erfüllung unserer primitivsten Grundbedürfnisse, wird über kurz oder lang das Gefühl, geliebt zu werden. In dem Maß, in dem aus Bedürfnis Zuneigung und aus Zuneigung Liebe wird, verwischen sich die Grenzen zwischen Säugling und Mutter, so daß derjenige, der das Kind versorgt und seine Gesten widerspiegelt, für kurze Zeit zum Selbst des Säuglings wird. Obwohl die Sehnsucht nach der Mutter beim Kind schon bald unterdrückt und von den Erwachsenen ohnehin geleugnet wird, bekommt man einen Eindruck davon, wie heftig sie ist, wenn man beobachtet, wie ein neun Monate altes Baby schreit, sobald seine Mutter außer Sichtweite ist. Bis zu diesem Alter hat sich eine normale Bindung herausgebildet, die Mutter ist für das subjektive Wohlbefinden des Kindes unentbehrlich geworden. Im Baby wirksame Kräfte führen bald dazu, daß es seine Aufmerksamkeit nach außen auf die Umwelt richtet. Beweglichkeit und Sprache müssen erlernt, die unmittelbare Umwelt will erforscht werden. Früher oder später lernt das Baby, Sehnsüchte zu ertragen, vor allem dann, wenn das Kind durch den körperlichen und geistigen Reifungsprozeß zu Unabhängigkeit und dem Wunsch nach immer größerer Selbständigkeit gedrängt wird.

Obwohl die Sehnsucht nach der Mutter von den meisten Erwachsenen rigoros aus dem Bewußtsein ausgeklammert wird, besteht sie im Unterbewußtsein weiter, taucht in Zeiten gesteigerten Erlebens in verkappter Form wieder auf, etwa vor und nach der Geburt eines Kindes oder in Phasen großen Kummers. (So registrierte beispielsweise ein Flugschreiber die letzten Worte eines Piloten unmittelbar vor dem Absturz: »Mutter, ich liebe dich.«)

Kinder verschaffen uns die Möglichkeit, auf stellvertretender Ebene unseren eigenen Wunsch, geliebt zu werden, zu befriedigen. Ein starkes Motiv ist wohl auch die Sehnsucht, die Erfahrung des Umsorgtwerdens durch das Sorgen für andere zu wiederholen oder neu erlebbar zu machen. Das Bedürfnis, nochmals die liebevolle Fürsorge der Kindertage zu erfahren, ist bei vielen Leuten die Triebfeder, Kinder zu bekommen. (Umgekehrt wird bei schmerzhaften oder traumatischen Kindheitserlebnissen oft versucht, auf diesem Weg mit dem erlittenen Unrecht fertigzuwerden oder es wiedergutzumachen.) So verwandelt sich unsere tiefe Sehnsucht nach einer liebenden Mutter in die Sehnsucht nach Kindern.

Die idealisierte Mutter, nach der wir uns sehnen, ist nicht identisch mit unserer richtigen Mutter. Da wir das Bedürfnis haben, uns die vollkommene Liebe einer alles gebenden Mutter vorzustellen, verzerren wir häufig die Ereignisse unserer Kindheit. Mit anderen Worten: Die Sehnsucht nach der Mutter ist oft unabhängig davon, wie unsere Mutter wirklich war.

Nach der Erschöpfung im Anschluß an Wehen und Geburt ist eine der ersten emotionalen Tatsachen, denen sich eine Mutter stellen muß, das Bedürfnis des Säuglings nach ständiger Fürsorge. Im Idealfall hat die Mutter im ersten Lebensjahr des Babys praktische Hilfe, emotionale Unterstützung und wird von störenden äußeren Einflüssen abgeschirmt. Mütter, die keine liebevollen Menschen um sich haben, werden häufig von den vielfältigen und mühsamen Pflichten, die mit dem Sorgen um ein neues Leben verbunden sind, erdrückt. Doch selbst unter den günstigsten Umständen verspüren Frauen in dieser Zeit großer Empfindlichkeit eine starke irrationale Sehnsucht nach ihren eigenen Müttern.

Eine Frau, deren Beziehung zu ihrer Mutter immer sehr problematisch gewesen war, sagte mir, sie habe sich nach der Geburt ihrer Tochter sehr nach ihrer Mutter gesehnt. Patricia (27) bat ihre Mutter dringend, zu ihr nach Sacramento zu kommen. Doch kaum war die Mutter da, zeigte sich die Kluft zwischen der Realität und der tröstlichen Phantasievorstellung, nämlich daß sich ihre Mutter jetzt liebevoll um sie kümmern würde, während sie lernte, ihr Baby zu versorgen:

> Wie konnte ich nur vergessen haben, wie meine Mutter war? Doch unmittelbar nach der Geburt hatte ich eine solche Sehnsucht nach ihr, daß ich völlig vergaß, wie streng sie immer mit mir gewesen war und wie anstrengend sie gleichzeitig war. Es war schrecklich. Als hätte ich zwei Babys im Haus – nur daß meine Mutter noch anspruchsvoller war als das Baby. Ich war ungeheuer erleichtert, als sie abreiste. Aber dann bekam ich fürchterliche Depressionen. Da stand ich nun mit meinen 27 Jahren und wollte, daß eine »gute Mutter« kommt und sich um mich kümmert, damit ich mich um mein Baby kümmern konnte!

Eine andere junge Mutter berichtete, sie sei nach der Geburt ihres Sohnes derart durcheinander und erschöpft gewesen, daß sie einen Großteil ihrer Ersparnisse für ein Flugticket ausgab, damit ihre Mutter zu ihr kommen konnte. Judy hatte völlig vergessen, wie gebieterisch und konkurrierend ihre Mutter war. Schon am zweiten Tag fing sie an, sich so zu benehmen, als gehörte das Baby ihr:

> Nachdem das Baby da war, hätte ich die Hilfe meiner Mutter dringend gebraucht. Die Hebamme hatte mir während der Schwangerschaft erklärt, wie wichtig es sei, das Baby einfach nur zu genießen; aber wie sollte das gehen mit der vielen Wäsche und dem Putzen und dem Einkaufen? Ich hoffte, meine Mutter würde mir dabei helfen, so daß ich lernen konnte, mit meinem Baby *umzugehen.* Es war eine so unglaublich große Umstellung, und ich hatte das Gefühl, daß ich es alleine nie schaffen würde. Nach ein oder zwei Tagen bekam ich so ein unheimliches Gefühl – als würde meine Mutter das Kommando übernehmen, als wollte sie mir mein Baby wegnehmen. Ich kam mir so unzulänglich vor, so, als könnte sie das Baby

> irgendwie besser versorgen als ich. Sie gab mir andauernd das Gefühl, daß ich alles falsch machte. Es war ein Alptraum, bis sie endlich nach Hause fuhr. Und ich war erschöpfter als zuvor.

Obwohl postnatale Depressionen zum Teil auf das Konto der tiefgreifenden hormonellen Veränderungen nach der Geburt gehen, rühren sie auch von der heftigen Sehnsucht nach der Mutter her und von der inzwischen unumstößlichen Gewißheit, daß diese primitiven Sehnsüchte niemals wirklich erfüllt werden können.
Kurz nach der Geburt ihres zweiten Sohnes erlebte Ella (29) eine derart schwere postnatale Depression, daß sie mehrere Wochen im Krankenhaus zubringen mußte. Ella berichtete, sie habe während der ersten Lebenswoche ihres Sohnes ihre Mutter mehrmals am Tag angerufen, am Telefon geweint und sie gebeten, herzukommen, um ihr zu helfen. Als der Sohn zehn Tage alt war, ging ihr Mann auf eine Geschäftsreise, und Ella wurde von entsetzlichen Phantasien verfolgt, daß das Baby sterben würde. Als sie allen Ernstes an Selbstmord dachte, rief sie ihren Arzt an, der sie sofort ins Krankenhaus einwies. Ellas Mutter kam umgehend von Minneapolis angeflogen, um sich um die beiden Jungen zu kümmern. Obwohl Ella dafür dankbar war, gestand sie, daß sie eine unerträgliche Sehnsucht nach ihrer Mutter verspürte:

> Ich schämte mich so, daß ich sterben wollte. Das Entsetzliche war, daß ich im Grunde wollte, daß sich meine Mutter um *mich* kümmert. Ich wollte im Arm gehalten und gefüttert werden, genau wie mein Baby. Ich schäme mich noch heute für dieses Gefühl. Aber die Vorstellung, mich jetzt um zwei Kinder kümmern zu müssen, war absolut erdrückend. Es erschien mir unmöglich, weil ich das Gefühl hatte, daß ich nicht einmal für mich selbst sorgen konnte. Ich wollte mit meinem Baby Platz tauschen, nur damit meine Mutter mit mir genauso liebevoll umging. Als mir endlich zum Bewußtsein kam, daß das niemals geschehen würde, habe ich tagelang geweint.

Bringt eine Frau ein Kind zur Welt, rückt dadurch die Beziehung zu ihrer eigenen Mutter in ein neues Licht. Damit eine Mutter auf die völlige Abhängigkeit ihres Säuglings reagieren kann, muß sie die Sehnsucht, die sie einst nach ihrer eigenen Mutter verspürte, ein zweites Mal erleben und verarbeiten. Dadurch, daß wir einem Säugling Liebe und Fürsorge angedeihen lassen, können wir eine Art Wiedergutmachung für unsere eigene Mutter leisten – für alles, was sie uns gegeben oder nicht gegeben hat. Eine Mutter kann sich stellvertretend umhegt fühlen, wenn sie ihr eigenes Kind umhegt. Wenn alles gutgeht, nimmt die aktive Fürsorge für das Baby den Platz der Sehnsucht nach der Mutter ein und wird zu einem eigenständigen Gefühl.

Sehnsucht und der Ursprung der Intoleranz

Vielleicht läßt sich die Sehnsucht nach der Mutter am besten begreifen, wenn man sie negativ definiert. Sie ist nicht: Zufriedenheit, Erfüllung, das Gefühl der Geborgenheit, Selbständigkeit, Unabhängigkeit. Auf diese Weise wird das Frustrierende an der Sehnsucht deutlich, und genau dieser Aspekt wirkt sich nachhaltig auf unser Denken und Verhalten aus. Mütter müssen ihre Kinder in einem gewissen Maß frustrieren, um sie zum Heranwachsen zu animieren. Selbst unter den günstigsten Umständen, wenn also dieser Prozeß schrittweise verläuft, ist eine gewisse Wut auf die Mutter unvermeidlich. Doch unter problematischen Umständen kann die Wut des Kindes auf den Menschen, den es am allermeisten liebt, überwältigend sein, vor allem dann, wenn sie zu einem zu frühen Zeitpunkt zu intensiv erlebt und nicht durch ständige, liebevolle Zuwendung gemildert wird. Wut auf die, die wir lieben, Liebe zu denen, die wir hassen, die wir um ihre Macht beneiden; Sehnsucht nach dem, der uns frustriert: Ambivalenz ist etwas so Schmerzhaftes, daß Kinder ihre Mutterbilder aufspalten in die »gute Mutter« und die »böse Hexe« aus dem Märchen, um so dieses Gefühl möglichst lange von sich wegzuschieben.

Nach Ansicht bestimmter Psychologen ist die Erkenntnis, daß wir den Menschen hassen, den wir am allermeisten lieben, das schmerzhafteste Gefühl in der Kindheit. Für ein Kind besteht das größte Glück darin, einfach zu lieben; nicht lieben zu können, bedeutet psychische Zerstörung – eine ungeheuerliche Qual, die man sich nur schwer vorstellen kann. Das Bedürfnis, an eine gute Mutter zu glauben, ist eine psychologische Notwendigkeit – selbst wenn es die völlige Verzerrung der Realität bedeutet. Weil Kinder es nicht ertragen können, ihre Mütter zu hassen, richten sie ihren Zorn und ihre Enttäuschung auf jemanden oder auf etwas anderes. Dauert diese Haltung bis ins Erwachsenenalter an, kann die Umpolung des Hasses gefährlich werden. Wenn sich die intensiven, auf ein und dieselbe Person gerichteten Gefühle von Liebe, Haß und Sehnsucht nicht im Verlauf der Kindheit integrieren und auflösen lassen, können sie beim Erwachsenen eine Neigung zu Intoleranz und Vorurteilen hervorrufen – in manchen Fällen das lebenslange Bedürfnis zu hassen. Um sich das idealisierte Bild einer liebenden Mutter zu bewahren, muß man seinen Zorn umlenken und an jemandem oder an etwas anderem auslassen. Mit anderen Worten: Der Schmerz, den die Ambivalenz verursacht, kann beim Erwachsenen so unerträglich werden, daß er unter Umständen unverantwortliches und gewalttätiges Handeln zur Folge hat.

Eine andere Möglichkeit, diese Qual abzuwehren, besteht darin, die schmerzliche Sehnsucht nach der Mutter mit der Sehnsucht nach einem eigenen Kind zu verwechseln. Schwangerschaft und Geburt können Abwehrmanöver sein, die wir veranstalten, um die unerträgliche Enttäuschung und die seelische Qual der Erkenntnis, daß wir ein und denselben Menschen hassen, brauchen und uns nach ihm sehnen, abzuwehren. Selbst Mutter zu werden, ist eine Möglichkeit, die heftige Sehnsucht nach der in der Phantasie existierenden unbegrenzt gebenden und unbegrenzt liebenden Mutter abzustreiten. Es gibt Frauen, die ihre Kinder nur deshalb bekommen, um kundzutun, daß sie unbedingt so geliebt werden wollen, wie nur Babys geliebt werden, und um zu versuchen, durch das Erlebnis des Gebärens jene liebevolle Zuwendung zu erzwingen, die sie von ihren eigenen Müttern nie erhalten haben.

Zwanghafte Schwangerschaften

Eine der größten menschlichen Tragödien ist die Geburt eines Kindes, das weder geliebt noch gewollt ist und für das nicht gesorgt werden kann. Vielleicht waren die Schrecken des 20. Jahrhunderts und die

Möglichkeit einer globalen Vernichtung nötig, um uns dazu zu bringen, bereits die Prämisse der Fortpflanzung in Frage zu stellen und uns zu fragen, wann und warum die Sehnsucht nach Kindern nicht mit den entsprechenden Möglichkeiten – emotionalen wie materiellen – einhergeht oder auch nur dem Wunsch, sich um diese Kinder zu kümmern. Angesichts der Zartheit und Empfindlichkeit eines Neugeborenen ruft bei manchen Müttern allein schon die Vorstellung, daß ihr Kind Schaden nehmen könnte, eine animalische Wildheit hervor. Starke Beschützergefühle gegenüber dem eigenen Nachwuchs sind offenbar so normal, daß viele Leute glauben, sie werden auf genetischem Weg von einer Generation an die nächste weitergegeben. Und deshalb stehen wir vor einem Rätsel, wenn wir erleben, daß der Fortpflanzungstrieb Hand in Hand mit Vernachlässigung, Mißhandlung oder unzureichender Fürsorge geht. Dank der modernen Möglichkeiten der Geburtenkontrolle und umfassender Sexualerziehung können die Menschen heutzutage dafür sorgen, daß der Wunsch nach Nachwuchs im Einklang steht mit Voraussetzungen, die dazu beitragen, daß diese Kinder möglichst gesund und glücklich heranwachsen können. Doch wie zahlreiche ungewollte und vernachlässigte Kinder beweisen, bleiben bei manchen Menschen die Gründe, warum sie sich fortpflanzen, im dunkeln.

Auf einer unterschwelligen Ebene fühlen sich schwangere Frauen oft wie ihre eigenen Mütter, von denen sie neun Monate lang symbiotisch ernährt wurden, und wie gottähnliche Schöpfer. Während der Schwangerschaft kann der Fötus für eine Frau zweierlei symbolisieren: sie selbst im Leib ihrer Mutter und ein neues Wesen. Unter günstigen Umständen verwandelt sich das Gefühl der Einheit mit der nährenden Mutter nach der Geburt in ein Gefühl der Einheit mit dem Säugling. Die Mutter kann den Säugling für kurze Zeit als eine Miniaturausgabe ihrer selbst betrachten, die einst zärtlich geliebt wurde und jetzt abermals umhegt wird.

Doch wenn eine Frau als Kind unter einem extremen Mangel an emotionaler Zuwendung gelitten hat und übermäßig viel Liebe braucht, kann es passieren, daß sie das Zurweltbringen und Haben eines Kindes mit dem Kindsein verwechselt (da sie in ihrer Phantasiewelt glaubt, daß sie durch das Austragen eines Kindes die Liebe und Fürsorge erfährt, die sie sich so sehnlich wünscht).

Wenn die Sehnsucht, geliebt und umhegt zu werden, zu übermächtig ist, versuchen Frauen manchmal, von ihren Babys Zuwendung und emotionale Nahrung zu bekommen, anstatt sie ihnen zu geben. An die Stelle von Liebe treten dann Groll, emotionaler Hunger und das gierige Bedürfnis, sich von den eigenen Kindern das zu nehmen, was man von der eigenen Mutter nie bekommen hat. Wenn solche Mütter feststellen, wie mühsam das Sorgen für einen Säugling ist, verlieren sie häufig das Interesse an ihren Babys und wollen möglichst wenig mit ihnen zu tun haben.
Nach Ansicht der klinischen Psychologin Christina Wendel können manche Mütter nicht zulassen, daß sich ihre Töchter zu Individuen entwickeln. Eine unter emotionalem Mangel leidende Mutter kann die zunehmende Selbständigkeit ihrer Tochter tatsächlich als bedrohlich empfinden, als eine Form des Verlassenwerdens. Auf diese Weise kann die Tochter unter den Druck geraten, lieber selbst Mutter zu werden, als ihre eigene Mutter zu verraten und sich als eigenständiges, losgelöstes Wesen zu begreifen. Wendel erklärt das so:

> Manchmal wird eine Tochter zu sehr zu einem Bestandteil des mütterlichen Lebens, das sie nicht aufgeben kann. Da die Mutter einsam und unerfüllt ist, klammert sie sich an die Tochter wie an einen Teil ihrer selbst. Um das Gefühl der Leere abzuwehren, läßt sie die Tochter nicht los. Unbewußt spürt die Tochter, daß die Mutter panische Angst davor hat, verlassen zu werden. Die Mutter zu verlassen, also erwachsen zu werden, kommt einem Verrat an der Mutter und einem böswilligen Imstichlassen gleich. Das junge Mädchen fühlt sich von seinem Körper in die Welt hinaus- und zu Beziehungen mit anderen Menschen gedrängt, bleibt aber aufgrund der Schuldgefühle an ihre Mutter gebunden. Obwohl sie ausreichend aufgeklärt ist und ihr sämtliche Möglichkeiten der Geburtenkontrolle offenstehen, wird sie schwanger, um nicht das Gefühl haben zu müssen, ihre Mutter im Stich gelassen zu haben oder sich selbst als losgelöst und eigenständig erleben zu müssen.

Mit anderen Worten: Manche Mütter fühlen sich selbst so leer und depriviert, daß sie die unvermeidliche Loslösung der Töchter nicht ertragen können. Die Bemühungen der Mutter, an ihrer Tochter festzuhalten, können das junge Mädchen auf subtile Weise dazu veranlassen, selbst Mutter zu werden, anstatt Schritt für Schritt die Fähigkeit und die Kraft zu entwickeln, selbständiger zu werden. Christina Wendel erläutert, daß das junge Mädchen möglicherweise schwanger wird, um dem Baby das zu geben, was sie selbst nie bekommen hat. Doch in Wirklichkeit führt die Fürsorge für den Säugling dazu, daß die junge Mutter über den Mangel an emotionaler Zuwendung ganz verzweifelt ist:

> Nach der Geburt des Babys erkennt die blutjunge Mutter, daß sie sich nicht darum kümmern will, sondern daß sie will, daß sich jemand um *sie* kümmert und sie so ausschließlich liebt, wie Säuglinge geliebt werden sollten, sie aber wahrscheinlich nicht geliebt wurde. Da sie jetzt dafür zu alt ist, bekommt sie ein Baby nach dem anderen und versucht, auf diesem Weg zu dieser Liebe zu kommen. Später versucht sie, wie ihre eigene Mutter, ihre Kinder dazu zu bringen, daß sie sich um sie kümmern (...) Und wenn ihre Töchter dann Teenager sind, werden sie schwanger – und so entsteht ein Teufelskreis.

Die Unfähigkeit, einem Kind liebevolle Zuwendung zu geben, ruft Mangelgefühle hervor. Emotionale Verarmung in der frühen Kindheit bereitet den Boden für die unstillbare Sehnsucht nach einer liebenden Mutter. Die Sehnsucht nach mütterlicher Fürsorge wird gerne verschleiert oder mit der Sehnsucht nach Kindern verwechselt. Bei manchen Frauen führt das Verlangen, das Wunschbild einer idealisierten guten Mutter dadurch aufrechtzuerhalten, daß man selbst Mutter wird, zu zwanghaften Schwangerschaften, wobei allerdings weder der Wunsch noch die Möglichkeit vorhanden ist, sich nach der Geburt auch um das Kind zu kümmern.

Gute Mütter und Mütter aus Fleisch und Blut

In den Industrieländern geht der Trend in unserem Jahrhundert dahin, daß die Menschen weniger Kinder bekommen (oder sich entscheiden, gar keine Kinder in die Welt zu setzen, was in unserer Kultur inzwischen akzeptabel geworden ist). Solche Entscheidungen können bei Frauen eine ursprüngliche Sehnsucht nach Mutterschaft *und* den Drang, andere Formen der Kreativität zu entwickeln, hervorrufen. Mag sein, daß Kinder uns auslaugen und unsere Energien aufzehren, aber sie schützen uns auch vor Leere- und Einsamkeitsgefühlen, ja sogar vor der Angst vor dem Tod. Deshalb verlangt der Entschluß zur Kinderlosigkeit (ebenso wie die allmählich erfolgende Loslösung der Kinder) von den meisten Eltern Mut und die Bereitschaft, sich weiterzuentwickeln und einen Individuationsprozeß durchzumachen.

In den zwanziger Jahren schrieb Virginia Woolf – eine Schriftstellerin, die sich dafür entschieden hatte, *keine* Kinder zu bekommen – ihren Roman *Der Weg zum Leuchtturm*, der das Wesen unserer Sehnsucht nach der Mutter und unserer Sehnsucht nach Kindern sehr treffend erfaßt. Gleichzeitig enthält er subtile Hinweise darauf, daß immer mehr Frauen den Wunsch haben, sich von der Last des Kindergroßziehens zu befreien. Gleichzeitig beklagt Virginia Woolf in diesem Roman auch den Verlust einer Mutterfigur, deren einzige Lebensaufgabe darin besteht, für ihre Kinder und ihre Umgebung da zu sein, sie zu beschützen und zu umhegen. Mit der Figur der Mrs. Ramsey, der hingebungsvollen Mutter von acht Kindern, hat Virginia Woolf eine Gestalt geschaffen, die all jene Eigenschaften in sich vereint, die wir mit dem Wort »mütterlich« assoziieren. Diese Mutter wünscht sich für alle ihre Kinder nur das Beste, und was das ist, erfaßt sie mühelos intuitiv. Sie gibt großzügig, ohne irgendeine Gegenleistung zu fordern. Sie möchte nur lieben und arbeiten, um all das zur Verfügung stellen zu können, was andere glücklich macht. Sie ist genau die Mutter, nach der wir uns insgeheim sehnen und die wir unseren eigenen Kindern sein möchten, ohne es aber jemals ganz zu schaffen.

Seine Eindringlichkeit verdankt der Roman vor allem Virginia Woolfs Fähigkeit, uns Mrs. Ramsey einerseits als die »gute Mutter«, an die wir so gerne glauben möchten, vor Augen zu führen und andererseits als eine ganz *reale* Mutter, die bis zur Erschöpfung gibt und gibt und trotzdem nicht anders kann, als alles zu tun, um den Wunsch aller ihrer Lieben, umsorgt zu werden, zu erfüllen. Behutsam deutet Virginia Woolf an, daß diese Mutter, die sich ihr Leben lang um andere gekümmert hat, von den unersättlichen Sehnsüchten der anderen und vielleicht auch von ihrem eigenen Bedürfnis, gebraucht zu werden, aufgefressen wird.

Der Roman stellt viele subtile Verbindungen her zwischen der Sehnsucht nach der Mutter und der Sehnsucht nach Kindern, taucht ein in die weibliche, mütterliche Welt des Verschmelzens mit einem anderen Menschen, in jenes Gefühl der symbiotischen Einheit, das dazu führt, daß man das Einem-anderen-etwas-Geben wie ein Sich-selbst-etwas-Geben empfindet – *freilich nicht ganz*. Mrs. Ramseys Sehnsucht nach Kindern – und die Tatsache, daß sie acht Kinder in die Welt zu setzen vermag – löschen in ihr alle Gefühle der Einsamkeit und Unzulänglichkeit aus. Sie definiert sich durch ihre Rolle als Mutter und Gebende, entfaltet sich in dieser Rolle – und wird letztendlich davon aufgefressen.

Mrs. Ramsey wird als »ein Kraftregen«, als von »köstlicher Fruchtbarkeit« strotzend und als »schäumender Lebensquell« beschrieben, und doch ist ihr ständiges Geben verhängnisvoll. Zum einen sorgt sich niemand um sie, niemand gibt ihr etwas zurück. Ihre Beziehungen beruhen nicht auf Gegenseitigkeit, nicht einmal die zu ihrem Mann. Virginia Woolf deutet den unvermeidlichen Zusammenbruch dieser Mutter an, wenn sie Augenblicke schildert, in denen »... das ganze Gewebe vor Erschöpfung in sich zusammensank, so daß ihr kaum mehr die Kraft blieb, einen Finger zu rühren«.

Virginia Woolf weist darauf hin, daß in Fällen, in denen die Frau als emotionale Hauptbezugsperson derart mit Verantwortung überlastet ist und derart kompensieren muß, die maskulinen intellektuellen Interessen einseitig werden und sich schließlich ganz verflüchtigen. Da Mr. Ramsey seine Frau die Rolle seiner Mutter *und* seiner Ehefrau spielen läßt, bleibt er selbst innerhalb dieser Grenzen, und seine erheblichen intellektuellen Fähigkeiten verkümmern zu Spielchen und Effekthascherei. Da er sich nie mit sich selbst oder seinen Sehnsüchten auseinandersetzen muß, wird er feige, kindisch und anspruchsvoll. In seinem unersättlichen Wunsch nach Mitgefühl und Aufmerksamkeit muß Mr. Ramsey ständig bestätigt und von der Wahrheit abgeschirmt werden. Das Merkwürdige dabei ist, daß Mr. Ramsey, obwohl Empfänger derlei liebevoller Dienste, seine Frau für

»nicht gescheit, überhaupt nicht gebildet« hält. »Er fragte sich, ob sie begriff, was sie da las. Wahrscheinlich nicht, dachte er.«

Wenn das Bild oder die Rolle der »guten Mutter« unauflöslich mit Geistlosigkeit und Unwissenheit verquickt ist – selbst für die, die davon profitieren –, muß irgend etwas auf unserer Welt fürchterlich schiefgelaufen sein. Virginia Woolf läßt wenig Zweifel daran, daß die Menschheit sowohl die Sehnsucht nach der Mutter wie auch das Objekt dieser Sehnsucht doch sehr heruntergespielt und verzerrt hat.

Die meisten Leser lieben Mrs. Ramsey. Vielleicht ist sie ja wirklich eine der letzten »guten Mütter« in der Literatur. Doch Virginia Woolf schildert sie auch als ganz lebensechte Person, wenn sie andeutet, daß Müttern, die falsch bewertet werden, die emotional unterernährt und depriviert sind, oft nur noch die Abhängigkeit anderer Menschen bleibt, um ihre Bedürfnisse zu befriedigen. Die idealisierte, aus unterdrückter Sehnsucht in unserer Phantasie erschaffene Mutter kann in Wirklichkeit blind und erdrückend sein. Virginia Woolf führt uns eine ebenso fürsorgliche wie beherrschende Mrs. Ramsey vor Augen, die andere Erwachsene manchmal behandelt, als wären sie Kinder. Die überaus intuitive Intelligenz dieser liebenden Mutter verwischt Grenzen und Unterscheidungen. Da sie nicht in der Lage ist, sich von der Mutterrolle loszusagen, ist Mrs. Ramsey selbst in Beziehungen, wo dies fehl am Platz ist, nicht fähig, zwischen ihren eigenen Bedürfnissen und den Bedürfnissen derer zu unterscheiden, die von ihr abhängig sind, weil sie sie nie deutlich genug sieht, um zu erkennen, daß sie ganz anders sind als sie selbst.

Wegen der enormen Beanspruchung durch die Kinder binden viele überlastete Mütter andere an sich und erleiden eine Art geistiger »Wachstumsstörung«. (Diesen Terminus verwendet man zur Beschreibung von Kindern, die auf rätselhafte Weise zu wachsen aufhören, obwohl reichlich Nahrung zur Verfügung steht und kein physiologischer Defekt vorhanden ist. Ich verwende ihn in diesem Zusammenhang, um Mütter zu charakterisieren, die emotional, seelisch wie geistig, zu wachsen aufhören, obwohl sie materiell gesehen anscheinend »alles« haben.) In einer Welt, in der Mütter nicht genügend gewertet und zu sehr belastet sind, in der Väter genauso liebebedürftig sind wie ihre Kinder und mit ihnen entweder um die Aufmerksamkeit der Frau/Mutter wetteifern oder sich zurückziehen, kostet es die Mütter heroische Anstrengungen, ein günstiges Umfeld für ihre Kinder zu schaffen. Schwere emotionale Deprivation kann zur sozialen »Norm« werden. In ihrem Roman *Der Weg zum Leuchtturm* deutet Virginia Woolf an, daß Frauen, die die Abhängigkeit anderer brauchen, nicht nur von denen abgewertet werden, um die sie sich kümmern, sondern auch zu Werkzeugen ihrer eigenen Unterdrükkung werden können. Wegen ihres emotionalen Hungers können sie weder ihre eigenen Bedürfnisse noch die ihrer Kinder stillen. Aller Erschöpfung zum Trotz bekommen sie womöglich weitere Kinder, um Verarmungsgefühle, die Erkenntnis, wie sehr sie ausgenutzt und insgeheim abgelehnt werden, und den Schmerz ihrer letztendlichen Einsamkeit abzuwehren.

Sind wir auf dem Weg zu einer Gesellschaft, in der schwere emotionale Deprivation dazu führt, daß wir es auch weiterhin nicht sonderlich gut schaffen, uns um unsere Kinder und uns selbst zu kümmern? Lassen unsere fortschrittlichen Technologien bei uns die Fähigkeit verkümmern, unsere Kinder zu lieben und gut für sie zu sorgen?

Die Geburt eines Kindes ruft Freude hervor und eröffnet neue Perspektiven; sie verschafft uns aber auch die Möglichkeit, auf eine neue, lebensbejahende Weise zu lieben. Nie zuvor hatten wir eine so gute Gelegenheit, »es diesmal richtig zu machen«. Abgesehen von unserem materiellen Wohlstand gewinnen wir immer mehr Erkenntnisse darüber, was beiden Seiten – dem Kind und seiner primären Bezugsperson – gut tut, so daß die optimalen Voraussetzungen für das Großziehen von Kindern auf einer realistischen Basis untersucht und geschaffen werden können. Sobald wir uns klarmachen, wie sehr wir die Mutter und die Rolle der Bezugsperson abwerten, beginnen wir zu begreifen, daß wir damit einen Teil unserer selbst und unserer Kinder abwerten. Paradoxerweise sorgen die Erkenntnis, daß zwischen unserer Sehnsucht nach der Mutter und unserer Sehnsucht nach Kindern eine tiefe Verbindung besteht, und unsere gründliche Identifikation sowohl mit der Mutter als auch mit dem Kind dafür, daß wir uns den schmerzhaften Deprivationsgefühlen stellen und daran arbeiten können, Mängel auszugleichen und in Fülle zu verwandeln – daß aus Bedürftigkeit Liebe wird.

Teil II

Wir wollen nicht wissen. Wir wollen nicht sorgen

Kapitel 4

Die Angst vor dem Wissen

… die erste Vorstellung von Identität beim Säugling, also das, was ihn ganz allein ausmacht, kommt von außen (…) Durch den Blick der Mutter erhält der Säugling genaue Anweisungen im Hinblick darauf, wer er ist und wie er sein muß, um geliebt und anerkannt zu werden (…)

Raquel Zak de Goldstein
»The Dark Continent and Its Enigmas«

… das Verhalten der Umgebung [ist] in bestimmten Bereichen … Teil der persönlichen Entwicklung des Individuums.

D. W. Winnicott
Vom Spiel zur Kreativität

Auszüge aus Interviews mit Müttern: 1983/84

Als ich wieder zu arbeiten anfing, nachdem meine Tochter ein Jahr alt war, hat mich das beinahe umgebracht. Ich habe mir dauernd vorgestellt, daß sie stundenlang nach mir weint. Den ganzen Tag mußte ich an sie denken; ich hatte ständig das Gefühl, daß ich das Beste am Muttersein versäumte und ihr massiv schadete, daß ich ihre Entwicklung irgendwie ruinierte. Meinen Sohn mußte ich noch früher alleinlassen – mit sechs Monaten. Ich beneide die Mütter, die zu Hause bei ihren Kindern bleiben können. Sie wissen gar nicht, was für ein Glück sie haben. (Sheila, 30, zwei Kinder)

Warum machen wir ein Geheimnis daraus? Warum tun wir so, als wäre es keine Arbeit? Tun so, als wäre es einfach und bequem, bei unseren Kindern zu Hause zu bleiben, als wäre das die glorreiche Belohnung, die uns der Wohlstand beschert. Ich beneide die Mütter, die arbeiten müssen. Gleichzeitig habe ich solche Schuldgefühle, daß ich es nicht fertigbringe, meinem Mann, wenn er aus dem Büro nach Hause kommt, zu sagen, daß mich um unseren zweijährigen Sohn zu kümmern das Anstrengendste und Schwierigste ist, was ich je gemacht habe. Statt dessen höre ich ihm zu, wenn er sich darüber beklagt, wie erschöpft er ist. (Gloria, 28, ein Kind)

Die schwierigste Tageszeit ist für mich fünf Uhr nachmittags, wenn ich von der Arbeit nach Hause komme und mit meinen zwei Jungen (zwei und vier) fertig werden muß, die bis dahin meistens völlig außer Rand und Band sind. Nachdem sie den ganzen Tag in der Kindertagesstätte waren, sind sie derart hyperaktiv, daß ich nicht weiß, wo mir der Kopf steht. Ich ertappe mich dabei, daß ich den verzweifelten Wunsch habe, an meinen Arbeitsplatz zurückzukehren, wo alles ruhig und friedlich ist – wo ich ein bißchen Selbstachtung bekommen kann und wo ein bißchen Ordnung herrscht. (Lenore, 34, zwei Kinder)

Da das Aufziehen von Kindern keine Sache des Instinkts ist, sondern vielmehr des Lernens und letztendlich des Entscheidens, ist die Art und Weise, wie wir mit unseren Kindern umgehen, so etwas wie ein Seelentheater, bei dem unsere tiefsten Hoffnungen, Sehnsüchte, zerstörerischen Triebe und unsere Liebesfähigkeit offen zutage treten. So ist es nicht überraschend, daß es uns widerstrebt, über uns selbst als verantwortliche Bezugspersonen allzuviel zu erfahren. Wir suchen uns unsere Gefühle nicht aus. Sie entstehen spontan, ob es uns gefällt oder nicht. Aus diesem Grund sind die Emotionen und Konflikte, die unsere Kinder in uns wachrufen, neuralgische Bereiche, Punkte, an denen wir äußerst dünnhäutig sind, weil sie vieles von dem, was wir vor uns selbst und anderen zu verbergen suchen, ans Tageslicht bringen.

Gründe für das Schweigen

Daß wir die tieferliegenden Konflikte, die Kinder in uns aufwühlen, bis vor kurzem nicht aufgedeckt haben, hat historische Gründe. Wegen der jahrhundertelangen hohen Säuglings- und Kindersterblichkeit war es schwierig, unsere Gefühle gegenüber unseren Kindern genauer unter die Lupe zu nehmen. Wo es um Verlust geht, ist kein Platz mehr für Neugier; und wo Angst vor dem Verlust herrscht, löscht sie das Denken aus. Zu den Gefühlen, die Eltern erleben, gehören neben tiefer Liebe und Besorgnis auch Neid, Groll, narzißtische Verstrickungen und Herrschsucht. Wenn die Chancen, daß Kinder bis zum Erwachsenenalter überleben, gering sind, werden durch das Zulassen negativer Empfindungen zu viele Schuldgefühle und Ängste geweckt. Außerdem sind unsere Gefühle gegenüber unseren Kindern ebenso intensiv wie die gegenüber unseren Eltern und fallen folglich der Verdrängung oder dem Gedächtnisschwund zum Opfer.

Jahrhundertelang sorgten Schwangerschaften am laufenden Band dafür, daß die meisten Mütter über ihre Erfahrungen Schweigen bewahrten. Schwangerschaft, Geburt und die Aufzucht der Kinder lassen wenig Energie und Bereitschaft für Selbstbeobachtung übrig. Der Luxus unserer Zeit, weniger Kinder zu haben, gibt den Menschen die Möglichkeit, den schrittweisen Individuationsprozeß und die wachsende Selbständigkeit ihrer Kinder zu erleben und zu beobachten. Wenn eine Mutter mehr Zeit hat, die unterschiedlichen, entwicklungsbedingten Bedürfnisse und Veränderungen eines Kindes zu beobachten und mitzuerleben, bekommt sie einen besseren Zugang zu den emotionalen Reaktionen ihrer Kinder.

Früher hatten die Leute, die die meiste Bildung besaßen und sich am besten ausdrücken konnten, entweder keine Kinder oder entzogen sich zumindest der Kinderpflege. Erst seit kurzem hat ein Großteil der Frauen dieselben Ausbildungsmöglichkeiten wie die Männer und folglich ähnliche Bestrebungen und Ambitionen. Nie zuvor haben so viele gebildete Frauen so wenig Kinder gehabt – und genügend Zeit, um alle Gefühle und Widersprüche zu erleben, die sich aus dem Sorgen für ein Kind ergeben.

Das Fehlen von finanziellem Druck gestattet es den Frauen, sich eingehender mit den emotionalen Seiten des Kinderaufziehens zu befassen, weil sie sich nicht auf äußere Faktoren wie den Lebensunterhalt und wirtschaftliche Probleme konzentrieren müssen. Das Ganze ist ein äußerst heikles Thema. Wir können Verständnis aufbringen für eine Mutter, die jeden Tag von ihrem Kind weggeht, um das Geld zum Leben zu verdienen. Sofern eine Frau arm, in Bedrängnis oder sichtlich verzweifelt ist, können wir es sogar verstehen, wenn sie ihr Kind grausam behandelt oder vernachlässigt. Doch wenn eine Frau keine finanziellen Sorgen hat und ihre Kinder alleinläßt, vernachlässigt oder mißhandelt, wird sie sofort als »Rabenmutter« eingestuft. Wir brauchen enormen Mut, um dieses Attribut zu hinterfragen und uns die zugrundeliegenden emotionalen Gegebenheiten genau anzusehen, die ein solches Verhalten verursachen.

Bestimmte Vorurteile verschleiern die Tatsache, daß in unserer Kultur kaum jemand Interesse daran hat, wie die Situation des Sorgens für Kinder aus der Sicht der Mutter und aus der des Kindes aussieht: Da gibt es zum einen die Überzeugung, daß Frauen ihre Kinder nur aus finanzieller Notwendigkeit im Stich lassen; dann die umgekehrte Überzeugung, daß man in unserer Gesellschaft nur durch gut bezahlte und hoch angesehene Arbeit (außerhalb der eigenen vier Wände) Erfüllung finden kann. Dann gibt es den Mythos, es ließe sich völlig mühelos vereinbaren, Mutter und gleichzeitig berufstätig zu sein, und außerdem sei dies das Beste für Mutter *und* Kind; und die Überzeugung, daß eine Mutter, die ihren Säugling in den ersten Lebensjahren allein läßt, ihm irreparablen Schaden zufügt. Am übelsten ist der Mythos, daß Mütter instinktiv besonders liebevoll und mütterlich sind, was bedeutet, daß sie von Natur aus nichts für sich selbst wollen, sondern nur für andere. Die Zwänge unserer urbanen, hochtechnisierten Gesellschaften sorgen jedoch allmählich dafür, daß der Mythos, die Bedürfnisse der Mütter seien mit den Bedürfnissen ihrer Kinder identisch, abgebaut wird, da sie die beunruhigende Tatsache ans Tageslicht bringen, daß sich in Wirklichkeit in immer mehr Fällen die Bedürfnisse von Mutter und Kind widersprechen.

Zweierlei Machtlosigkeit

In westlichen Zivilisationen erleben Mütter zweierlei Arten der Machtlosigkeit: Zum einen haben sie die Möglichkeit eingebüßt, das Leben ihrer Kinder tagtäglich auf eine sehr persönliche und unmittelbare Weise zu beeinflussen und zu lenken und so ihr Bewußtsein und ihre Seele behutsam zu formen; zum andern erleben sie ihre Machtlosigkeit in der Außenwelt, in der ehrgeizige Ziele verwirklicht werden können, anstatt nur stellvertretend gelebt zu werden, in der Handeln und Aufregung, Macht und Geld eher in Reichweite sind, in der man Autorität erlangen und Entscheidungen beeinflussen kann, die nicht nur die Familie, sondern die Welt als Ganzes betreffen. Wenn eine Mutter sich entscheidet, zu Hause zu bleiben und sich um ihr Kind zu kümmern, muß sie sich bis zu einem gewissen Grad von der Außenwelt zurückziehen. Wegen der unablässigen Fürsorge, die Säuglinge und Kleinkinder brauchen, und wegen der damit verbundenen mühseligen Pflichten müssen sich solche Mütter damit abfinden, daß sie in unserer männerorientierten Kultur mehr oder minder machtlos sind.

Entscheidet sich eine Mutter, außerhalb des häuslichen Bereichs zu arbeiten, verschafft sie sich auf diese Weise mehr Geltung und Einfluß auf dem Arbeitsmarkt, vor Gericht, in der Schule, auf der Universität, im Geschäftsleben, in der Politik – überall dort, wo Entscheidungen getroffen werden, die unser aller Leben betreffen. Sie muß sich andere Leute suchen, die sich einen Großteil des Tages um ihr Kind kümmern und es aufziehen. Wenn eine Mutter außer Haus arbeiten will oder dies aus finanzieller Notwendigkeit tun muß, bedeutet das, daß sie weniger Zeit mit ihren Kindern verbringt und damit ihren Einfluß als primäre Bezugsperson verringert. Teilzeit-Mütter sind vollkommen davon abhängig, daß andere Leute, oft Fremde, ihren Kindern die emotionale und körperliche Fürsorge angedeihen lassen, die sie brauchen. Wenn sie Glück haben, sind liebevolle Ehemänner oder Verwandte bereit, die Aufgaben der Kinderbetreuung zu übernehmen; aber in den meisten Fällen erfüllen Tagesstätten oder Babysitter diese Aufgabe. Nur wenige Frauen können sich erstklassig ausgebildete und qualifizierte Kinderfrauen, Kindermädchen oder Erzieherinnen leisten, also Leute, von denen man erwarten darf, daß sie bestens über den Umgang mit Kindern Bescheid wissen.

Um die Konflikte einer berufstätigen Mutter zu begreifen, müssen wir uns erst einmal vorstellen können, welche Skrupel Mütter haben, wenn sie jeden Tag von ihrem geliebten Kind weggehen und es manchmal bei einer »unbekannten« Person oder in einer Stätte lassen, die in ihren Augen nicht optimal für das Kind ist. Es ist beunruhigend, sich die Zweifel, die Schuldgefühle und den Verlust an Einfluß und Intimität vorzustellen – den Verlust jener sinnlichen Freude und Befriedigung, die nur aus dem unmittelbaren Kontakt mit kleinen Kindern erwachsen kann. In ihrem Buch *Das Arrangement der Geschlechter* spricht Dorothy Dinnerstein in diesem Zusammenhang recht treffend vom »Fleisch von Babys ..., [das] nicht von Selbstzurückweisung infiziert [ist]«.

Gleichzeitig widerstrebt es uns heftig, uns vorzustellen, wie schrecklich es ist, zu Hause bei ständig fordernden Kindern festzusitzen, ohne irgendeinen Einfluß auf die Welt als Ganzes zu haben, als Verlierer im großen Spiel der westlichen Zivilisationen, das darin besteht, um jeden Preis zu gewinnen (und sei es nur das Recht, seinen Arbeitsplatz zu wechseln, wenn man möchte). Müttern fällt es schwer, offen über diese Machtlosigkeit zu sprechen, weil wenige Leute in unserer Gesellschaft bereit sind, ihnen zuzuhören; die Erfahrungen derer, die sich um Kinder kümmern, stoßen nur selten auf echtes Mitgefühl und Verständnis.

Heutzutage müssen viele Mütter lernen, in einer Welt zu leben, die ihnen möglicherweise Arbeit oder sogar materielle Unterstützung anbietet, bei den Konflikten und dem Dilemma, in das sie das Dasein für ihre Kinder bringt, aber keinerlei Hilfestellung gibt. Bei meinen Interviews erlebte ich immer wieder Mütter, die von Widersprüchen hin und her gerissen waren. Besonders zu schaffen machte ihnen zum einen die mangelnde Achtung vor den vielfältigen Aufgaben, die Mütter, die sich selbst um ihre Kinder kümmern, Tag für Tag zu bewältigen haben, zum andern die Qual, ein Kind zu einem zu frühen Zeitpunkt einer anderen, oft fremden Person anvertrauen zu müssen. Bei einigen Müttern machte die Anonymität und die Einsamkeit des Stadtlebens diesen Konflikt unausweichlich, weil sich ihr eigenes gesellschaftliches Leben eher im Arbeitsumfeld abspielte als dort, wo sie wohnten.

Zwei Standpunkte

Offenbar gab es zwei verschiedene Lager: Mütter, die außer Haus arbeiteten, und solche, die zu Hause blieben, um sich um ihre Kinder zu kümmern. Keine Gruppe hatte sonderlich viel Ahnung von oder Verständnis für die Sorgen der anderen, die so ganz anders schienen als die eigenen. So berichtete zum Beispiel Patricia (28), daß sie nach der Geburt ihrer Tochter völlig konfus war. Erst als ihre Tochter drei Monate alt war und Patricia ihre Arbeit als Lobbyistin in Sacramento wieder aufnehmen konnte, gelang es ihr, ihr früheres Identitätsgefühl zurückzugewinnen. Als sie schilderte, wie sehr es sie in den ersten Monaten als Mutter gebeutelt hatte, konnte ich mir nur schwer vorstellen, daß es etwas gab, was diese souverän wirkende, gepflegte Frau aus der Fassung bringen konnte. Doch sie sagte, es sei die schwierigste Zeit in ihrem Leben gewesen:

> Nachdem ich mit dem Baby aus dem Krankenhaus nach Hause gekommen war, kam ich absolut nicht mehr zurecht. Ich hatte keine Ahnung, wie man mit einem Baby umgeht, und fühlte mich einsamer als je zuvor. Ich hatte nur einen Wunsch: Ich wollte wieder arbeiten, um dieses seltsame Gefühl loszuwerden. Ich bin sicher, daß mein Intelligenzquotient damals um mindestens zwan-

zig Punkte gesunken ist. Ich hatte das Gefühl, als hätte ich meine ganze Persönlichkeit verloren – ich meine, den Teil von mir, der wirklich funktioniert. Ich habe mich nie so hilflos und konfus gefühlt. Ich weiß nicht, wie Mütter, die zu Hause bei ihren Kindern bleiben, das aushalten, ohne verrückt zu werden.

Betty Sue reagierte auf die Geburt ihrer Kinder genau umgekehrt. Obwohl sie und ihr Mann das Geld dringend gebraucht hätten, beschlossen sie, »auf ziemlich viel zu verzichten«, damit er sein wissenschaftliches Fachstudium weiterführen konnte, während sie sich um die beiden Kinder kümmerte. Die Familie lebte von seinem bescheidenen Stipendium und ihren mageren Ersparnissen. Betty Sue sagte, sie könne nicht verstehen, wie eine Mutter in den ersten Jahren von ihren Kindern weggehen kann, ganz gleich unter welchen Umständen. Während wir uns in der winzigen Küche in ihrer Wohnung in Berkeley unterhielten, stillte Betty Sue ihren vier Monate alten Sohn, und ihre zweieinhalbjährige Tochter spielte friedlich daneben auf dem Boden. Betty Sue, die auf einer Farm aufgewachsen war, erzählte, daß es für sie das Wichtigste sei, ihren Babys eine »gute Mutter« zu sein:

Ich halte nicht sonderlich viel von der Wohlfahrt, aber ich glaube ganz ehrlich, daß ich lieber von der Sozialhilfe leben, als meine Kinder bei jemand anderem lassen würde. Ich bin irgendwie einfach überzeugt, daß Kinder ihre Mütter brauchen. Und von den Geschichten, die ich von Tagesstätten gehört habe – sogar hier in Berkeley, und sogar von denen, die angeblich noch die besten sind –, kriege ich eine Gänsehaut. Ich kenne viele Mütter, die keine andere Wahl haben. Sie müssen arbeiten, damit ihre Kinder nicht verhungern. Aber ich kenne auch viele Mütter, die es sich sehr wohl aussuchen können, wie mir scheint. Sie müssen im Grunde nicht arbeiten und tun es trotzdem, obwohl ihre Kinder noch ganz klein sind, nur weil sie einen etwas höheren Lebensstandard haben wollen. Solche Mütter werde ich nie begreifen.

Jeanine hat wiederum ganz andere Erfahrungen als Mutter gemacht als Betty Sue und Patricia. Als Meeresbiologin, die für ein geologisches Institut Forschung betreibt, mußte sie ihre Arbeit wieder in vollem Umfang aufnehmen, als ihre Tochter erst zwei Wochen alt war:

> Mein Mann und ich trennten uns, als ich im sechsten Monat schwanger war, und dann zog er aus der Stadt weg. Um meinen Forschungsauftrag abzuschließen, mußte ich Laura von Montag bis Samstag jeden Tag von sieben Uhr morgens bis sechs Uhr abends bei einer Tagesmutter lassen. Ich glaube, diese Tagesmutter hat ihre Sache hervorragend gemacht. Aber an manchen Tagen verhält sich Laura so, als würde sie mich nicht kennen. Es gab Zeiten, in denen sie so getan hat, als sei ich eine Fremde. Ich glaube schon, daß ich immer Schuldgefühle hatte, obwohl sie einen wirklich glücklichen Eindruck macht. Mit ihren zweieinhalb Jahren wirkt sie schon richtig unabhängig. Ich kaufe ihr unheimlich gerne Spielsachen. Das ist wahrscheinlich meine liebste »Mama«-Tätigkeit. Ihr ganzes Zimmer ist voll mit allem möglichen Spielzeug. Manchmal ist es ausgesprochen hart, aber wir schaffen es ganz gut.

Florrie (36) verläßt ihre Kinder auch jeden Morgen um sieben und kommt erst am Abend zurück. Florries größtes Problem als Mutter ist ihre Eifersucht auf die Kinderfrau, die sie einstellte, nachdem sie ihr erstes Kind mit zwei Monaten abgestillt hatte. Ihre anspruchsvolle Arbeit als Anästhesistin zwingt Florrie dazu, mit Ausnahme der Wochenenden auf ihre Mutterrolle zu verzichten. Trotzdem findet sie ihre Gefühle gegenüber der Kinderfrau, die sie durchaus respektiert und auch schätzt, etwas beunruhigend:

> Ich bin so froh, daß ich Helen (die Kinderfrau) gefunden habe. Sie ist einfach toll mit den Kindern, und ich kann das Haus jeden Morgen in der Gewißheit verlassen, daß sie wirklich in guten Händen sind. Ich habe nur einfach nie damit gerechnet, daß ich so eifersüchtig werde, wenn ich erlebe, daß sie sie lieber mögen als mich. Mein Sohn ruft auch dann nach Helen, wenn ich zu

> Hause bin. Helen ist die einzige, der es gelingt, das Baby zu beruhigen. Ich weiß, daß diese engere Bindung an sie ganz normal ist – ein Segen in Anbetracht meines Terminkalenders. Es tut mir nur manchmal richtig weh, weil es wirklich so aussieht, als würden meine Kinder Helen mehr lieben als mich, als sei ich eine Fremde, eine Außenstehende. Es sind meine Kinder, aber manchmal kommt es mir so vor, als wären sie eher Helens Kinder.

Carla hat sich wie Betty Sue bewußt dafür entschieden, zu Hause zu bleiben und ihre drei Kinder selbst großzuziehen. Aber sie empfindet das Mutterdasein oft als einen aufreibenden, undankbaren Job, den offenbar alle Welt für selbstverständlich hält. Carla gab zu, daß sie oft verstimmt ist und sich nicht gebührend gewürdigt fühlt:

> Ich weiß nicht, wie oft am Tag ich laufende Nasen putzen und Windeln wechseln muß, wie oft ich das mittlere Kind irgendwie beschäftige, damit es das Baby in Ruhe läßt, und das älteste, damit es mich in Ruhe läßt. Und mein Mann findet, ich habe es echt gut, weil ich zu Hause sein kann und nicht arbeiten muß! Sooft wir auf eine Cocktailparty gehen und die Leute mich fragen, was ich mache, und ich dann sage, »Ich bin Mutter«, bekommen sie glasige Augen und verlieren jegliches Interesse an mir.
>
> Aber das Schlimmste ist, daß das Tag für Tag so geht, Woche für Woche; und die meisten Leute halten das auch noch für selbstverständlich und würden nicht im Traum dran denken, das Arbeit zu nennen. Es gab Zeiten, in denen ich drauf und dran war, jemanden einzustellen und selbst wieder als Lehrerin zu arbeiten. Aber ich schiebe es immer noch hinaus. Ich möchte warten, bis Tommy wenigstens im Kindergarten ist. Aber mich um diese Kinder zu kümmern, ist mit Sicherheit das Schwerste, was ich je gemacht habe – körperlich wie emotional –, obwohl ich sie wirklich sehr liebe.

Frauen wie Carla und Betty Sue, die die ganze Zeit zu Hause bleiben, um für ihre Kinder da zu sein, werden in unserer Gesellschaft immer seltener und fühlen sich häufig abgewertet. Viele Frauen müssen außer Haus arbeiten, um das Geld zum Leben heranzuschaffen, aber die Gründe, warum viele Mütter aus dem Haus und von den Kindern weggehen, um sich in die Schar der arbeitenden Bevölkerung einzureihen, sind ungleich komplexer, als wir gerne annehmen möchten.

Die sozialwirtschaftlichen Tatsachen des Kinderaufziehens

Der Trend geht bei uns dahin, daß Frauen besser bezahlte Jobs anstreben, um sowohl gesellschaftlich als auch finanziell denselben Status zu erreichen wie Männer. In den Vereinigten Staaten und den meisten europäischen Ländern ist das Aufziehen von Kindern keine Arbeit, die sich finanziell auszahlt. Mütter, die sich entschließen, zu Hause zu bleiben, um sich um ihre Kinder zu kümmern, werden in zunehmendem Maße mit Geringschätzung betrachtet, weil sie sich nicht in das Heer der Arbeitenden einreihen. Das gewaltige Arbeitspensum, das eine Mutter täglich bewältigt, wird oft nicht als Arbeit angesehen. Männer neigen dazu, das tagtägliche Sorgen für Kinder als unter ihrer Würde zu betrachten, es sei denn, sie sind selbst Lehrer, Kinderpsychologen oder etwas Ähnliches und werden dafür bezahlt. Wir leben in einer Gesellschaft, in der die niederste Arbeit, sowohl von der Bezahlung wie auch vom Image her, das alltägliche Versorgen von Kindern ist. Hausarbeit wird besser bezahlt; Babysitter bekommen dagegen nicht einmal einen Mindestlohn. Betreuer in Tagesstätten sind kraß unterbezahlt. Wer in welcher Form auch immer mit Kindern zu tun hat (mit Ausnahme von Ärzten und Psychotherapeuten), verdient im Vergleich zu Leuten in anderen Berufen sehr wenig. Die Entwicklung im 20. Jahrhundert hat zu einer schrittweisen Schwächung des Familiengefüges geführt. An die Stelle der Großfamilie ist die Kleinfamilie getreten; Familien mit nur einem Elternteil, meistens Mutter und Kinder, sind heutzutage fast so zahlreich wie Familien mit zwei Eltern. Die einst so hochgeschätzten Familienbande haben im Vergleich zu kommerziellen Fesseln an Bedeutung verloren. In ihrem Buch *Das Erbe der Mütter* schreibt die Soziologin Nancy

Chodorow das Nachlassen der familiären Beziehungen der bitteren Tatsache zu, daß »auf Verwandtschaft gegründete Bande in der auf Produktion ausgerichteten Welt, die mehr und mehr auf einen Nicht-Verwandtschafts-Markt und Klassenbeziehungen aufbaut, nicht mehr als wichtige Bindeglieder zwischen Menschen funktionieren«.

Wir neigen dazu, Gesellschaft über gesellschaftlichen Einfluß zu definieren, und unser Interesse konzentriert sich häufig auf diejenigen, die die meiste Macht besitzen und den größten Einfluß haben. In unserer Kultur werden die meisten gesetzgeberischen, gesellschaftlichen und wirtschaftlichen Entscheidungen, die sich auf die Familie auswirken, von Männern getroffen. Frauen übernehmen zwar in zunehmendem Maß wichtige Rollen in der Öffentlichkeit, müssen sich aber, wenn sie es schaffen wollen, zumeist ein aggressives, wettbewerbsorientiertes Verhalten zulegen und sich eine Grundeinstellung zu eigen machen, in der das Aufziehen von Kindern keinen Stellenwert hat und keine Achtung genießt. Die Folge davon ist, daß diejenigen, die die Macht in Staat und Politik ausüben, die Bedürfnisse, Erfahrungen und die Arbeit derer, die sich um Kinder kümmern, auch weiterhin ignorieren.

In seinem Buch *Auf dem Weg zur vaterlosen Gesellschaft* erklärt Alexander Mitscherlich das Nachlassen der Familienbande ebenfalls unter wirtschaftlichen Gesichtspunkten:

> In vorwiegend bäuerlichen Kulturen sind Kinder Kapital, natürliche, billige Hilfskräfte, eine Sicherung für das Alter; in der modernen Industriegesellschaft verzehrt ihre immer länger dauernde Ausbildung Kapital, die Alterssicherung ist weitgehend auf Institutionen übergegangen; jede Generation muß die Sicherung für sich selbst schaffen.

Kinder werden nicht mehr als Hoffnung für die Zukunft im einfachsten Sinn betrachtet; Mitscherlich weist darauf hin, »daß man weniger materiellen Nutzen von seinen Kindern hat, daß die Eltern und Kinder je eigene Wege gehen«.

Der Anthropologe Marvin Harris führt diesen Gedanken in seinem

Buch *Cultural Materialism* sogar noch weiter und behauptet, daß die Gefühle, die wir unseren Kindern entgegenbringen, in unmittelbarer Relation zu dem steht, was wir von ihnen zurückbekommen. Da wir heutzutage wenig Verwendung für unsere Kinder haben und diese unter dem Kosten-Nutzen-Aspekt zu teuer geworden sind, legen wir uns nicht mehr so viele zu. In der Vergangenheit bedeuteten Kinder billige Arbeitskräfte, Soldaten für den Krieg und die Gewißheit, im Alter zuverlässig versorgt zu werden. Heutzutage sieht die Situation Harris zufolge anders aus:

> ... das Bevölkerungswachstum in den hochzivilisierten Ländern nimmt ständig ab, während sich die Kosten, die den Eltern entstehen, wenn sie ihre Kinder bis zum Erwachsenenalter großziehen, auf über 100 000 Dollar pro Kind belaufen und der auf lange Sicht zu erwartende wirtschaftliche Nutzen gegen null geht (Minge-Kalman, 1978). Parallel zu dieser Entwicklung gehen in den Vereinigten Staaten die Bodenschätze zur Neige, und inländisches Kapital fließt auf der Suche nach billigen Arbeitskräften in zunehmendem Maß nach Übersee, was zur Inflation führt und dazu, daß pro Mittelschichtfamilie zwei Geldverdiener notwendig sind.

Im Hinblick auf Kinder so zu denken, erscheint einem hart und extrem, es sei denn, man betrachtet die Sache aus der Perspektive einer Wirtschaft, die die nachfolgenden Generationen nicht nur ihrer finanziellen Gesichertheit, sondern auch ihrer natürlichen Resourcen beraubt.

Geben, ohne etwas zurückzubekommen

Unser Gesellschaftssystem bringt uns bei, für alles, was wir tun, eine Gegenleistung zu erwarten. Zu geben, ohne dafür etwas zurückzubekommen (zu allermindest eine Steuerersparnis), gilt in unserer Kultur als Zeichen mangelnder Intelligenz. Doch die Mutter-Kind-Beziehung beruht nicht auf Gegenseitigkeit. Mit Ausnahme kurzfristiger Freuden – dem Lächeln, den Umarmungen und der begeisterten Zuwendung kleiner Kinder (was manchen Frauen ausreicht) – besteht zwischen dem Kind und seiner primären Bezugsperson wenig Gegenseitigkeit. Lange Zeit gibt der eine, und der andere nimmt. Dies kann die Kräfte einer Mutter verbrauchen und aufzehren.

Das ständige Geben, das Kinder unbarmherzig fordern, kann inakzeptable Sehnsüchte, Schuldgefühle aufgrund von Enttäuschungen und Gefühle der Ambivalenz hervorrufen. Viele der von mir interviewten Mütter, ob sie nun außer Haus arbeiteten oder nicht, empfanden es als schmerzhaft, sich eingestehen zu müssen, daß sie im Grunde von niemandem irgendwelche emotionale Unterstützung bekommen hatten. Die meisten Mütter erhielten auch keinerlei praktische Hilfe, es sei denn, sie bezahlten dafür. Eine Frau berichtete, sie sei schockiert gewesen, als sie feststellte, daß ihr selbst die Menschen, die ihr am nächsten standen, sehr wenig zu geben hatten, nicht einmal in Form von Verständnis oder Mitgefühl. Eine andere Frau berichtete, solange ihre Kinder klein gewesen seien, habe die einzige Möglichkeit, damit klarzukommen, darin bestanden, sich durch ständiges Arbeiten zu betäuben: »Ich habe mich einfach abgerackert, um den Schmerz nicht spüren zu müssen.«

Wenn es um das Aufziehen von Kindern geht, werden zwei Dinge meistens geleugnet: der dafür erforderliche Altruismus und die Tatsache, daß einen das ständige Umhegen, Beschützen und Sicheinfühlen auf die Dauer völlig auslaugen kann. Offenbar wehren wir uns sehr heftig dagegen, das Spektrum all jener Emotionen zu untersuchen, die geweckt werden, wenn wir einem anderen Zeit, Aufmerksamkeit, Verständnis und Mitgefühl schenken, der diese Gaben im Grunde nicht, zumindest lange Zeit nicht, zurückerstatten kann. Es fällt uns schwer, zuzugeben, wie leicht Menschen, die sich um Kinder kümmern, in unserer Gesellschaft kaputtgemacht werden, wie sehr die gewaltige Energie, die diese Arbeit – die unterbewertet und nicht geschätzt wird – erfordert, an ihnen zehrt und sie leerpumpt.

Was ist die Folge, wenn man ständig jemandem gibt, der wenig oder nichts zurückgibt? Als ich versuchte, mit Müttern über andere Gefühle als Liebe und Hingabe zu reden, kam ich mir vor wie jemand, der durch ein fremdes Dorf wandert. Türen und Fenster wurden zugeschlagen, Schlösser klickten, Rolläden krachten herunter. Es überrascht keineswegs, daß viele Frauen zurückhaltend und stumm sind, wenn sie aufgefordert werden, offen und ehrlich über ihre Erfahrungen als Mütter zu sprechen. Denn das Eingeständnis heftiger ambivalenter Gefühle gegenüber den eigenen Kindern wird oft damit gleichgesetzt, daß man eine schlechte Mutter ist. Und als Mutter unzulänglich zu sein, ist für viele Frauen das schlimmste Verbrechen, das sie begehen können.

Andere Mütter, die ich interviewte, reagierten voller Eifer, versicherten geradezu aggressiv, wie glücklich, clever, gesund, erfolgreich, begabt, agil und sportlich ihre Kinder seien, was für eine enge Beziehung sie zu ihnen hätten und wie gut sie alles im Griff hätten. Dieser auf Konkurrenzdenken beruhenden Einstellung lag offenbar das Bedürfnis zugrunde, sich selbst und allen anderen zu versichern, daß man keine schlechte Mutter sei, daß man beim Aufziehen der Kinder gute Arbeit geleistet habe. Denn schlimmer als alles andere ist für Eltern die Vorstellung, daß sie ihre Kinder womöglich verletzt oder ihnen gegenüber versagt haben könnten. Nur wenige von uns können zugeben, daß es unmöglich ist, als Gegenleistung für all das, was wir unseren Kindern gegeben haben, *nichts* von ihnen zurückzufordern.

Die meisten Eltern verstärken bei ihren Kindern genau das Verhalten, von dem sie glauben, daß es positiv auf sie selbst zurückfällt. Wir wollen, daß unsere Kinder so und so handeln, den und den Eindruck hervorrufen und die und die Leistungen erbringen, damit wir auf sie stolz sein können (oder uns zumindest nicht für sie genieren müssen). Für moderne Eltern ist nichts beschämender, als sich eingestehen zu müssen, daß die Verhaltens- und Handlungsweisen, zu denen sie ihre Kinder angehalten haben, nichts mit den wahren Interessen der *Kinder* zu tun haben, sondern in ihrem eigenen selbstsüchtigen Verhalten begründet liegen. Der Eindruck, den unsere Kinder bei anderen Menschen hinterlassen sollen, und die Leistungen, die sie erbringen sollen, haben möglicherweise oft mehr mit unseren eigenen Interessen zu tun als mit denen des Kindes. Es fällt uns extrem schwer zuzugeben, wie leicht es ist, ein Kind unbeabsichtigt zu benutzen, um eigene Bedürfnisse zu befriedigen oder die eigenen, unerfüllten Ambitionen auszuleben. Ein Kind auszunutzen geschieht so schnell und selbstverständlich, daß wir uns ernsthaft fragen müssen, ob wir wirklich zu der selbstlosen Liebe und Fürsorge fähig sind, die unsere Kinder eine ganze Zeitlang brauchen.

Wie können wir unterscheiden, ob wir ein Kind für unsere eigenen narzißtischen Zwecke benutzen oder ihm die Möglichkeit bieten, wichtige Fähigkeiten zu erlernen und zu entwickeln? Die Mutter einer begabten Neunjährigen meinte vor einem Konzert ihrer Tochter: »Ich weiß nicht, wer nervöser ist, sie oder ich. Wenn sie da draußen sitzt und Klavier spielt, habe ich das Gefühl, daß sie alle meine Träume wahr werden läßt.«

Solange wir unsere Kinder großziehen, versuchen wir auch, uns um uns selbst zu kümmern und unsere eigenen Wunschvorstellungen zu realisieren. Wir versuchen unseren Kindern das zu geben, was wir uns selbst immer gewünscht haben, vielleicht auch die Möglichkeiten, die wir uns nach wie vor wünschen. Viel schlimmer für ein Kind sind aber Gleichgültigkeit und Vernachlässigung – das extreme Gegenteil narzißtischer Anteilnahme an ihrem Leben.

Wir beschäftigen uns selten damit, wie schwierig und aufschlußreich es ist, unsere eigenen Bedürfnisse und die Interessen anderer Menschen auseinanderhalten zu können. Betrachtet man die menschliche Natur und die wettbewerbsorientierte, materialistisch eingestellte Gesellschaft, in der wir leben, so wäre es ein Wunder, wenn jemand ständig (oder überhaupt jemals) die Interessen eines Kindes über seine eigenen stellen würde. (Eine Mutter sagte, sie hielte das für »unnatürlich«.) Trotzdem verlangt das Aufziehen von Kindern eine Art des Gebens, die unbelohnt bleibt. Eine Jungianerin, die ich zu diesem Thema befragte, hält die mit dem Aufziehen von Kindern verbundene Arbeit für »heroisch«. Heroismus ist für sie die Fähigkeit, das zu ertragen, was den meisten Mut erfordert. Einem Kind in unserer Kultur und in unserer Zeit das zu geben, was für dieses Kind wirklich das Beste ist, ist eine solche heroische Aufgabe.

Wir wollen nichts über das Muttersein wissen

Wenn Schriftstellerinnen anfangen, sentimentale Idealisierungen des Mutterbildes zu zerpflücken, wenden sie sich den schmerzlicheren

Aspekten des Daseins für Kinder zu. Das Pendel hat nach der anderen Seite ausgeschlagen, weg vom Bild der liebevollen Madonna mit dem Kind (die unsere Sehnsucht nach einer Mutter verkörpert, die uns liebt, tröstet und beschützt) zu Themen und Bildern, die die dunkleren, komplexeren Aspekte des Mutterseins zum Ausdruck bringen. In einem Artikel mit dem Titel »The Fantasy of the Perfect Mother« stellen Nancy Chodorow und Susan Contratto fest, daß die neuere Literatur über die Situation der Mutter von »primärem Prozeßdenken« (das heißt von einem durch irrationale, unbewußte Gefühle bestimmten Denken) beherrscht wird. Nach Ansicht der Autorinnen legen solche Publikationen den Schluß nahe, daß »... ein Kind zu haben ausreicht, um eine Frau umzubringen oder zur Mörderin werden zu lassen ..., [daß] ein Kind zu haben, die Mutter oder das Kind zerstört«. Chodorow und Contratto sind der Meinung, daß es sich bei der Literatur von Adrienne Rich, Jane Lazarre, Dorothy Dinnerstein und anderen zum Teil um Werke handelt, in denen »mütterliche Gewalt beschrieben, nicht aber abgelehnt wird«; ihre spekulative Behauptung lautet: »So wie Antifeministinnen dazu neigten, der Mutter die Schuld aufzuhalsen, neigen Feministinnen dazu, dem Kind oder der Tatsache, daß eine Frau Kinder hat, die Schuld zuzuweisen.«

Da wir uns mit der Verletzlichkeit von Kindern identifizieren, tendieren wir dazu, alles, was in der Mutter-Kind-Beziehung nicht liebevoll und sanft ist, als und erschreckend zu finden. Wir sind es nicht gewöhnt, die Mutter als einen von ihrem Kind isolierten Menschen zu betrachten, und wenn wir es tun, bringt es uns aus der Fassung. Manchmal ist das, was für das Kind gut ist, wirklich schädlich für die Mutter und umgekehrt. Wenn Mütter offen und ehrlich reden, tritt diese bedauerliche (und manchmal tragische) Tatsache deutlich zutage. Die abgehobene Distanziertheit zahlreicher wissenschaftlicher Artikel verfälscht und verzerrt die Intensität der Empfindungen von Müttern, zu denen Zorn, Frustration und Qual ebenso gehören wie Freude und Befriedigung.

Warum gibt es in unserer Gesellschaft einen so großen Widerstand, sich klarzumachen, was Mütter empfinden? Nach Ansicht des Psychoanalytikers Thomas Ogden verlangt das Einfühlen, das zu echtem

Verständnis führt, daß wir erst »eine Identifikation und dann eine andere anprobieren (das heißt uns auf das Gefühl, der andere zu sein, auf unterschiedliche Weisen spielerisch einzulassen)«. In seinem Buch *The Matrix of the Mind* erklärt Ogden, daß diese Art »Spiel« nur dann möglich ist, wenn man nicht das Gefühl hat, Gefahr zu laufen, »sich im anderen wie in einer Falle zu verfangen und sich letzten Endes in ihm zu verlieren«. Wenn wir nicht fähig sind, uns einzufühlen, nicht fähig, »mit dem Gefühl, der andere zu sein, zu spielen«, drücken wir uns davor, die tiefere Bedeutung des Verhaltens einer Mutter zu verstehen.

Möglicherweise befürchten wir, daß das Sicheinfühlen in die Mutter dazu führt, daß wir unsere Identität oder unser Gefühl der Eigenständigkeit einbüßen. Die Angst und die liebevolle Zuneigung, die wir als Säuglinge unseren Müttern gegenüber empfunden haben, verzerren unsere Wahrnehmung sämtlicher Mutter-Kind-Beziehungen und machen uns sowohl für Gefühlsduselei als auch für wissenschaftliche Distanziertheit anfällig. Wenn wir wirklich begreifen würden, was eine Mutter in ihrem tiefsten Inneren empfindet, könnte es passieren, daß wir uns von ihrem Schmerz überflutet, von ihren Frustrationen erfaßt, von ihren quälenden Schuldgefühlen und Ambivalenzen überwältigt fühlen. Sich auf die emotionalen Erfahrungen einer Mutter einzulassen, könnte genau die Hilflosigkeit hervorrufen, die wir einst als kleine Kinder empfunden haben. So idealisieren oder beschuldigen wir die Mutter, um Distanz von der Person zu wahren, die uns einst so nahe stand, daß sie uns in zu hohem Maß als ein Teil unserer selbst erschien.

Ob wir harsch urteilen oder kalt und gefühllos – fest steht, daß es uns allen (Männern wie Frauen, Feministinnen wie Antifeministinnen) widerstrebt, Genaueres über unseren Widerwillen, Kinder aufzuziehen und zu versorgen, zu erfahren.

Mit dieser Weigerung, die Erfahrungen von Müttern und die wahren Bedürfnisse von Kindern (im Gegensatz zu den zahlreichen unerfüllbaren Forderungen, die alle normalen Kinder stellen) zu untersuchen, blocken wir unsere eigenen Reaktionen auf diese Bedürfnisse ab und erfahren nichts über das Ausmaß, in dem *wir* in der Lage sind, zu geben oder auch nicht zu geben.

Die Angst vor Ambivalenz

Für uns ist Mutterliebe etwas, das nicht durch gemischte Gefühle verunstaltet wird. Eine gute Mutter empfindet keinen Zorn, keinen Neid, keine Gleichgültigkeit und keine Langeweile, wenn sie mit ihren Kindern beisammen ist. Wir verbinden Mutterliebe im Gegenteil mit Vergnügen, Freude am Versorgen, mit dem *Wunsch*, sich um junge Menschen zu kümmern. Doch in den letzten drei Jahrzehnten haben uns Untersuchungen über die kindliche Entwicklung eine Ahnung von den krassen ambivalenten Gefühlen vermittelt, die jedes Kind seinen Eltern gegenüber empfindet. Obwohl wir dazu neigen, wegzuschauen, wenn unsere Kinder zornig auf uns sind, wird bereits beim oberflächlichen Hinsehen die gewaltige Ambivalenz deutlich, die sich häufig auf die Mutter konzentriert. Sofern wir keine Heiligen sind, ruft Ambivalenz normalerweise auch Ambivalenz hervor.

In den hochentwickelten Industrieländern führen viele Mütter, die wegen der Kinder zu Hause bleiben, ein isoliertes, auf ihre Kinder beschränktes Leben. Berufstätige Mütter kommen erschöpft nach Hause und haben oft kaum mehr die Energie und Geduld, mit den Bedürfnissen, Forderungen *und* den gemischten Gefühlen ihrer Kinder ihnen gegenüber fertig zu werden. Da in unserer Gesellschaft nur wenige Menschen dazu bereit sind, sich um Kinder zu kümmern, es sei denn, sie werden dafür bezahlt, können viele Mütter es sich nicht leisten, ihren Kindern auch nur für kurze Zeit zu entrinnen, um ihren Frustrationen Luft zu machen oder ihren Energievorrat wieder aufzufüllen.

Trotzdem sind wir zutiefst bekümmert über die Erkenntnis, daß wir gegenüber unseren Kindern vielfältige, widersprüchliche Gefühle empfinden. Das Bewußtsein dieser Ambivalenz weckt tiefe, unterschwellige Ängste: die Angst, daß wir nicht bereit sind, zu lieben und uns um andere zu kümmern, die Angst, daß uns das Wohlergehen unserer Kinder gleichgültig ist, wenn unmittelbarere, kurzfristige Vorteile winken; und dazu noch die Angst, unsere eigenen Bedürfnisse nach Liebe oder Macht könnten dazu führen, daß wir all denen, die unsere Fürsorge erhalten, sie aber nicht erwidern können, grollen. Und dennoch haben wir alle gemischte Gefühle gegenüber unseren

Kindern, genauso wie wir gemischte Gefühle gegenüber unseren Eltern haben.
Allen unseren Ängsten vor dieser Erkenntnis liegt die schattenhafte Gestalt der primären Bezugsperson zugrunde, die uns einst die Welt zum Bewußtsein brachte, die erneut auftaucht, wenn es um unsere eigenen Kinder geht, und deren Einfluß auf ewig ein Teil unserer selbst sein wird. Das Sorgen für Kleinkinder entfacht aufs neue primitive, unbewußte Emotionen: irrationale Sehnsüchte nach dem sinnlichen Körper der Mutter, aber auch die Angst davor, von ihr erdrückt und beherrscht zu werden, das Verlangen nach Intimität und Phantasien des Verschlungenwerdens. Unsere schnelle Bereitschaft, die Mutter anzuklagen oder zu idealisieren, gründet sich auf jene Gefühle, die wir nach wie vor für die primäre Bezugsperson hegen, die unseren spontanen Impulsen Grenzen gesetzt hat, die Zeuge dessen war, wie klein und schwach wir waren, wie abhängig von ihren Diensten. Überreste dieser infantilen Wut auf den Menschen, der uns unsere Machtlosigkeit bewußtgemacht und sozusagen »unter die Nase gerieben« hat, können sich auf die Dauer im Unterbewußtsein festsetzen und später in Form einer Abwertung aller Frauen, insbesondere aller Mütter, wieder auftauchen. Ohne sich dessen bewußt zu sein, verinnerlichen manche Frauen diese ambivalente Einstellung gegenüber Müttern und werten so die Bedeutung der Fürsorgerrolle und sogar ihre eigene Bedeutung als Bezugsperson ab.
Die Mutter ist häufig die Gestalt, auf die wir unsere schlimmsten Seiten projizieren. Seit der Einführung der Geburtenkontrolle und der teilweisen Legalisierung der Abtreibung projizieren wir die Möglichkeit unserer Kultur, neues Leben grundsätzlich zu verhindern, auf jene Mütter, die die freie Entscheidung in dieser Frage befürworten. Diejenigen, die sich dafür einsetzen, daß Frauen selbst entscheiden können, ob sie sich fortpflanzen wollen oder nicht, werden zu Unrecht beschuldigt, das zu tun, was wir als Gesellschaft auf der ganzen Welt tun – Voraussetzungen zu schaffen, die Leben zerstören und Erneuerung verhindern.
Unsere allerersten Erinnerungen an die Mutter haben mit dem zu tun, was sie uns in der frühen Kindheit widergespiegelt hat. Es war

die Mutter, die uns darin unterwies, wie und wer wir werden sollten, die sich aufs engste mit unserem eigenen Seinsgefühl vermischt hat. Mag sein, daß wir auf einer bestimmten Ebene nie lernen werden, uns von dieser ersten, primären Bezugsperson abzugrenzen. In unserem Unterbewußtsein bleibt sie für immer eine Art »Phantomglied«, das uns ausgerissen wurde, als sie aufhörte, das widerzuspiegeln, was sie in uns sah und wie sie uns haben wollte.

Auch wir geben unseren Kindern als Eltern von klein auf Anweisungen, ohne je in vollem Umfang das Ausmaß und die Tragweite der unausgesprochenen Botschaften ermessen zu können, die wir ihnen übermitteln. Da wir nicht verhindern können, daß wir Wünsche und Abbilder dessen, wie wir unsere Kinder haben wollen und müssen, widerspiegeln, können wir es als Eltern auch nicht vermeiden, die Entwicklungsmöglichkeiten unserer Kinder in gewisser Weise einzuschränken. Das Sorgen für Kinder erzieht uns zu Demut und lehrt uns, wie wichtig es ist, zu verzeihen. Mag sein, daß wir nie mit Sicherheit wissen können, was wir unseren Kindern alles übermitteln, ob wir ihre Fähigkeiten erweitern oder bremsen, wie wir ihre Begabungen formen. Mag sein, daß wir erst dann die Fähigkeit zur Großzügigkeit uns selbst und unseren Müttern gegenüber erlangen können, wenn *wir* zum »Phantomglied« im Unterbewußtsein unserer Kinder geworden sind.

Wenn wir es gut mit unseren Kindern meinen, stellen wir unweigerlich fest, daß wir sie einschränken, während wir sie lieben und beschützen, daß wir sie zügeln, während wir sie großziehen, daß wir nein sagen, weil wir es müssen. Das Elternsein zwingt uns dazu, uns einzugestehen, daß wir die berechtigten Bedürfnisse unserer Kinder manchmal *nicht* befriedigen können, erfordert häufig, daß wir unsere Grenzen sehen und akzeptieren. Vielleicht scheuen wir uns davor, zu erfahren, wie es den Menschen, die sich Kindern widmen, bei der Erfüllung ihrer täglichen beschwerlichen Pflichten zumute ist, weil es mit einem solchen Wissen unmöglich wäre, noch irgend jemanden anzuklagen oder zu idealisieren.

Unsere Angst davor, über die Situation der Mutter genauer Bescheid zu wissen, rührt von dem zutiefst ambivalenten Gefühl gegenüber unseren eigenen Eltern und unseren Kindern her und von der Art und

Weise, wie diese Ambivalenz von einer Generation an die nächste weitergegeben wird. Außerdem entspringt diese Angst der Tatsache, daß viele Leute keine Lust haben oder sich weigern, sich selbst auf die aufreibenden, selbstlosen Anforderungen der Kindererziehung einzulassen; und damit hängt auch unser Widerstand zusammen, mehr über die Fähigkeiten von Männern als primären Bezugspersonen in Erfahrung zu bringen. Wir wollen uns nicht in die verschiedenen Arten der Machtlosigkeit, die primäre Bezugspersonen in unserer Kultur erleben, einfühlen, weil wir die irrationale Angst haben, wir könnten uns in ihre tief empfundenen Frustrationen verstricken. Besonders schmerzlich für alle Eltern ist aber wohl das Wissen, daß wir im Hinblick auf unsere Kinder manchmal versagen und ihre berechtigten Bedürfnisse nicht immer befriedigen können.

Kapitel 5

Über Väter und männliche Mütter: Der Mythos vom schlechten Vater

Der kleine Junge taucht anfangs in die »Weiblichkeit« der Mutter ein. Diese primäre Symbiose muß aufgelöst werden, damit durch die Loslösung von der mütterlichen Identität eine männliche Identität entwickelt werden kann (...) Die Identifikation mit dem Vater ... ermöglicht es dem Kind, das Band zu seiner Mutter zu durchschneiden und sich der Realität zuzuwenden.

Janine Chassequet-Smirgel
»The Feminity of the Analyst«

Der Vater ... steht mit dem kleinen Kind nie in so enger und gleichmäßiger körperlicher Beziehung, wie die Mutter ... das tun muß. Dafür hat die Natur gesorgt.

Phyllis Greenacre
Emotional Growth

Auch wenn der Körper der Mutter das ursprüngliche vorgeburtliche Metronom gewesen sein mag, haben diese (von Vätern aufgezogenen) Säuglinge ihr Repertoire offenbar dahingehend erweitert, daß es auch einen rhythmischen Gleichklang, oder eine Kadenz, mit dem Körper des Vaters umfaßt. Legt dies den Schluß nahe, daß es ein allen menschlichen Wesen ohne Rücksicht auf Geschlechtszugehörigkeit angeborenes Potential gibt, eine solch innige Gegenseitigkeit beim und durch das Aufziehen des eigenen Kindes zu schaffen?

Kyle D. Pruett
»Infants of Primary Nurturing Fathers«

Immer häufiger sehe ich in meiner Praxis Ehen, die wegen der Belastung, die das Aufziehen von Kindern bedeutet, in die Brüche gehen. Eine meiner Klientinnen läßt sich von ihrem Mann scheiden, weil er sich weigert, sich gelegentlich um das Kind zu kümmern. Für das Kind, das vier Jahre alt ist und seinen Vater abgöttisch liebt, könnte diese Scheidung zu keinem schlimmeren Zeitpunkt passieren! Eine andere Patientin trennte sich von ihrem Mann, weil sie es nicht fertigbrachte, zu ihm zu sagen: »Ich schaffe es nicht allein. Du mußt mir helfen. Ich kann die Kinder nicht allein aufziehen.« Sie sagte, sie fühle sich als alleinstehende Mutter weniger allein als zuvor, weil sie von Gruppen für alleinerziehende Mütter jede Menge Unterstützung bekäme, aber ich glaube auch, daß sie sich an ihrem Mann rächen und ihn bestrafen wollte. Der Mythos, der diesen Charakterzug unserer Gesellschaft am besten beschreibt, ist der Mythos von Jason und Medea – Kinder, die aus rachsüchtigen Motiven von ihren Eltern vernichtet werden. (Analytikerin Jungscher Schule)

Männer wollen immer dort sein, wo sich etwas tut – sie wollen in ihren Streitwagen um das Kolosseum preschen. Das Problem ist, daß Frauen das jetzt auch wollen, also ist niemand mehr da, der das mühselige Sorgen für die Kinder übernimmt. Das geheime Einverständnis zwischen Freud und Helene Deutsch, ihre Probleme als Mutter nicht zu erörtern, hatte wahrscheinlich damit zu tun, daß keiner von beiden wissen wollte, welches Vergnügen es bereitet, nicht *zu Hause zu bleiben und sich um einen rotznasigen Balg zu kümmern. Vielleicht ist es das, was sich Männer (und inzwischen auch Frauen) nicht eingestehen wollen: wie leicht es ist, den ganzen Kram des Kinderaufziehens jemand anderem zu überlassen.* (Klinischer Psychologe)

Zu meiner Kinderzeit wurde von Vätern nicht erwartet, daß sie sich um ihre Kinder kümmerten. In den vierziger Jahren ging man davon aus, daß sie ihre Familien behüteten und ernährten – daß sie ihre Frauen beschützten, während diese die Kinder zur Welt brachten und

aufzogen, nicht aber, daß sie sich an der eigentlichen Fürsorge beteiligten. Wann immer mein eigener Vater für mich Zeit hatte, war es wie ein kostbares Geschenk – bis heute gehütet und im Gedächtnis bewahrt. Doch das kam selten vor, weil man es für sehr viel wichtiger erachtete, daß er finanziell großzügig für uns sorgte. Gute Väter waren darauf bedacht, daß ihre Kinder alles mögliche *hatten* – konkrete Dinge wie auch Möglichkeiten – und keinerlei »Mangel« litten. Die Zeit der Depression hinterließ bei der Generation meiner Eltern eine Narbe. »Mangel« bedeutete echten Hunger und eine Armut, die wir uns heutzutage nur schwer vorstellen können. In unserem Wohnviertel galt die Vorstellung, daß jemand nach etwas anderem hungern oder dürsten könnte als nach finanzieller Sicherheit und gesellschaftlichem und wirtschaftlichem Aufstieg, als sonderbar, blödsinnig oder verdächtig, auf jeden Fall als irgendwie zügellos.
Natürlich hat sich diese Vorstellung vom guten Vater drastisch verändert, vor allem jetzt, nachdem ein so großer Prozentsatz aller Mütter außer Haus arbeitet. Heutzutage erwarten wir von den Männern, daß sie sich mehr um ihre Kinder kümmern. Die Bilder vom guten Vater, die heutzutage von den Medien gezeichnet werden, zeigen Männer, die sich liebevoll in allen Bereichen der Kinderfürsorge engagieren und sogar Windeln wechseln. Unklar ist, wie genau dieses veränderte Bild das tatsächliche Verhalten von Männern im Zusammensein mit ihren Kindern widerspiegelt. Die meisten Mütter, die ich interviewt habe, beklagten sich, daß sich ihre Männer nach Möglichkeit vor der Kinderpflege drückten oder mit knapper Not das taten, was unbedingt sein mußte. Wenn arbeitende Frauen ihre Männer dazu auffordern, sich mehr an der Aufzucht ihrer Kinder zu beteiligen, stoßen sie häufig auf einen merkwürdigen Widerstand.

Der Mythos vom schlechten Vater

Was Frauen in vielen Fällen in den Schoß zu fallen scheint – eine Antenne für die Bedürfnisse und Gefühle anderer zu entwickeln –, ist für Männer offenbar sehr schwer, besonders wenn es um ihre eigenen Kinder geht. Obwohl es auch Frauen gibt, die nicht in der

Lage sind, eine enge Bindung zu ihren Kindern herzustellen, sind es in unserer Kultur global gesprochen die Männer, die größere Schwierigkeiten mit dem intimen Umgang mit Kindern haben. Die Unfähigkeit mancher Männer, sich in andere Menschen, auch in ihre eigenen Kinder, hineinzuversetzen, wird oft gar nicht wahrgenommen. Dieses Scheitern, wenn es darum geht, Beziehungen zu anderen Menschen herzustellen, kann gemessen an unseren kulturellen Maßstäben als ganz »normal« erscheinen, weil es von materiellem Erfolg oder sogenannten »Macho«-Werten verdeckt wird. Doch die Unfähigkeit, sich einzufühlen, kann eine Art inneren, geistigen Tod zur Folge haben, der dazu führt, daß man sich kaum noch mit irgend etwas oder irgend jemanden beschäftigt außer sich selbst.

Falls es einen Mythos vom schlechten Vater gibt, der dem Mythos der schlechten Mutter entspricht, dann ist das die Überzeugung, daß Männer nicht nur distanzierter und gefühlloser sind als Frauen, sondern auch destruktiver und weniger menschlich. Genauso, wie wir die Mütter dafür verantwortlich machen, daß sie ihren Kindern Schaden zufügen, weisen wir den Vätern die Schuld an Katastrophen und Tragödien im größeren Stil zu. Die Zerstörungskraft einer Frau macht bei ihren Kindern halt. Die Zerstörungskraft von Männern erscheint uns grenzenlos: Präsidenten und Generäle, die beim Golfspielen über bakteriologische Kriegführung entscheiden oder darüber, welche nuklearen Sprengköpfe sie einsetzen; der Nazi, der Mozart hörte, während er Juden in die Gaskammern schickte. Auch wenn eine Mutter zu ihren Kindern grausam sein kann, ist es schwer vorstellbar, daß sie an globaler Zerstörung herumbastelt, eiskalt den Befehl zum Abschlachten von Menschenmassen gibt oder Apparaturen für eine beispiellose Vernichtung ersinnt. Gestalten, die den schlechten Vater und die schlechte Mutter verkörpern, sind zum Beispiel die Figuren in den Filmen *Dr. Seltsam oder Wie ich lernte die Bombe zu lieben* und *Mommie Dearest* (*Meine liebe Rabenmutter*).

Wie sehen die emotionalen Tatsachen aus, die diesen beiden mythischen Entsprechungen zugrunde liegen? Nachdem so viele Mütter den größten Teil des Tages außer Haus verbringen, ist es für die Kinder dringend nötig, daß sich ihre Väter intensiver um sie kümmern als je zuvor. Die Abneigung der Männer, sich an der täglichen Fürsorge zu beteiligen, kommt einem heutzutage schlimmer vor als jede Gleichgültigkeit. In Anbetracht der Tatsache, wie dringend so viele Kinder liebevolle Bezugspersonen brauchen, erscheint die Weigerung eines Vaters, sich ebenfalls um seinen Nachwuchs zu kümmern, im Grunde unverantwortlich. Trotzdem verhalten sich viele Väter so, als würden sie die ständigen Pflichten, die das Sorgen für Kinder mit sich bringt, nun wirklich nichts angehen. Selbst wenn Männern sehr deutlich bewußt ist, was ihre Kinder brauchen, bereitet es ihnen in der Regel größere Schwierigkeiten, darauf einzugehen und die erforderliche Zeit, Aufmerksamkeit und Anteilnahme aufzubringen. Wir müssen uns überlegen, warum Väter ihren Kindern gegenüber so distanziert bleiben und sich selbst dann nicht an der Fürsorge für ihre Kinder beteiligen wollen, wenn sie die Möglichkeit dazu hätten, denn diese Fragen liefern uns Hinweise darauf, was das Aufziehen von Kindern für uns alle so schwermacht.

Manche Leute meinen, daß Mütter dank angeborener biologischer und hormoneller Mechanismen besser auf ihre Kinder und deren ganze Entwicklung eingehen können. Andere glauben, daß eine Frau ihre Kinder als einen Teil ihrer selbst begreift, weil sie sie neun Monate lang in sich getragen hat und von daher eher ein ureigenes Interesse an ihrem Wohlergehen hat als ein Mann.

In ihrem Buch *Das Erbe der Mütter* weist die Soziologin Nancy Chodorow darauf hin, daß die Bindungen, die Mütter mit ihren Töchtern eingehen, enger und weniger deutlich abgegrenzt sind als bei ihren Söhnen. Nach Ansicht von Chodorow betrachten Mütter männliche Säuglinge als eindeutig anders als sich selbst und behandeln sie frühzeitig so, als seien sie unabhängiger. Einen weiblichen Säugling dagegen erlebt die Mutter eher als eine Erweiterung ihrer selbst und nicht so sehr als ein abgetrenntes und deutlich unterschiedenes Wesen. Die Folge davon ist, daß Mütter dazu neigen, ihre Töchter mit mehr Wärme und Vertraulichkeit zu behandeln, Grenzen zu verwischen und Unterschiede herunterzuspielen. Aus diesem Grund glaubt Chodorow, daß das weibliche Kind sowohl für ein größeres Maß an Verbundenheit mit anderen Menschen prädisponiert ist als auch für den Wunsch, die Nähe, die es bei der eigenen

Mutter erlebt hat, dadurch wiederzuerzeugen, daß es selbst Mutter wird und die eigenen Kinder umhegt.
Trotz der Prädisposition der Mutter für eine enge Beziehung können Frauen als sorgende Bezugspersonen ebenso kraß versagen wie Männer. Bei zahlreichen Interviews stellte sich heraus, daß manche Männer den Umgang mit Säuglingen und das Umhegen von Kindern ebenso genießen wie ihre Frauen – wenn nicht mehr. Tatsächlich beweisen jüngere Untersuchungen, daß die Fähigkeit, unseren Kindern innige Liebe und Fürsorge angedeihen zu lassen, so wenig geschlechtsabhängig ist wie Begabung, Genie, Ehrgeiz und der Wunsch nach Macht und Einfluß. Die Forschung der letzten 20 Jahre zeigt nicht nur, wie entscheidend die Beteiligung des Vaters für die Entwicklung eines Kindes ist, sondern auch, wie gut Männer mit Kindern umgehen können.

Die Bedeutung des Vaters in der frühen Kindheit

Untersuchungen von Mischel (1958) und Siegman (1966) erbrachten das Ergebnis, daß die Abwesenheit des Vaters vor dem vierten Lebensjahr des Kindes asoziales Verhalten verursachen und dazu führen kann, daß es einem Kind enorme Schwierigkeiten bereitet, wenn seine Wünsche nicht auf der Stelle erfüllt werden. Der 1963 veröffentlichte Bericht von Glazer und Moynihan ergab, daß der durchschnittliche Intelligenzquotient von Kindern ohne Väter, unabhängig von materieller Situation und Bildungsniveau, mindestens sechs Punkte unter dem der Kontrollgruppe lag. Untersuchungen von Kotelchuck (1976), Parke und Sawin (1977), Pedersen et al. (1980) machten deutlich, daß Babys im Alter von fünf bis 24 Monaten, deren Väter sie badeten, fütterten, wickelten, anzogen und mit ihnen spielten, kontaktfähiger waren, Streß besser ertragen konnten und in ihren kognitiven und motorischen Fähigkeiten weiter entwickelt waren. In einer 1976 durchgeführten Studie stellte Ernst Abelin fest, daß sich eine frühe Bindung an den Vater nicht ohne weiteres von einer Bindung an die Mutter unterscheiden läßt. Die Beziehung des Säuglings zu beiden Elternteilen hatte symbiotischen Charakter.

Abelin wies darauf hin, daß die Kleinkinder »bei beiden Eltern auftankten, Trost und Fürsorge bei jeweils dem Elternteil suchten, der zuvor länger abwesend war: je länger die Abwesenheit, um so größer das Bedürfnis aufzutanken«.

Obwohl Schwangerschaft und Stillzeit den Frauen einen physiologischen Vorsprung verschaffen, zeigen neuere Untersuchungen, daß sich Persönlichkeit, Lebenseinstellung und der Wunsch, für Kinder dazusein, über die biologischen Gegebenheiten hinwegsetzen und widerlegen damit die Vorstellung vom Vater als einem distanzierten, nicht betroffenen Zuschauer. Als Frodi und Lamb 1978 im Rahmen ihrer Forschungsarbeiten Messungen der psychophysiologischen Reaktionen bei Müttern und Vätern vornahmen, die sich ein Videoband mit ihren lächelnden und weinenden Säuglingen ansahen, stellte sich heraus, daß »die Muster der selbständig funktionierenden Erregung und der gemeldeten Reizzustände auf Weinen oder unangenehme Emotionen ... beim männlichen und beim weiblichen Elternteil nicht zu unterscheiden waren«.

Obwohl Männer offenbar weniger bereit sind als Frauen, sich auf die selbstlosen Anforderungen des Kinderaufziehens einzulassen, deuten die Forschungsergebnisse des Kinderpsychiaters Kyle D. Pruett (1983 und 1986) darauf hin, daß die Kinder, bei denen die Väter die primären Bezugspersonen sind, körperlich, emotional und intellektuell besser gedeihen als diejenigen, die von Müttern betreut werden. Pruett und seine Mitarbeiter nehmen an, daß sich die vom Vater versorgten Säuglinge deshalb besser entwickeln, weil das Baby in diesen Fällen zwei Elternteile hat. Auch wenn die Mutter ganztags arbeitet, hält sie die enge Beziehung zum Säugling normalerweise aufrecht, ungleich mehr als ein berufstätiger Vater dies tun würde, so daß das Kind nicht »eineinviertel Eltern« hat, sondern in den Genuß von zwei aktiv sorgenden Eltern kommt. Pruett gelangt zu dem Schluß: »Kinder, die primär von Vätern aufgezogen werden, sind oft recht vitale, tüchtige und gut gedeihende Säuglinge, die ein besonderes Interesse an der Stimulation durch die Außenwelt haben und sich dabei wohl fühlen (...) Diese Männer können jene intensiven wechselseitigen Bindungen herstellen, die für den heranwachsenden menschlichen Organismus in den ersten Jahren von so entscheidender Bedeutung sind.« Pruetts Arbeit legt außerdem den Schluß nahe, daß Söhne durchaus eine sehr enge Bindung zu ihren Müttern eingehen und sich mit ihnen identifizieren können und dies auch tun, ohne daß dadurch ihre Männlichkeit bedroht würde, die sie, wie analog die Töchter, dadurch reproduzieren wollen, daß sie später selbst primäre Bezugspersonen werden.

Obwohl erwiesen ist, daß Kinder mit der gleichen Zuneigung auf Väter reagieren und im Säuglingsalter und in der frühen Kindheit enorm viel von väterlicher Liebe und Zuwendung profitieren, beschäftigen sich die meisten Väter mit ihren Kindern lieber nur oberflächlich. Wenn es stimmt, daß Kinder von der Fürsorge beider Eltern profitieren, dann müssen wir der Frage nachgehen, warum es Männern und Frauen so schwerfällt, die Verantwortung für ihre Kinder zu wirklich gleichen Teilen zu übernehmen.

Formen der väterlichen Fürsorge

In letzter Zeit sind sich Männer ihrer Rolle als Väter bewußter geworden, haben angefangen, ihre verborgensten Gefühle gegenüber ihren Kindern und die innerpsychischen Konflikte, die das Aufziehen von Kindern in ihnen hervorruft, zu ergründen. Viele der von mir interviewten Väter sprachen offen und ausführlich über die inneren und äußeren Zwänge, die ihre Möglichkeiten, sich intensiv um ihre Kinder zu kümmern, einschränken, obwohl sie sie innig lieben. Diese Männer sprachen auch darüber, wie mühsam es ist, die Fähigkeit zu entwickeln, ständig für kleine Kinder da zu sein.

Mehr Männer als erwartet hatten bereits erlebt, wie es ist, die ganze Zeit für Kinder zu sorgen. Die meisten hatten keine andere Wahl gehabt. Nachdem sie ihren anfänglichen Schock überwunden hatten, wollten einige der Väter, die durch die primäre Fürsorge geförderte intensive Beschäftigung mit ihren Kindern gar nicht mehr reduzieren. Bei allen, die sich ganzzeitig um ihre Kinder kümmerten, hinterließ diese Erfahrung einen lebendigen, nachhaltigen Eindruck.

Ein Vater betonte, wie schwierig das Sorgen für ein Kind sei, und zwar körperlich ebenso wie emotional. David (37), ein Chemotechniker aus Tucson, berichtete im Rahmen eines ausführlichen Gesprächs, daß bis zu dem Zeitpunkt, als seine Frau schwer krank wurde, zu Hause alles den üblichen Weg gegangen war: Er verdiente das Geld, und seine Frau zog die drei Kinder auf. Obwohl er seine Kinder liebte, war er außer an den Wochenenden nie viel mit ihnen zusammen. Und selbst dann hatte er am Nachmittag Tennis oder Golf gespielt.

> Es ist durchaus nicht so, als wären meine Kinder und ich uns fremd gewesen. Ich habe mir nur einfach nie viel Zeit für sie genommen, bis meine Frau krank wurde. Aber dann lag sie mehrere Monate lang im Krankenhaus. Es war ein Alptraum. Bis ich eine Haushälterin gefunden hatte, mußte ich alles selbst machen: kochen, putzen, die Kinder in die Schule bringen. Ich habe mich noch nie so hilflos gefühlt – als hätte man mich ohne Landkarte und ohne Proviant im Dschungel ausgesetzt! Ich kam mir vor wie in einem Ausbildungslager für Rekruten. Den lieben langen Tag war ich nur am Herumrennen. Es war wirklich aufreibend. Und dann wurde der Jüngste richtig krank (40 Grad Fieber, kalte Bäder, das ganze Zeugs). Ich blieb drei Tage zu Hause bei meinem sechsjährigen Sohn, sah zu, wie er litt, hatte Angst, er könnte sterben; ich war völlig fertig. Das Schreckliche daran war, einfach nur dazusitzen und nichts tun zu können, um ihm zu helfen, sondern einfach nur abzuwarten. Ich hätte gerne mit ihm getauscht. Ich wußte das vorher bei meiner Frau gar nicht so richtig zu schätzen, und ich war unheimlich froh, als sie wieder nach Hause kam.

David erklärte, diese Erfahrung des intensiven Sorgens für Kinder hätte »sein Leben verändert«. Nie wieder, so meinte er, könnte er das, was seine Frau leistet, als selbstverständlich betrachten, oder die Arbeit, die Kinder machen, unterschätzen.

Ein anderer Vater schilderte lebhaft die heftigen ambivalenten Gefühle, die seine Kinder bei ihm hervorriefen. Nach acht Jahren im mittleren Management einer Firma für Raumfahrttechnik war Joe entlassen worden, und seine Frau hatte ihren Beruf als Grundschullehrerin wieder ganztags aufgenommen. Als ich mich mit Joe, wie verabredet, auf dem Spielplatz traf, tröstete er gerade seinen dreijährigen Sohn, der jämmerlich weinte, weil er von einem Klettergerüst gefallen war. Die beiden anderen Kinder, fünf und sieben Jahre alt, waren in der Schule. Als der Kleine zu weinen aufhörte, schilderte mir Joe die Freuden und Frustrationen eines Ganztags-Vaters:

> Ich weiß nicht, wie meine Frau das geschafft hat. Ich weiß nicht, wie meine Mutter das geschafft hat. Ich ziehe den Hut vor allen Müttern, die zu Hause bleiben und sich um ihre Kinder kümmern, denn sie haben den härtesten Job der Welt. Kinder sind unersättliche Maschinen; sie sind unmenschlich, amoralisch, sie sind Ungeheuer. Kinder geben einem nichts zurück – das macht mich ganz verrückt. Man gibt und gibt den ganzen Tag, und sie nehmen und nehmen, und vielleicht sagt dann alle heilige Zeiten mal so ein verdammter Lehrer: »Ein prima Kind – Sie müssen ein großartiger Vater sein.« (Das passierte neulich mal.) Ich weiß ja so ungefähr, daß man im großen Weltenplan das erntet, was man gesät hat, und diesen ganzen Scheiß, aber sich um Kinder zu kümmern, die den lieben langen Tag lang jede Minute etwas anderes brauchen oder haben wollen, die deine Gedanken unterbrechen, deine Gespräche, deine Arbeit, dein Leben …
>
> Und dann frage ich mich manchmal, was gibt es sonst? Und ich will Ihnen was sagen: Jetzt, wo meine Frau arbeitet, ist sie den Kindern gegenüber unsensibel geworden. Sie kommt heim und knurrt sie an, wie ich das früher gemacht habe. Früher hat sie mich deshalb zurechtgewiesen, aber jetzt sage ich zu ihr, sie soll damit aufhören. Ich kann es nicht ertragen. Ich sag ihr, sie soll die Kinder in Ruhe lassen, bis sie sich beruhigt hat (…) Man kann Kinder nicht abstrakt lieben, jedenfalls nicht, wenn man sich Tag für Tag um sie kümmert. Kinder haben absolut nichts Abstraktes an sich. Es bleibt einem nur die Selbstaufopferung, sonst kommt es soweit, daß man sie mißhandelt.
>
> Aber es ist das Beste, was mir je passiert ist. Jetzt kenne ich meine Kinder. Man kann niemanden lieben, den man nicht kennt. Mag

sein, daß ich sie zehnmal am Tag umbringen könnte, aber ich liebe sie. Und sie lieben mich. Ich bin kein Fremder, der mit der Lohntüte nach Hause kommt und zu ihnen sagt, sie sollen verschwinden. Ich bin ihr Papa aus Fleisch und Blut, und sie lieben mich, ganz gleich, wie oft ich sie versohle oder anschreie.

Väter, die die ganze Last der Verantwortung für die Kinder übernommen haben, berichteten von der engen Bindung, die zwischen ihnen und ihren Kindern entstanden ist, von den starken Beschützergefühlen, die sich entwickelt haben, und von dem zunehmenden Genuß, den ihnen die damit verbundene intensive Körperlichkeit bereitete. Es gab keinerlei Zweifel, daß Larry (29), ein alleinstehender Vater, seine zwei Kinder wirklich liebte. Als Manager eines Lebensmittelgeschäftes hatte Larry seine Kinder allein aufgezogen, seit ihm seine Frau vor vier Jahren »durchbrannte«; damals war das jüngere Kind 20 Monate alt. Larry bekommt zwar alle paar Monate eine Nachricht von seiner Ex-Frau, aber offenbar hat sie noch immer ernstliche Drogenprobleme und ist seiner Ansicht nach als Mutter nicht geeignet. Als ich mich mit ihm in der Kaffeepause traf, vertraute er mir an, daß er darauf verzichtet hatte, wieder zu heiraten – aus Angst, seine Kinder könnten ein zweites Mal von einem Menschen verletzt werden, der sich nichts aus ihnen macht:

Ich bin eben die Mutter und der Vater. Zweimal hätte ich beinahe wieder geheiratet, aber wissen Sie, ich habe beide Male in letzter Minute gekniffen, weil ich Angst bekam, daß die Frau meinen Kindern keine gute Mutter sein würde. Ich bin richtig heikel geworden, was die Frauen betrifft, mit denen ich mich anfreunde. Ich frage mich andauernd, wie sie wohl mit den Kindern umgehen würden. Ihre eigene Mutter hat sie so sehr verletzt, daß ich es nicht ertragen könnte, wenn sich das bei einer Stiefmutter wiederholen würde.

Wenn ich ehrlich bin, es ist nicht einfach. Ich muß täglich acht bis neun Stunden arbeiten, um unseren Lebensunterhalt zu verdienen. Ich bringe die Kinder in eine Tagesstätte, und das ist nicht unbedingt das Beste für sie. Manchmal könnte ich heulen, wenn ich sie abhole. Man merkt immer gleich, wie jämmerlich es ihnen ergangen ist. Ich bin nie einer Betreuerin begegnet, die etwas taugt. Wenn ich mit den Kindern beisammen bin, mache ich natürlich alles. Ich habe ihnen beigebracht, auf den Topf zu gehen, sich abzuputzen, sich die Schuhe zuzubinden, sich selbst anzuziehen. Das Schwierigste ist, sie nicht jedesmal zu versohlen, wenn einem danach zumute ist, und ehrlich gesagt, wenn man seine Kinder selbst aufzieht, hat man natürlich oft den Wunsch, sie zu versohlen, weil Kinder einen einfach zum Wahnsinn treiben können.

Aber ich will Ihnen sagen, was passiert: Man fängt an, sie ungeheuer zu lieben – es ist so schön, von ihnen umarmt zu werden und sie im Arm zu halten. Kinder sind sinnlich – und sie machen einen sinnlich; sie bringen einen dazu, daß man es genauso herrlich findet, sie zu umarmen, wie sie es herrlich finden, ihren Papa zu umarmen. Keine Frau hat mir je so sehr das Gefühl gegeben, geliebt zu werden, wie meine Kinder das tun.

Auch andere Männer, die die Rolle der primären Bezugsperson übernommen haben, berichteten ähnlich wie Larry nicht nur von den Belastungen, sondern auch davon, wie herrlich es ist, von Kindern heftig geliebt zu werden: eine Zuneigung zu erleben, wie sie sie in keiner anderen Beziehung erlebt hatten.

Der Vater wird ausgeschlossen

Bei einigen Interviews wurde deutlich, daß Mütter dazu neigen, ihre Männer von der Kinderpflege auszuschließen und ihnen damit unbeabsichtigt das Gefühl zu vermitteln, übergangen zu werden und unzulänglich zu sein. Viele Frauen, mit denen ich mich unterhielt, meinten, nur sie könnten wirklich gut für Kinder sorgen. Da die Gesellschaft diese Einstellung noch verstärkt, müssen wir nachfragen, inwieweit sie stimmt.

Mehrere Frauen beteuerten, daß ihre kleinen Kinder bei ihren Männern nicht gut aufgehoben seien. Da manche Väter nachlässig sind, zu sehr mit sich selbst beschäftigt oder einfach nicht mit Kindern umgehen können, fürchten die Mütter buchstäblich um das Wohlergehen ihrer Kinder, wenn sie sie in der Obhut ihrer Männer lassen müssen. Ohne eine Spur von Groll erklärte Martha, eine Hausfrau aus Los Angeles, die mit einem Wissenschaftler verheiratet ist:

> Ich habe mich immer um unsere drei Kinder gekümmert und fand es herrlich. Ich habe damit keinerlei Probleme. Mein Mann ist ziemlich zerstreut. Er hat weder Zeit noch Lust, sich um die Kinder zu kümmern. Er sagt immer, ich sei der »Empath«, also derjenige, der sich einfühlen kann, und im Grunde macht man genau das, wenn man für Kinder zu sorgen hat. Jeder von uns tut das, was er am besten kann. Ich glaube, er dient der Menschheit mit seiner Forschung. Es gibt Männer, denen sollte man nie die Verantwortung für Kinder überlassen. Mein Mann ist oft nicht bei der Sache, wenn er mit den Kindern zusammen ist. Das ist aber immer so, ganz gleich, mit wem er zusammen ist. Als unser ältester Sohn zwei Jahre alt war, bat ich meinen Mann, eine halbe Stunde lang auf ihn aufzupassen, damit ich einkaufen gehen konnte. Als ich zurückkam, taperte mein Sohn in vier Meter Höhe auf einem Sims entlang. Er hätte jeden Augenblick herunterfallen und sich das Genick brechen können. Wegen dieser Zerstreutheit fand ich es immer gefährlich, die Kinder bei meinem Mann zu lassen. Wenn ich jetzt irgendwohin muß, lasse ich einen Babysitter kommen, der die Kleinen beaufsichtigt.

Mütter wie Martha meinten, sie würden sich nicht einmal die Mühe machen, ihre Männer zur Rede zu stellen oder zu verlangen, daß sie verantwortungsbewußter sind und beim Versorgen der Kinder mithelfen, weil es ohnehin zwecklos wäre.

Da das Engagement eines Mannes für seine Kinder weder durch eine neunmonatige Schwangerschaft noch durch die Fähigkeit zu stillen auch nur irgendwie biologisch begründet ist, kann es sein, daß er einfach mehr Ermunterung braucht, um sich auf die Betreuung seiner Kinder einzulassen. In diesem Zusammenhang muß man unbedingt der Frage nachgehen, in welchem Umfang und auf welche Weise

Frauen ihre Männer manipulieren, um sie von den Kindern fernzuhalten, und folglich dafür sorgen, daß sie unsensibel und ohne Bindung an ihre Kinder bleiben. Ein Kinderpsychiater stellte die Hypothese auf, daß sich manche Mütter in unserer Kultur so unbedeutend vorkommen, daß sie ihre Männer, ohne es zu wissen, daran hindern, sich an der Fürsorge für die Kinder zu beteiligen. Erfahrungen aus der Sicht der Väter lassen vermuten, daß auf seiten der Männer wie auch der Frauen zum einen ein unbewußtes, stillschweigendes Einverständnis herrscht, zum andern die rigiden Rollenklischees und Verhaltensmuster früherer Generationen.

Als Frank, inzwischen 42 Jahre alt, mit zwanzig zum erstenmal heiratete, hatte er noch keinen Collegeabschluß. Er gab sein Studium an der Universität in Seattle auf, arbeitete ein Jahr lang bei einer Maklerfirma und zog dann mit seiner Frau aufs Land, wo er versuchte, seinen Lebensunterhalt als freischaffender Autor zu verdienen. Alles ging gut, bis seine Frau ein Kind bekam und die Ehe allmählich in die Brüche ging:

> Meine Frau ließ mich nicht an das Baby heran, solange es klein war. Ich hielt das für normal und dachte, das ist eben so üblich. Mein eigener Vater hatte nie viel mit meinem Bruder und mir zu tun gehabt. Ich dachte einfach, es sei in Ordnung, daß ich nicht viel mit dem Jungen zu tun hatte. Unmittelbar nach seiner Geburt kam ich mir wie ein Außenseiter vor. Meine Frau hielt ihn die ganze Zeit auf dem Arm, hat ihn gefüttert, gewickelt und gebadet. Damals lebten wir auf dem Land, ziemlich isoliert.
>
> Ich weiß noch, daß ich mich irgendwann unglaublich einsam fühlte, und sie war ein richtiges Miststück geworden. Ich bin sicher, daß die Geburt meines Sohnes dazu führte, daß unsere Ehe auseinanderbrach. Nachdem er zur Welt gekommen war, drifteten wir immer weiter auseinander. Sie interessierte sich überhaupt nicht mehr für meine Arbeit. Ich weiß nicht, ob alles anders gekommen wäre, wenn ich bei der Geburt dabeigewesen und ihr geholfen hätte (wie ich es bei meiner zweiten Frau gemacht habe), wenn ich das Baby gleich nach der Geburt im Arm gehalten hätte – halt dieses ganze Bindungszeug. Vielleicht. Damals freilich

haben Männer das nicht getan. Das war Ende der fünfziger Jahre. Ich war erst einundzwanzig. Ich hatte nie viel mit meinem ersten Sohn zu tun. Ich bin noch immer ziemlich böse auf meine Ex-Frau, weil sie irgendwie immer versucht hat, diese Distanz zu verstärken. Sie hat mir das Gefühl vermittelt, daß ich zu ungeschickt bin, daß ich ihn fallenlassen würde. Sie erklärte mir, ich würde zu grob mit dem Baby spielen und ihm Angst einjagen.

Welchen Anteil ich daran hatte? Schwer zu sagen. Es ist schon so lange her. Vielleicht habe ich mir nicht genug Mühe gegeben, sie aber auch nicht. Ich glaube nicht, daß ich mir wirklich viel aus dem Kind gemacht habe, aber das gilt für Kinder generell. Vielleicht hat es mich zu sehr verletzt, daß meine Frau mich ignoriert hat. Aber damals war ich ziemlich egozentrisch – wenn ich schon nicht die ganze Aufmerksamkeit meiner Frau haben konnte, dann wollte ich weg. Vielleicht wollte ich sowieso weg.

Als Frank zum zweitenmal Vater wurde, machte er mit seiner Frau und seiner kleinen Tochter genau die gegenteilige Erfahrung. Er schrieb das zweierlei Faktoren zu. Zum einen hatten sich die Zeiten grundlegend geändert und man erwartete von Männern (zumindest im Norden Kaliforniens, wo die beiden lebten), daß sie bei der Geburt dabei waren und sich auch an der Kindererziehung beteiligten. Zum andern sehnte sich Frank mit seinen inzwischen 38 Jahren nach einem Kind und wollte nichts lieber, als sich ganz intensiv um seine Tochter kümmern.

In Familien, in denen beide Elternteile für die Kinder da sind, ertappen sich Mütter und Väter häufig dabei, daß sie um die Zuneigung ihrer Kinder wetteifern. Die Zuwendung eines Kindes kann einen sehr glücklich machen; und sie zu verlieren – oder scheinbar zu verlieren –, kann sich zeitweise verheerend auswirken. Man muß schon ein sehr reifer Mensch sein, um zulassen zu können, daß ein Kind einen anderen Menschen mit der ganzen Heftigkeit und Intensität des frühen Kindesalters liebt. Manche Mütter sind ihren Kindern gegenüber besitzergreifend, vor allem wenn sie es nicht gewohnt sind, schon vom Säuglingsalter an die Aufmerksamkeit ihrer Kinder mit ihren Männern zu teilen. Viele Frauen gaben offen zu, daß sie vor allem

auf ihre Töchter eifersüchtig waren, wenn deren Zuneigung zu ihren Vätern irgendwann einmal in Bewunderung umschlug.
Obwohl der Vater im Leben eines jeden Kindes grundsätzlich wichtig ist, gibt es bestimmte Phasen, in denen er eindeutig der bevorzugte Elternteil ist. Einige der interviewten Mütter empfanden dies als einen schweren Schlag. Als ich eine alte Freundin fragte, was sie empfunden hatte, als das bei ihrer Tochter passierte, sagte sie:

> Ich hatte mich so daran gewöhnt, daß sie jeden Morgen zu mir ins Bett kroch und ausgiebig mit mir schmuste. Als sie dann etwa dreieinhalb war, ging sie dazu über, zwischen meinen Mann und mich zu krabbeln. Es kam mir vor, als wollte sie uns auseinanderstemmen wie ein Brecheisen. Danach war mein Mann derjenige, mit dem sie am Morgen schmuste. Ich fühlte mich furchtbar zurückgewiesen! Da hatte ich diesem Kind dreieinhalb kostbare Jahre meines Lebens gegeben, und was macht sie? Wendet sich von mir ab und hängt sich an ihn.

Anne Sexton hat ein Gedicht über die komplexeren Aspekte mütterlicher Besitzgier geschrieben. In »Pain for a Daughter« beschreibt sie, wie eine Tochter, die von einem Pferd verletzt wurde, mit gequetschtem Fuß nach Hause kommt, wo ihr nicht etwa die Mutter hilft, sondern der Vater.

> … ihr Vater, Wasserstoffsuperoxyd in der Hand,
> vollführt die Rituale des Säuberns …

Es ist nicht die Mutter, zu der das Kind rennt, nach der es ruft oder die letzten Endes die Wunde versorgt. »Blind vor Angst« und »sich aufbäumend gegen … den Schmerz«, schreit die Tochter:

> *O mein Gott, hilf mir!*
> Wo ein Kind geschrien hätte: Mama!
> Wo ein Kind geglaubt hätte: Mama!
> biß sie ins Handtuch und rief nach Gott,
> und ich sah ihr Leben ausgebreitet …

ich sah sie in Geburtswehen zerrissen,
und ich sah sie, in jenem Augenblick,
in ihrem eigenen Tod …

Es ist durchaus üblich, daß Mütter gelegentlich die Ablösung eines Kindes mit dem Tod gleichsetzen. Diese Loslösung kann bei Müttern irrationale Gefühle der Panik, des tiefen Kummers und des Alleinseins hervorrufen. Sich bewußtzumachen, daß die Tochter eine eigene Identität besitzt, ist für viele Frauen so ziemlich das Schwierigste am Muttersein. Einem Kind zu gestatten, eine besondere und ausschließliche Beziehung zu einem anderen Menschen zu haben, selbst zu einem so wichtigen wie dem Vater, kann einer Mutter vorübergehend das Gefühl geben, einen Teil von sich selbst zu verlieren. Manchmal erfordert es eine ungeheure Kraft, einem Kind zuzugestehen, enge Bindungen zu anderen Menschen einzugehen, obwohl wir doch wissen, wie entscheidend dies für sein Wohlergehen ist.

Abneigung gegen Kinder

In Anbetracht der ständig zunehmenden Anzahl berufstätiger Frauen erwartet man von Männern, daß sie sich für ihre Kinder interessieren, und animiert sie oder drängt sie sogar dazu, sich mehr Zeit für sie zu nehmen. Viele Mütter hatten zwar den Eindruck, es sei in Mode gekommen, daß sich Männer mit ihren Kindern beschäftigen, meinten aber, ihr tatsächliches Engagement sei kaum größer als in früheren Zeiten. Sie waren übereinstimmend der Meinung, daß das Interesse von Männern am emotionalen Wohlbehagen ihrer Sprößlinge (soweit es sich in Taten äußerte, nicht in Worten) nicht annähernd an das von Müttern heranreicht.
Nach Ansicht eines Public-Relations-Fachmanns befindet sich die Einstellung der Gesellschaft zum Vater eindeutig im Wandel:

> Wenn man das öffentliche Image von einem Mann aufpolieren will, besorgt man sich als allererstes Fotos, auf denen er mit seinen

> Kindern spielt. Das funktioniert immer. Und dabei spielt es keine Rolle, ob es sich um George Bush oder irgendeinen Radikalen handelt – man vermittelt der Öffentlichkeit, wie sehr dieser Mann seine Kinder oder Enkelkinder liebt. Das war nicht immer so. Bei Nixon oder sogar Reagan hätte es nicht funktioniert. Aber heutzutage klappt es. So schnell ändern sich die Zeiten.

Als ich diesen Mann nach seinen eigenen Erfahrungen als Vater fragte, stellte sich heraus, daß er seine beiden Söhne, zwei und vier Jahre alt, nur am Samstagmorgen sieht. In seinem eleganten Büro erklärte mir Steve, daß in seinem Beruf die Samstagnachmittage und die Sonntage notgedrungen für die Arbeit und die gesellschaftlichen Verpflichtungen gegenüber den Klienten reserviert seien. Steve und seine Frau, eine Immobilienmaklerin, haben ganztags eine Kinderfrau und fahren ohne die Kinder in Urlaub. An Wochentagen verläßt Steve frühmorgens das Haus, und wenn er von der Arbeit nach Hause kommt, sind die Kinder schon im Bett. Als ich Steve fragte, ob er damit zufrieden sei, seine kleinen Söhne so wenig zu sehen, sagte er, seiner Meinung nach habe er eine gute Beziehung zu ihnen und für die meisten Väter, die er kenne, sei dies die »Normalsituation«.

Für viele Väter, mit denen ich mich unterhalten habe, war Steves Situation wirklich normal. Diese Männer hatten oder wollten nicht viel Kontakt mit ihren Kindern. Die Verantwortung, die sie für sie empfanden, war primär pekuniärer Natur. Einige sagten, als Geldverdiener der Familie hätten sie weder die Möglichkeit noch die Zeit, viel mit ihren Kindern zusammenzusein. George, Hauptteilhaber in einer Anwaltskanzlei, meinte zu diesem Thema:

> Ich arbeite zwölf Stunden am Tag, wenn nicht mehr. Diese Zeit geht meiner Frau und meinen Kindern ab. Aber der Vorteil ist, daß meine Kinder eine gute Erziehung bekommen. Sie gehen auf die besten Schulen, sie bekommen die beste Ausbildung. Später werden sie auf die besten Colleges gehen und sie werden sich dort nicht schwertun. Sie sind schon jetzt beide die Besten in ihrer Klasse. Sie dürfen Reisen machen. Im Winter fahren sie Ski. Sie bekommen Flötenunterricht und Klavierunterricht und Tennis-

> unterricht und Reitunterricht. Ohne mein Gehalt könnten sie alle diese Dinge nicht lernen. Ich glaube, daß alle von meiner Arbeit profitieren. Auch wenn ich vielleicht nicht so viel Zeit für sie habe, wie ich gerne möchte, biete ich ihnen ein so gutes Leben, wie ich nur kann.

Auch Ernie versteht seine Vaterrolle als die des Ernährers. Als Inhaber einer großen Lastwagenfirma ist Ernie stolz darauf, daß er es aus eigener Kraft zu etwas gebracht hat.

> Ich habe vor acht Jahren mit diesem Geschäft angefangen. Sie können mich jederzeit fragen, wo meine Laster sind, und ich könnte Ihnen auf 100 Meter genau sagen, wo jeder einzelne über das Straßenpflaster rattert. Meine Frau ist eine wunderbare Mutter. Ich glaube, ich bin wohl nicht der Typ Vater, der viel bei seinen Kindern herumhängt. So wie ich aufgewachsen bin, kenne ich es eben, daß sich Kinder um sich selbst kümmern. Ich habe meinen Vater überhaupt nie zu Gesicht bekommen. Als ich dann auf die High-School ging, habe ich drei Jobs gleichzeitig gehabt. Meine Frau ist großartig mit den Kindern. Das ist ihr Bereich.

Bei den meisten Familien wurde die stereotype Arbeitsteilung nicht in Frage gestellt: Die Frauen kümmerten sich um die Kinder, ob sie nun ganztags arbeiteten oder nicht. Kinder lösten bei manchen Männern offenbar Gefühle von Angst, Langeweile oder Unzulänglichkeit aus. Bei manchen Vätern hörte es sich an, als hätten sie eine Aversion dagegen, sich um ihre Kinder zu kümmern, und fühlten sich wohler, wenn sie das Sorgen jemand anderem übertragen konnten. Eineinhalb Jahre nach der Geburt seines ersten Kindes urteilte Tom (27), von Beruf Computerprogrammierer:

> Babys sind für mich einfach nichts Selbstverständliches. Jedesmal wenn ich etwas mit der Kleinen zu tun habe, schreit sie gleich vom ersten Augenblick an Zeter und Mordio. Natürlich ist es mir lieber, wenn sich meine Frau um das Baby kümmert. Warum Männer das nicht gern tun? Mein Computer heult nicht. Compu-

ter haben keine Wutausbrüche, keine stinkenden Windeln, und füttern muß man sie auch nicht. Man dreht einfach den Saft an, und dann tun sie, was man ihnen sagt. Meine Frau hat das Baby, ich habe meinen Computer – damit sind wir quitt. Aber jetzt mal im Ernst, ich verbringe meine Zeit damit, Codierungen auszuarbeiten und Programme zu konzipieren. Das ist meine Arbeit, und die bringt mehr Geld ein, als meine Frau als Aushilfslehrerin verdient. Und ich tue mich leicht damit. Mit Kinderpflege nicht.

Warum fällt es Männern so leicht, sich *nicht* darauf einzulassen, für ihr eigenes »Fleisch und Blut« da zu sein, nicht einmal in ihrer Freizeit? Wenn Männer von ihren Kindern fernbleiben, weil sie Angst vor impulsiven sexuellen oder gewaltsamen Regungen haben, die der Umgang mit Kindern manchmal auslösen kann, ist das noch einzusehen. Manche Männer fürchten, sie könnten ihren Kindern wirklich weh tun, und halten sich von ihnen fern, um sie vor gewalttätigen Ausbrüchen zu schützen; sie fürchten, sich nicht in der Gewalt zu haben. Peter zum Beispiel verläßt das Haus, wenn er spürt, daß einer seiner »Wutanfälle« im Anzug ist. Als seine Kinder klein waren, hatte Peter Schwierigkeiten, sich zu beherrschen:

Ich neige von jeher dazu, aus der Haut zu fahren. Meine Frau mußte mich immer bremsen. Sie sagte: »Du darfst die Kinder nicht so schlagen. Du tust ihnen weh.« Dabei habe ich nur getan, was meiner Meinung nach alle Väter taten. Ich bin in Nebraska aufgewachsen, und als ich ein Kind war, wurden wir alle geschlagen. Das war nichts Besonderes. Und wissen Sie, Kinder können einen ganz schön auf die Palme bringen. Also mußte ich lernen, das Feld zu räumen, wenn ich diesen Drang verspürte. Meine Frau sagte, ich sollte verschwinden, wenn mir danach war, sie zu schlagen, also hab ich das getan – und tue es noch.

Patrick, ein Veteran des Vietnam-Kriegs, ist ein extremeres und tragischeres Beispiel für einen Menschen, der in Angst vor gewalttätigen Phantasien und Ausbrüchen lebt. Als Patrick aus Vietnam zurückkehrte, gab er sich alle Mühe, sich wieder in das »normale

Leben« einzugliedern, was in seinem Fall Ehe und Kinder bedeutete. Doch nach der Geburt seines Sohnes ging alles in die Brüche:

> Etwa vier Monate nach der Geburt des Babys fing meine Ex-Frau wieder zu arbeiten an. Ich hatte damals Kurse an der Universität belegt, und wenn sie am Nachmittag zur Arbeit ging, gab ich ihm seine Flasche und wickelte ihn. Ich liebe meinen Sohn, aber irgendwann konnte ich nicht mehr mit ihm und meiner Frau weiterleben. Schuld daran sind meiner Meinung nach die drei Jahre in Vietnam. Es ging so weit, daß ich jedesmal, wenn ich mit meinem Sohn zusammen war, Vietcong-Kinder vor Augen hatte, die in Stücke gerissen wurden. Es dauerte nicht lange, da sah ich jedesmal, wenn ich die Augen zumachte, verstümmelte Kinder, die direkt vor meinen Augen zerfetzt wurden – vierjährige oder zweijährige. Schließlich landete ich für etwa sechs Monate in einer psychiatrischen Anstalt für Kriegsveteranen. Meine Frau reichte die Scheidung ein. Ich habe sie und meinen Sohn seit einem Jahr nicht mehr gesehen.

Patricks tragische Erfahrungen mit seinem Sohn gehen offenbar auf ein Kriegstrauma zurück. Doch auch andere Leute, Frauen wie Männer, die weder Soldaten noch Opfer eines Krieges waren, werden von ähnlichen Phantasien gequält; die Folge davon ist, daß sie nicht gerne mit ihren Kindern zusammen sind.

Besonders schlimm ist es für Männer, wenn das Zusammensein mit ihren Kindern sexuelle Gefühle und Phantasien hervorruft. Ein Vater formulierte das so:

> Ich will Ihnen etwas sagen, aber ich möchte auf keinen Fall, daß mein Name genannt wird. Ich sage Ihnen das, denn vielleicht finden andere Väter, denen das auch passiert, das dann weniger schlimm. Sooft ich meine Tochter als Baby auf den Arm nahm, bekam ich eine Erektion. Ich konnte nichts dagegen tun – es ist einfach passiert. Bei meinem Sohn war das dann anders, da ist es nicht passiert. Aber ich fühle mich immer etwas unwohl, wenn ich mit meiner Tochter zusammen bin.

Im Gegensatz dazu können Frauen dank ihrer Fähigkeit zu stillen die tiefen sinnlichen und buchstäblich lebenserhaltenden Gefühle gegenüber ihren Babys genießen. Wenn eine Mutter beunruhigende sexuelle Regungen verspürt, besteht nie die Gefahr, daß sie körperlich so deutlich zum Ausdruck kommen wie bei einer Erektion und sie in ihrer Rolle als sorgende Bezugsperson irritieren. Da Säuglinge und Babys alle möglichen sinnlichen Empfindungen wecken, kann es sehr wohl sein, daß ein Mann mehr zu unterdrücken hat, wenn er sich um sie kümmert.

Sexuelle und sadistische Impulse können dazu führen, daß die Bindung zu einem Kind, für Frauen wie für Männer, bedrohliche und in manchen Fällen überwältigende Formen annimmt. Angesichts solcher erschreckender Gefühle suchen manche Leute Zuflucht zu irgendeiner Art von Arbeit außer Haus, die sie vor den schmerzlichen Emotionen bewahrt, die durch ihre Kinder hervorgerufen werden.

Kinderfürsorge und Regression

Die Psychoanalytikerin Grete Bibring, die sich mit der Frage beschäftigt hat, warum sich in unserer und in anderen Kulturen ebenso wie in der Vergangenheit so wenige Männer an der Kleinkinderpflege beteiligen und beteiligt haben, schreibt:

> Abgesehen davon, daß es in unserer Kultur nicht üblich ist, daß Väter die regelmäßige Pflege von Babys übernehmen, neigen Männer dazu, ihre eigenen Kindheitsimpulse, die durch die hilflose Abhängigkeit des Säuglings, das Füttern, Entwöhnen, Zahnen und Einkoten wachgerufen werden, dadurch abzuwehren, daß sie es vermeiden, das Baby zu versorgen.

Wenn wir enge, intime Bindungen zu Kindern vermeiden können, brauchen wir nach Ansicht von Bibring die zahlreichen infantilen Gefühle nicht zu erleben, die die Bedürfnisse und instinktiven Triebe unserer Kinder in uns wachrufen. Obwohl manche Väter mit der Nähe und Intimität, die durch die Beziehung zu kleinen Kindern entstehen kann, durchaus gut zurechtkommen, haben andere damit Schwierigkeiten.

In unserer Kultur erwartet man von Männern, daß sie unabhängig sind. Viele Väter behandeln ihre Kinder so, wie *sie* als Kinder behandelt wurden, und erwarten, daß diese sich so benehmen, wie *sie* selbst sich aufgrund strenger Konditionierung benommen haben. Diesen Männern fällt es sehr schwer, die Bedürftigkeit und Abhängigkeit ihrer kleinen Kinder zu akzeptieren: Je jünger ihre Kinder sind, um so größere Schwierigkeiten haben diese Männer, für sie zu sorgen und auf ihre Abhängigkeitsbedürfnisse zu reagieren.

Ob es nun finanzielle Zwänge und Gegebenheiten sind, die die Männer von ihren Kindern fernhalten, oder ob die gesellschaftliche und emotionale Konditionierung daran schuld ist – darüber gibt es geteilte Meinungen. Kinder aufzuziehen gilt als Frauenarbeit, und Männer, die sich zu sehr daran beteiligen, kommen sich vielleicht weibisch vor. Weil Männer nicht in der Lage sind, neues Leben hervorzubringen, neigen sie eher dazu, an maschinenartigen Erweiterungen ihrer selbst (Autos, Gewehren, Motorrädern, Computern) oder an Sport Gefallen zu finden – an Betätigungen also, die mit strategischem Vorgehen, Macht und körperlicher Kraft zu tun haben. Trotzdem erklärt keine dieser Theorien die Liebe und die Fürsorglichkeit, die Eltern gegenüber adoptierten Kindern empfinden. Und viele Frauen finden Leistung, Beweglichkeit, Macht und Geldverdienen sehr viel schöner als das Kinderversorgen, besonders heutzutage, wo es nicht mehr lediglich akzeptiert, sondern von Frauen geradezu erwartet wird, daß sie sich außerhalb ihrer Mutterrolle definieren.

Wegen der Regressionen, die das Aufziehen von Kindern mit sich bringt, erfordert es von einem Mann vielleicht mehr Ich-Stärke, Mut und Engagement, sich intensiv mit seinen Kindern zu befassen. Durch das Sorgen für ein Kind wird man unweigerlich in die »Welt der Mutter« zurückgeholt (es sei denn, man wurde von beiden Eltern großgezogen); ein Mann, der sich seiner Männlichkeit nicht ganz sicher ist, könnte sich bedroht fühlen, wenn er ein Verhalten an den Tag legen muß, das unseren rigiden kulturellen Stereotypen zufolge als »mütterlich« etikettiert wird. Wenn wir für einen Säugling sorgen, ist es notwendig, daß wir einfühlsam auf sein Bedürfnis, passiv gehalten, geliebt und umhegt zu werden, reagieren; dadurch können leicht unsere eigenen passiven Sehnsüchte geweckt werden. Dazu der klinische Therapeut Jack Erwin:

> Frauen können in die Empfindungen eines Babys hineinschlüpfen und wieder heraus, um festzustellen, was ein Baby braucht und möchte. Um gut für einen Säugling sorgen zu können, muß man wissen, wie es ist, wenn man »seine Mami braucht«. Ein Mann, der »seine Mami braucht«, gilt in unserer Gesellschaft als Waschlappen. Männer müssen härter als Frauen daran arbeiten, ihre Sehnsucht nach der Mutter zu unterdrücken. Wenn ein Mann allerdings vom Vater *und* von der Mutter großgezogen wurde, muß er nicht befürchten, seine Männlichkeit einzubüßen, wenn er sich um ein Baby kümmert.
>
> Ich hatte mehrere männliche Patienten, die ihre Kinder unmittelbar nach der Geburt regelrecht »bemutterten«, weil ihre Frauen ganztags arbeiteten. Die Männer machten ihre Sache ausgezeichnet. Ein Mann erzählte mir, daß er sich angewöhnte, sich zum Urinieren hinzusetzen. Ich weiß nicht, ob er dadurch seine Männlichkeit bedroht sah. Er sagte, es sei einfach notwendig geworden, weil er meistens das Baby auf dem Arm hatte. Allerdings ist es denkbar, daß dies auch Ängste bei Männern auslösen kann, sie könnten sich in Frauen verwandeln, ihre Männlichkeit einbüßen oder dergleichen.

Für Männer ist das Sichkümmern um Kinder häufig eine freiwillige Angelegenheit – und an sich bedrohlich. Damit läßt sich das Ganze einerseits leichter umgehen, verlangt aber andererseits, wenn sich ein Mann tatsächlich dazu entschließt, für seine Kinder da zu sein, mehr Mut und innere Überzeugung.

Auswirkungen der elterlichen Distanz

Dem traditionellen psychoanalytischen Denken zufolge gehört es zur Rolle des Vaters, das erwachsene Ego der Mutter zu stützen, die

Omnipotenzphantasien und die destruktiven Wünsche des Kindes eingrenzen und steuern zu helfen und das Kind zu einem ständigen Leistungsstreben anzuspornen. Diese ziemlich blutleere Sichtweise spiegelt die Einstellung unserer Kultur zur Vaterrolle wider: Von Männern erwartet man nicht, daß sie zu einer Quelle der Liebe für ihre Kinder werden, sondern vielmehr, daß sie die Loslösung und Unabhängigkeit von der Mutter vorantreiben.

Im Jahr 1955 wies Margaret Mahler darauf hin, daß die Beziehung zum Vater möglicherweise schon sehr viel früher bedeutsam ist:

> ... das gefestigte Bild eines Vaters oder eines anderen Ersatzes für die Mutter ist jenseits der 18-Monats-Grenze ... vielleicht eine notwendige Grundvoraussetzung, um die egocharakteristische Überempfindlichkeit des Kleinkindes gegenüber der Bedrohung, von der Mutter wieder verschlungen zu werden, zu neutralisieren und ihr entgegenzuwirken.

Das Wiederverschlungenwerden bedeutet hier die heftige Sehnsucht des Kleinkindes nach der Mutter und die Angst vor eben dieser Sehnsucht, da sie die stolzen Selbständigkeitsbestrebungen des Kleinkindes untergräbt. Wenn die äußere Realität innere Ängste verstärkt und der Vater die Bindung an die Mutter nicht mildert, kann es passieren, daß diese primäre Beziehung mit zuviel Ambivalenz aufgeladen wird. Gemischte Gefühle – Abhängigkeit und Ärger, Wut und Sehnsucht – binden eher, als daß sie lösen. (Wie die Tochter in dem Ingmar-Bergman-Film *Herbstsonate* hegen manche Leute gegenüber ihren Müttern derart ambivalente Gefühle, daß sie sie nicht loslassen können; da sich diese Erwachsenen ihr ganzes Leben lang an ihre Mütter klammern, können sie keine befriedigenden Beziehungen zu anderen Menschen eingehen.)

Bedauerlicherweise ist die Liebe eines Kindes zu seinem Vater häufig stärker als die Liebe des Vaters zum Kind. Zahlreiche Interviews mit Müttern lassen darauf schließen, daß in den vielen Fällen, in denen der Vater emotional nicht verfügbar war, die Mutter die Verantwortung für *alle* diese gefühlsbetonten Aufgaben *selbst* übernahm, einschließlich der, ihre Kinder darin zu bestärken, sich von ihr zu lösen.

Tatsächlich haben viele Mütter alles Erdenkliche unternommen, um ihren Kindern dabei zu helfen, selbständig zu werden, indem sie ihnen Erfahrungen vermittelten, die den Individuationsprozeß förderten und Beziehungen unterstützten, die dem Kind halfen, sich stark und unabhängig zu fühlen. Diese Mütter waren mit der *gesamten* Verantwortung für das Wohlergehen ihrer Kinder häufig überfordert, ganz gleich, ob es sich um alleinstehende Mütter oder solche mit Ehemännern handelte, ob sie außer Haus arbeiteten oder ihre Zeit den Kindern widmeten. Mit anderen Worten: Viele Väter hatten wenig mit ihren Kindern zu tun, auch wenn es zahlreiche Gelegenheiten dazu gegeben hätte, und auch wenn die Frau und die Kinder offensichtlich darunter litten, daß die Väter ihnen aus dem Weg gingen und sie vernachlässigten.

Die emotionale Distanz eines Vaters, sein Tod, seine Abwesenheit oder seine Unfähigkeit, liebevoll und fürsorglich zu reagieren, kann für ein Kind verheerende Folgen haben. Ohne einen Onkel, einen Großvater oder einen anderen Mann, der bereit ist, diese wichtige Funktion zu übernehmen, kann es passieren, daß ein Kind eine Anhänglichkeit an jemand nicht vorhandenen entwickelt, an einen Schatten, den es immer und immer wieder versuchen muß, mit Wirklichkeit zu erfüllen. Die Industriegesellschaft und unsere postindustriellen Gesellschaften haben dafür gesorgt, daß Väter zunehmend weniger Zeit zu Hause verbringen; so wurden und werden viele Kinder dieser entscheidenden, intensiven Beziehung beraubt, die sich nur bei körperlicher Anwesenheit des Vaters und durch tagtägliche, intensive Interaktion mit ihm entwickeln kann.

Unter idealen Bedingungen identifiziert sich das Kind mit dem Vater ebenso wie mit der Mutter, wetteifert mit beiden und versucht schließlich, sie zu übertreffen. Leider ist in den urbanen Technologiegesellschaften der Vater zu einer schemenhaften Gestalt geworden; er verbringt den größten Teil des Tages außer Haus, und wenn er nach Hause kommt, hat er seinem Kind oft wenig zu geben. Zwar deutet sich hier ein Wandel an, aber er wird noch einige Zeit auf sich warten lassen.

Dabei erfordert es ungeheuer viel Energie, das Bild eines liebevollen Vaters heraufzubeschwören, wenn das Original nicht verfügbar ist.

Männer, die mit ihren eigenen Vätern wenig Kontakt hatten (oder schmerzliche Erfahrungen machten), haben oft große Mühe, sich irgendein liebevolles Vorbild zu erschaffen, das ihnen bei ihren eigenen Kindern hilft. Ironischerweise können Männer durch den intensiven Umgang mit Kindern ihr eigenes Modell für einen liebenden Vater schaffen. In seinen Untersuchungen über Väter als primäre Bezugspersonen kommt der Psychoanalytiker Kyle D. Pruett zu der Erkenntnis, daß eine »Identifikation mit dem Säugling ... die Auflösung der Enttäuschung des Vaters und seines Kummers darüber, daß sich sein eigener Vater nicht um ihn gekümmert hat, erleichtert oder fördert«.

Sylvia Plaths Vater-Gedichte

In zweien ihrer bekanntesten Gedichte, »The Colossus« und »Daddy«, beschreibt die amerikanische Lyrikerin Sylvia Plath extreme emotionale Reaktionen auf den abwesenden Vater. Das frühere Gedicht »The Colossus« spricht von dem tiefen Bedürfnis aller Kinder nach einem liebenden, beschützenden Vater aus Fleisch und Blut und davon, daß das Kind diesen Vater, sofern er nicht anwesend ist, in der Phantasie erschafft und immer wieder erschafft, bis sein Bild mythische Dimensionen annimmt. Allerdings ist in diesem Gedicht der tote Vater in der Erinnerung der Erzählerin so unklar und zweideutig geworden, daß sie das Gefühl hat:

> Nie werd ich dich ganz zusammengesetzt haben,
> Gefügt, geklebt und richtig verbunden.
>
> ... Ich krieche wie eine trauernde Ameise
> Über die Unkrautäcker deiner Stirn,
> Um die gewaltigen Schädelplatten zu flicken und zu säubern
> die kahlen, weißen Hügel deiner Augen ...

Die Sprecherin erzählt, daß sie 30 Jahre lang versucht habe, dahinterzukommen, wer ihr Vater wirklich war, welche Botschaft er ihr wirklich übermitteln wollte, daß aber das positivste Bild, das sich bei ihr einstelle, das einer antiken Kolossalstatue sei, von Zeit und Umstürzen zerstört. Dabei spielt es offenbar keine Rolle, daß der Schutz, den dieser Vater bietet, von steinerner Unpersönlichkeit ist:

> ... Des Nachts, hocke ich auf dem Füllhorn
> Deines linken Ohrs, abgewandt vom Wind ...

Das Bedürfnis nach einem unbegrenzt liebenden Vater, der vor der rauhen Welt schützt, ist so übermächtig, daß die Erzählerin einen Teil ihres Lebens geopfert hat, um sich wenigstens diese diffuse Gestalt zu erhalten:

> ... Meine Stunden sind verheiratet mit einem Schatten ...

Zahlreiche Gedichte von Sylvia Plath lassen darauf schließen, daß weder ein realer noch ein in der Phantasie existierender liebender Vater ihr dabei helfen konnte, sich aus der ungeheuer belastenden Mutterbindung zu befreien und eine sorgende Beziehung zu anderen Menschen aufzubauen und aufrechtzuerhalten. Das Vaterbild, das in »Daddy« heraufbeschworen wird, einem der letzten Gedichte, die Plath vor ihrem Selbstmord schrieb, ist mit Zorn und Paranoia durchsetzt. Der Vater in »Daddy« wird beschrieben als »nicht Gott, sondern ein Hakenkreuz«, als »ein Mann in Schwarz mit einem Mein-Kampf-Ausdruck«. Jetzt ist der Vater nicht mehr fern, sondern nah – ein tückischer Verfolger. Es ist bezeichnend, daß das Gedicht »Daddy«, dessen Adressat sich in nichts von einem Nazi unterscheidet, zu den meistgelesenen Gedichten von Sylvia Plath gehört. Es bringt wohl unseren gewaltigen, unterschwelligen Zorn auf alle die Väter zum Ausdruck, die für das Dritte Reich verantwortlich waren, für die Atombombe, für Hiroshima und Nagasaki, für die Napalmbomben von Vietnam, für die wachsenden Kernwaffenberge – die Liste ließe sich fortsetzen. Der ferne, distanzierte Vater, der sich in den sadistischen SS-Mann verwandelt, spiegelt unsere geheimsten, alptraumhaften Ängste wider. Wir haben den Verdacht, daß Männer – Väter – diejenigen sind, die die Welt lenken und sie sehr schlecht lenken. Es sind unsere *Väter* – Stadtväter, Landesväter, unsere eigenen

Väter aus Fleisch und Blut –, die dank ihrer Machtpositionen, in denen weitreichende politische Entscheidungen getroffen und umgesetzt werden, die Voraussetzungen dafür schaffen, daß Krieg, Zerstörung, Gewalt und unötiges Leiden andauern.

Sophies Entscheidung: Eine Metapher für das Opfer

Ist irgend etwas Wahres an der Überzeugung, daß Männer letzten Endes skrupelloser und sadistischer sind als Frauen? Sind *Väter* verantwortlich für die Abscheulichkeiten dieses Jahrhunderts und die drohend bevorstehende globale Auslöschung?

In dem Roman *Sophies Entscheidung* von William Styron gibt es eine Szene, die für die grenzenlose menschliche Grausamkeit steht. Sophie, einer polnischen Mutter, die mit ihren beiden Kindern in ein Konzentrationslager verschleppt wurde, wird mitgeteilt, daß eines ihrer Kinder sterben muß. Eines soll gerettet werden, und *sie* muß entscheiden, welches Kind geopfert werden soll.

Dieser entsetzlichen Szene geht eine andere voraus, in der uns Styron die SS-Männer bei sich zu Hause im Kreis ihrer Familien zeigt, wo Sophie die Schmutzarbeit verrichtet. Die Kinder sind ungezogen, egoistisch, grausam, aber wiederum nicht *so* schlimm, nicht *so* anders als normale Kinder. Die Frauen arbeiten hart, um den Haushalt in Schuß zu halten. Die SS-Offiziere leiden unter Kopfschmerzen und Streß; sie machen sich Sorgen um ihre Arbeitsplätze, wollen »vorwärtskommen«, wollen ihren Vorgesetzten gefallen. Styron porträtiert die SS-Männer so, wie Primo Levi, Überlebender eines Konzentrationslagers, sie schildert:

> Sie waren aus demselben Stoff wie wir, sie waren durchschnittliche Menschen, durchschnittlich intelligent, durchschnittlich schlecht. Abgesehen von einigen Ausnahmen waren sie keine Ungeheuer, sie hatten dieselben Gesichter wie wir …

Styron richtet sein Augenmerk auf den SS-Mann, der für die Auswahl derer verantwortlich ist, die sterben müssen. Da er ständig unter dem

Druck so vieler abscheulicher Entscheidungen steht, leidet er an Depressionen. Um sich vorübergehend Erleichterung zu verschaffen, bürdet er Sophie die Last der Entscheidung auf. Als er an die Stelle in der Menschenschlange kommt, an der Sophie mit ihren Kindern steht, gibt er einem spontanen Impuls nach und läßt *sie* entscheiden, welches ihrer Kinder sterben muß. Sophie opfert dem SS-Mann ihre Tochter.

Diese Szene dient als Metapher: Während Männer ihre brutale Vernichtungsmaschinerie in Gang setzen, während sie entscheiden, wer am Leben bleiben darf und wer sterben muß, empfinden sie Schuldgefühle, Entsetzen und Haß auf sich selbst. Um sich die Sache etwas leichterzumachen, vielleicht um nicht so genau hinsehen zu müssen, was sie da wirklich tun, stellen sie Frauen, *Mütter,* vor die Wahl, welches ihrer geliebten Kinder getötet werden soll. Aber der springende Punkt ist, daß diejenigen, die hinter diesem unnötigen Elend stehen, *Männer* sind.

Der Mythos vom schlechten Vater wird aufrechterhalten: Dank ihrer Machtpositionen hat es den Anschein, als *könnten* Männer, wenn sie nur wollten, destruktive Handlungen in kreative umwandeln, künstlichen Mangel in besser verteilten Überfluß, Krieg in Frieden. Natürlich haben Männer kein Monopol auf bösartiges Handeln. Weil Männer *dem Anschein nach* mehr Schwierigkeiten haben als Frauen, sich in andere Menschen einzufühlen und auf sie zu reagieren, ist es ein Leichtes, ihnen die Schuld an lebensbedrohenden wirtschaftlichen und politischen Entscheidungen in die Schuhe zu schieben. Doch bei dieser Schuldzuweisung wird die vielschichtige Frage der Komplizenschaft und des stillschweigenden Einverständnisses außer acht gelassen.

Als Gesellschaft entscheiden wir alle, wer geopfert werden muß; wie es scheint, gibt es immer einen, der verliert, der leidet, dem es schlecht geht – ganz gleich, ob die Entscheidung zwischen Schwarz und Weiß, Mann und Frau, Mutter und Kind, Sohn und Tochter oder älterem und jüngerem Kind fällt. Eine solche Entscheidung kann darin bestehen, daß ein Individuum oder eine Gruppe zwar nicht in den physischen, aber doch in einen geistigen oder emotionalen Tod geschickt wird (in vielen Städten Amerikas trifft gelegentlich beides zu).

Wir alle sind an der Entscheidung beteiligt, wem es gut geht und wem nicht. Unser Überfluß spielt dabei keine Rolle. Offenbar ist einfach nicht genug da, als daß es für alle reichen würde. Es herrscht so viel Mangel – in emotionaler wie in materieller Hinsicht –, daß jeder, der dem entrinnen oder sich die Sache erleichtern kann, die Gelegenheit ergreift und diejenigen vergißt, die das Nachsehen haben. Unsere Tragödie besteht darin, daß wir eine Kultur geschaffen haben, in der Gewinn für eine Gruppe notgedrungen Verlust und Leiden für eine andere bedeutet.

Kinder und moralische Sichtweise

Werden wir dadurch, daß wir uns selbst um unsere Kinder kümmern, zu besseren Menschen? In vielen Fällen offenbar nicht. Dennoch wissen wir nicht, wieviel von unserer Menschlichkeit unterentwickelt bleibt oder einfach verkümmert, wenn wir Kindern aus dem Weg gehen. Daß Männer sich weigern, sich bereits zu einem frühen Zeitpunkt auf ihre Kinder einzulassen, schadet vermutlich nicht nur dem Kind, sondern beeinträchtigt auch den Vater in seiner Menschlichkeit, und sei es nur, weil es ihn noch blinder macht für das, was er ist, und welche Konsequenzen sein Handeln hat. Alles, was wir mit einem Kind anstellen, hat sichtbare Folgen, die wir entweder wahrnehmen oder unbeachtet lassen. Der Umgang mit Kindern macht uns offenbar entweder besser oder schlechter, mehr oder weniger sensibel, einfühlsam, menschlich. Zu allermindest bietet uns das Sorgen für ein Kind die Möglichkeit, Aspekte von uns selbst, die sonst verborgen bleiben würden, zu erkennen und zu entwickeln.
Die Disziplin und die Kraft, die man für ein Kind braucht – die Fähigkeit, die Interessen eines anderen Menschen deutlich zu erkennen und zu geben, ohne unmittelbar etwas zurückzubekommen –, können ein bestimmtes Bewußtsein schaffen und vertiefen, das mit Einfühlungsvermögen und Mitgefühl zu tun hat. Für Kinder sorgen kann – wie nichts sonst – die harte Schale unseres Narzißmus aufbrechen, uns menschlicher machen, da es uns etwas über unsere Kinder und unseren eigenen innersten Kern lehrt. Ein solches Bewußt-

sein beschränkt sich keineswegs auf Mütter oder Frauen. Auf die Welt übertragen kann es heißen, daß wir Probleme wie Hunger, Ungerechtigkeit, Krieg, Armut und rassische Vorurteile wirklich lösen möchten.

Auch wenn sich die Rollen des Vaters und der Mutter verändern, bleiben doch die Aufgaben der verantwortlichen Bezugsperson dieselben: jene allererste enge Bindung zu gestalten, die den Säugling aus seiner schlafenden, abgeschotteten Welt hervorholt; das jahrelang erforderliche Umsorgen und Beschützen; die Sauberkeitserziehung und das Grenzensetzen; der lange, langsame Individuations- und Loslösungsprozeß, zu dem die schrittweise Einführung des Kindes in die reale Welt und die Bestätigung seiner Individualität und Selbständigkeit gehören. Wer sich in den ersten Jahren um ein Kind kümmert, ganz gleich ob Mann oder Frau, leistet alle diese Dinge. Für viele ist das schwierig, schmerzhaft oder langweilig. Manche würden sich lieber mit angenehmeren Dingen beschäftigen. Aber die Belastungen, die das Aufziehen von Kindern in unserer Gesellschaft mit sich bringt, können nicht bewältigt werden, wenn nicht die Väter eine sehr viel aktivere Rolle dabei übernehmen.

Da Väter *und* Mütter heutzutage oft außer Haus arbeiten, geben uns unsere Kinder die Gelegenheit zu echter Gemeinsamkeit. Jetzt erst ist es möglich, daß sich Väter und Mütter die Aufgaben der Kindererziehung teilen und Männer genausoviel Verantwortung dafür übernehmen und ebensoviel Einfluß darauf haben, was aus ihren Kindern wird.

Wenn ein Vater unmittelbar nach der Geburt eines Kindes eine Beziehung zu ihm herstellt und sich im Säuglings- und im frühen Kindesalter, wenn das Kind besonders viel Zeit, Liebe, Einfühlung und Verständnis braucht, intensiv engagiert, so hat dies auf ihn eine tiefgreifende innerpsychische Wirkung, trägt zu einer tieferen Bindung zu seinem Kind bei. Die Fürsorglichkeit, die wir Kindern angedeihen lassen, hat unmittelbare Auswirkungen auf die Art und Weise, wie wir die Welt sehen und mit ihr umgehen. In dem Maß, in dem Männer eine intime und liebevolle Beziehung zu ihren Kindern aufbauen, machen sie sich mehr Gedanken über die Welt und über die Zukunft.

Teil III

Liebe und Verzicht

Kapitel 6

Die Arbeit der Loslösung

Wenn das Kind entwöhnt werden soll, schwärzt die Mutter die Brust, es wär ja auch eine Sünde, daß die Brust lieblich aussähe, wenn das Kind sie nicht haben darf.

Søren Kierkegaard
Furcht und Zittern

... die meisten Menschen [behalten], auch wenn sie sonst normal und einer sogenannten »erwachsenen«, das Interesse des Partners berücksichtigenden altruistischen Liebesweise wohl fähig sind, der eigenen Mutter gegenüber die beschriebene naiv-egoistische Einstellung zeitlebens [bei]. Es bleibt uns allen selbstverständlich, daß die Interessen von Mutter und Kind identisch sind, und es ist das allgemein anerkannte Maß der Güte oder Schlechtigkeit der Mutter, wie weitgehend sie diese Interessengemeinschaft auch wirklich fühlt (...) Die Mutter dürfte naturgemäß nichts wollen, was dem Kind zuwider ist.

Alice Balint
»Liebe zur Mutter und Mutterliebe«

Fast ist es zu lang her, sich zu erinnern –
als ich eine Frau ohne Kinder war..., an jenen
Augenblick, in dem ich ihnen mein Leben gab,
wie jemand sein Leben plötzlich Gott übergibt.

Sharon Olds
»That Moment«

Auszüge aus Interviews

Ich verstehe dieses ganze Getue mit den Familienalben wirklich nicht. Ich hebe nur ein paar Fotos von den Kindern auf, und damit hat sich's. Ich kann es nicht mehr ertragen, mir Babyfotos von meinen Kindern anzusehen. Ich meine, was nützen schon Erinnerungen? Die damalige Zeit, die gibt es nicht mehr – das ist aus und vorbei, und ich kann es einfach nicht ertragen. Das Herz tut mir weh. Schauen Sie nur, wie süß sie war. Sie ist nirgends ohne diese dreckige Decke hingegangen. Und sehen Sie ihn an, wie er dasteht mit seinem Teddybär. Sooft ich sehe, wie hinreißend sie waren, könnte ich heulen. Wie kann es einen trösten oder freuen, wenn man sich an etwas erinnert, was aus und vorbei ist? Es tut einfach zu weh. Nicht daß sie jetzt nicht mehr süß wären. Aber sie kommen mir so erwachsen vor. Sie sind jetzt ganz anders. Jetzt wollen sie von mir nur noch, daß das Abendessen auf dem Tisch steht oder daß ich sie zu Freunden fahre. Es ist so, als wäre ich gar nicht mehr ihre Mutter – nur noch die Köchin und der Chauffeur. (Antoinette, 35, zwei Kinder)

Nachdem sie jetzt beide den ganzen Tag in der Schule sind, habe ich endlich Zeit gehabt, dieses Album zusammenzustellen. Seit sechs oder sieben Jahren wollte ich das machen, aber mir blieb einfach keine Minute Zeit. Ich habe diese ganzen Fotos chronologisch geordnet, angefangen bei der Geburt. Wir haben so viele wunderschöne Erinnerungen an die Zeit, in der sie klein waren. Schauen Sie sich das mal an. Sieht er nicht entzückend aus? Er war so ein liebes Baby. Sie war eine wilde Hummel, aber so verdammt süß, das würden Sie nicht für möglich halten. Es waren sehr glückliche Zeiten, als die beiden klein waren. Jetzt kann ich mir diese kostbaren Augenblicke immer ins Gedächtnis rufen. (Nora, 41, zwei Kinder)

Die Bindung, die wir in den ersten Lebensjahren zu einem Kind herstellen, ist so intensiv, daß es einer enormen Anstrengung bedarf, sie zu lösen oder auch nur zu lockern. Dadurch, daß wir für ein Kind sorgen, spiegeln wir seine intensiven Gefühle und Empfindungen wider, lenken sie und nehmen daran teil. Ähnlich wie wir uns an die Empfindungen körperlicher Nähe und an die täglichen Angriffe auf unsere Abwehrmechanismen gewöhnt haben, verschwinden auch die wilden und unverblümten Emotionen unserer Kinder allmählich unter der Oberfläche; nachdem sie zuvor ins Auge sprangen, werden sie mehr oder weniger unsichtbar.

Im Alter von fünf oder sechs Jahren wird die schrankenlose Energie des Kindes schrittweise dadurch gebremst, daß es Neues dazulernt und immer wieder versucht, sich selbst und die Dinge in den Griff zu bekommen. Wenn wir uns an die physische Zuneigung unserer Kinder gewöhnt haben, an ihre aus Abhängigkeit entstandene Liebe, können wir auf ihr neues Streben nach Selbstvertrauen und Selbstbeherrschung reagieren. Zu diesem Zeitpunkt verändert sich die Art unserer Fürsorge; aus dem sinnlichen Erleben unserer Kinder wird eine eher stellvertretende, voyeuristische Freude an ihren neuerrungenen geistigen und körperlichen Fähigkeiten. Falls wir die zärtliche Nähe lieben gelernt haben, die sie uns in den ersten Jahren beibrachten, müssen wir jetzt lernen, darauf zu verzichten.

Eine der kompliziertesten Aufgaben in der Kindererziehung ist das schrittweise Loslassen, das von der Mutter unweigerlich verlangt, daß sie sich weiterentwickelt und einen Individuationsprozeß durchmacht. Um zulassen zu können, daß unsere Kinder erwachsen werden, müssen wir die Fähigkeit entwickeln, die verschiedenen Stadien ihrer Ablösung ernst zu nehmen, zu unterstützen und von Zeit zu Zeit zu betrauern.

Historisch betrachtet hatten wenige Mütter Gelegenheit, über die Rolle der verantwortlichen Bezugsperson hinaus eine eigene Identität zu entwickeln. Jahrhundertelang wurde es den meisten Frauen schwergemacht, echte Individualität zu erlangen. Mütter erzogen zwar ihre Söhne zur Selbständigkeit, sträubten sich aber, die Unabhängigkeit ihrer Töchter zu fördern. Im großen und ganzen wurden Frauen dazu erzogen, sich um andere Menschen zu kümmern. Jegliche Form der intellektuellen und emotionalen Weiterentwicklung war für eine Mutter ein derart einsamer, schmerzhafter Prozeß, daß ihn nur hochbegabte, aufsässige oder unglückliche Frauen in Angriff zu nehmen wagten.

Weil sich die sozio-ökonomischen Zwänge geändert haben und die Möglichkeiten größer geworden sind, haben immer mehr Frauen angefangen, sich weiterzuentwickeln, über ihre Mutterrolle hinaus in andere Bereiche vorzudringen und dort erfolgreich zu sein. Dazu kommt, daß sich das Eintauchen in die intensive Erfahrung der Kindererziehung darauf auswirkt, wie man sich selbst als eigenständiges Wesen entwickeln will und kann. Der allmähliche Verzicht auf die frühe Bindung zwischen Mutter und Kind ist nach wie vor kompliziert und problematisch.

Symbolisch gesprochen gibt es so etwas wie die Loslösung von der Mutter vielleicht gar nicht. Unsere ursprüngliche Bindung an die primäre Bezugsperson hat den Charakter einer Verschmelzung, einer Verflechtung unseres eigenen Seins mit dem eines anderen Menschen. Mag sein, daß wir die Mutter oder Teile von ihr stets in uns bewahren, in Gestalt der Freuden, die wir uns gönnen, des Schmerzes, den wir zufügen und erleiden, der Arbeit oder des Spiels, für die oder das wir uns entscheiden, der Beziehungen, die wir eingehen. Im Unterbewußtsein, im Reich der Träume, kann die Loslösung von der Mutter als eine Art seelischer Tod erlebt werden, der uns von der ganzen Menschheit abtrennt. Da wir diese enge Bindung an unsere Mütter ein zweites Mal erleben, wenn wir selbst Kinder bekommen und für sie sorgen, können wir durch diese Fürsorge für die nächste Generation das unerträgliche Gefühl der Einsamkeit abwehren und unserem Leben einen Sinn geben.

Nüchtern betrachtet gibt es so etwas wie eine Verschmelzung mit einem anderen Menschen freilich nicht. Zu den Eigenschaften, die unsere Kultur besonders hoch bewertet, gehören Unabhängigkeit und ausgeprägter Individualismus. Und natürlich sehen wir uns selbst nicht gerne als abhängig oder in irgendeiner Weise mit einem anderen Menschen verquickt, am wenigsten mit unserer eigenen Mutter und unseren Kindern. Solange wir auf der reinen Verstandesebene funktionieren, empfinden wir uns als völlig losgelöst und sind froh darüber. Wenn wir Kinder haben, erwartet die Gesellschaft von uns, daß wir deren Selbständigkeit fördern. Und wenn es an der Zeit ist, wird von einer guten oder »einigermaßen guten« Mutter erwartet, daß sie ihr Kind gehen läßt.

Welche emotionalen Auswirkungen hat dieser Übergang von der in der frühen Kindheit erforderlichen intimen, körperlichen Fürsorge zu der eher distanzierten Beziehung, die notwendig wird, wenn ein Kind ins Schulalter kommt? Es gibt kaum gründliche Untersuchungen oder ausführliche Berichte aus erster Hand, die sich mit dem Loslösungsprozeß aus der Sicht der Bezugsperson befassen. Außer im literarischen Bereich besitzen wir nicht sonderlich viele Informationen über die tieferreichenden Gefühle und Fragen, die dieser Verzicht bei Müttern auslöst. Die Psychoanalyse konzentriert sich normalerweise auf die Kindheit eines Patienten, nicht auf seine Erlebnisse als Vater oder Mutter. In zahlreichen modernen Fallstudien wird zwar das Wesen der Loslösung des Erwachsenen *von der Mutter* analysiert, nicht aber das Wesen der Loslösung des Vaters oder der Mutter von ihren eigenen Kindern. Niemand hält es normalerweise für erwägenswert oder gar wichtig, das nachzuvollziehen und zu verstehen, was in Eltern während dieser Phase vorgeht.

Liebe aus der Entfernung

Das konkrete und emotionale Sichzurückziehen eines Kindes, das in dieser Entwicklungsphase ernsthaft einsetzt, hat auf viele Eltern eine tiefgreifende Wirkung. Die Vorteile liegen auf der Hand: Man muß nicht mehr ständig Sicherheitsvorkehrungen treffen, muß das Kind nicht mehr andauernd beaufsichtigen, um es wie in den ersten Lebensjahren vor Gefahren zu schützen. Die Mutter verbringt zunehmend mehr Zeit ohne das Kind, was bei ihr oft ein Gefühl der Befreiung hervorruft. Allerdings löst das Sichzurückziehen eines Kindes komplexere Reaktionen aus, als man normalerweise erwartet. Es ist eine Zeit des Verlustes und zugleich des Gewinns und im Idealfall eine Phase tiefgreifender Umgestaltung.

Wenn die Kinder dann alt genug sind, um in die Schule zu gehen, sind sie schon leichter zu handhaben. Wutanfälle und häufige Tränenausbrüche werden zunehmend im Spiel, im Sport und in der Phantasie ausagiert. Es ist eine Zeit gebändigter Phantasie; eine Zeit, in der das Interesse an Regeln und Wertmaßstäben zunimmt, an den allgemeingültigen Ansichten darüber, was richtig und was falsch ist; und eine Zeit eifriger, manchmal erfolgloser Bemühungen, sich wie die Erwachsenen zu benehmen, sie zu imitieren und es ihnen recht zu machen. Die Psychoanalyse nennt dieses Entwicklungsstadium – etwa ab dem fünften, sechsten Lebensjahr bis zum Beginn der Pubertät – die *Latenzperiode* (vermutlich weil in dieser Zeit die sexuellen Triebe allem Anschein nach ruhen). Bei manchen Eltern führt die neuartige, distanzierte Beziehung zu einer positiveren Einschätzung ihrer Kinder. Das Kind wird immer selbständiger und muß nicht mehr ständig beaufsichtigt werden. Bei Eltern und Kind setzt ein Gedächtnisverlust ein, wenn auch aus unterschiedlichen Gründen. Kinder müssen vergessen, wie abhängig sie einmal waren und bis zu einem gewissen Grad noch immer sind. Eltern müssen die Zeiten vergessen, die so aufreibend und emotional aufwühlend waren. Daß wir dazu neigen, die schönen Augenblicke der Intimität zu verklären, hat auch mit den sehr realen und schmerzlichen Verlustgefühlen zu tun.

Nicht einmal berufstätige Mütter, die viele Stunden am Tag von ihren Kindern getrennt verbringen, und zwar lange bevor sie in die Schule kommen, sind in dieser Zeit gegen Verlustgefühle immun. Denn was sich drastisch ändert, ist das *Wesen* der kindlichen Bindung; der elterliche Einfluß schwindet. Eine Achtjährige drückte das ihrer Mutter gegenüber so aus: »Ich liebe dich noch immer, Mami, aber ich brauche dich nicht.«

Nachdem sie sich selbst zum Werkzeug für die Zufriedenheit anderer gemacht hat, muß die Mutter von Kindern im Schulalter in den Hintergrund treten, während die Kinder versuchen, ihre frühere Abhängigkeit von der mütterlichen Fürsorge zu überwinden und zu vergessen. Marsha (41), von Beruf Computergrafikerin, litt zu diesem Zeitpunkt unter unerträglichen Verlustgefühlen:

> Ich habe immer gearbeitet, zumindest halbtags, oft aber auch ganztags. Es hat mich nicht sonderlich bewegt, als die beiden Älteren in die Schule kamen. Für mich bedeutete es eine Erleichterung, daß ich mir einen Teil des Tages keine Sorgen um sie zu machen brauchte. Aber jetzt ist die Jüngste in die Schule gekommen, und das ist für mich tödlich. Ich darf ihr nicht mal mehr einen Abschiedskuß geben. Sie erlaubt mir nicht, daß ich sie ins Klassenzimmer begleite. Nicht einmal mehr Geschichten soll ich

> ihr vorlesen. Neulich am Abend sagte sie zu mir: »Du brauchst mir keine Lieder mehr vorzusingen.« Das war, als ich mit ihr schmusen wollte, unmittelbar vor dem Zubettgehen. Manchmal glaube ich, das ist das Schmerzlichste, was ich je mitgemacht habe.

Manche Mütter kennen nichts Schöneres, als ihre Kinder großzuziehen. Wenn die intime erste Phase vorbei ist, empfinden manche Mütter einen tiefen Kummer. Als ich mich mit Carrie (46), einer Mutter von vier Kindern, unterhielt, sagte sie, für sie gebe es nichts, was je an diese Erfahrung des Kinderaufziehens heranreichen könnte:

> Als mein Jüngster in die Schule kam, wäre ich beinahe eingegangen. Er fand es toll, er konnte es gar nicht erwarten, jeden Morgen aus dem Haus zu kommen. Ich weiß noch, ich habe so geweint, daß ich richtige Krämpfe davon bekam. Da verließen mich vier Kinder jeden Tag, sogar mein Baby. Schließlich ging ich wieder auf die Universität und wurde Schulpsychologin. Ich arbeite wahnsinnig gern mit Kindern. Aber nichts könnte je den Platz des Sorgens für meine eigenen Kinder einnehmen, als sie noch klein waren. Ich träume noch immer davon, wieder schwanger zu werden.

Wenn Sharon Olds in ihrem Gedicht »Looking at Them Asleep« Tochter und Sohn im Schlaf beschreibt, bringt sie damit die Liebe zu ihren Kindern zum Ausdruck. Sie sind beide im Schulalter, und in diesem Stadium muß sie sie heimlich beobachten, damit sie nicht merken, wie leidenschaftlich sie sie liebt, und sich nicht schuldig fühlen, weil sie sich zunehmend von ihr emanzipieren. Sie zählt die merkwürdigen, komischen Dinge auf, die sie im Schlaf tun, ihre Unterschiede und Eigenheiten. Es ist ein Gedicht über einzelne Facetten des Liebens, über das Wissen um die Dinge, die jedes Kind so einzigartig machen. Diese Liebe muß jetzt versteckt und geheimgehalten werden, um dem wachsenden Unabhängigkeitsgefühl der Kinder nicht in die Quere zu kommen. Daß diese Zuneigung verheimlicht werden muß, scheint ihre Tiefe, ihre Reichweite und Intensität nur noch zu verstärken:

… O Gott, wie vertraut mir
diese beiden sind. Wenn die Liebe zu mir kommt und sagt:
Was ist dir vertraut, sage ich: Dieses Mädchen, dieser Junge.

Wie bleiben wir in dieser Zeit der zunehmenden Entfernung mit unseren Kindern verbunden? In diesem Stadium wird es schwierig – vor allem dann, wenn eine Mutter außer Haus arbeitet –, in engem Kontakt mit den Kindern zu bleiben, deren unverhohlene Botschaft lautet: »Ich liebe dich noch immer, Mami, aber ich brauche dich nicht. Ich bin jetzt unabhängig und habe dich nicht mehr nötig!« Natürlich brauchen sie uns noch immer, aber mehr und mehr als Randfiguren, außer wenn sie krank, verletzt, in Schwierigkeiten oder in Gefahr sind.

In anderen Gedichten spricht Sharon Olds von der Qual, die Eltern leiden, wenn ihr Kind hohes Fieber, eine Gehirnerschütterung oder einen gebrochenes Bein hat, in Situationen also, in denen man nichts anderes tun kann als abwarten, hoffen oder beten. Jeder rauhe Hals, jede Magengrippe, jedes Ohrenweh tut nicht nur dem Kind, sondern auch der Mutter weh (oder demjenigen, der eine tiefe Bindung zu dem Kind hat). Diese intensive Identifikation gehört zu den schmerzlichsten Erfahrungen, die die Liebe zu Kindern mit sich bringt. Sharon Olds greift auf die Zeit zurück, in der ihre Kinder sicher in ihrem Leib eingeschlossen oder noch so klein waren, daß sie sie durch ihre bloße Anwesenheit halten und schützen konnte. Einem Baby gegenüber kann man sich wie ein Gott vorkommen. Es kann ungeheuer tröstlich sein, ein krankes kleines Kind im Arm zu halten und zu wiegen. Sich um ein krankes Schulkind zu kümmern, das damit zu kämpfen hat, die passive Sehnsucht nach der Mutter und die regressiven Freuden des Bemuttertwerdens abzuwehren, ist ungleich schwieriger.

Während dieser Zeit längerer Trennungen vom Kind versetzt das neue Freiheitsgefühl viele Mütter in Hochstimmung. Nach Jahren der Selbstverleugnung haben sie jetzt mehr Zeit, um das zu tun, was sie möchten. So berichtete zum Beispiel Lara (34), daß sie sich nach zehn Jahren des intensiven Mutterdaseins einerseits befreit, andererseits aber auch schuldig fühlte, als ihr dritter und jüngster Sohn in die

Schule kam. »Ich fühlte mich so wunderbar frei ..., aber ich kam mir gemein vor, daß ich so glücklich war, weil ich mich *nicht* um mein Kind kümmern mußte.« Als ich sie fragte, was sie jetzt machte, nachdem alle drei Jungen in die Schule gingen, sagte sie:

> Manchmal komme ich mir vor wie aus dem Gefängnis entlassen. Ich denke andauernd, ich mache etwas falsch, ich vernachlässige sie vielleicht, aber dann denke ich ..., wie kann ich sie vernachlässigen, wenn sie in der Schule sind! Wenn ich mittags von der Arbeit nach Hause komme, gehe ich zum Tennisspielen, anstatt in die Kindertagesstätte zu rasen. Manchmal schwimme ich mehrere Runden. Und manchmal tue ich zum erstenmal seit zehn Jahren überhaupt nichts.

Eltern haben das Gefühl, etwas geleistet zu haben, wenn ihr Kind das Schulalter erreicht. Wir fühlen uns stolz und erleichtert, wenn Kinder Anzeichen von Selbstvertrauen zeigen und sich immer besser um sich selbst kümmern können. Die Verantwortung für die Kindererziehung wird jetzt offiziell mit anderen geteilt. Mutter zu sein ist jetzt eher ein Unternehmen, bei dem Nichteinmischung angesagt ist, und in vieler Hinsicht ungleich weniger aufreibend. Eine Mutter drückte das so aus: »Als sie erst einmal schwimmen und über die Straße gehen konnten, ohne überfahren zu werden, änderte sich mein ganzes Leben. Jetzt sind die Lehrer diejenigen, die den größten Teil des Tages mit ihnen fertig werden müssen.«

Allerdings sind Eltern nicht völlig emanzipiert. In unserer Gesellschaft gelten Kinder zwischen sechs Jahren und dem Beginn der Pubertät nach wie vor als Kinder. Vom Schulalter an brauchen sie eine ganz andere Art der Fürsorge als zuvor. Ihre Probleme kommen jetzt wahrscheinlich eher in der Schule zum Vorschein als zu Hause. Und Eltern müssen jetzt eher abschätzen lernen, wieviel Abstand oder »Freiraum« ein Kind braucht, und nicht wieviel Nähe und Schutz. In dieser Phase werden Eltern oft nach den Leistungen ihrer Kinder beurteilt und dafür verantwortlich gemacht, wenn ein Kind schlecht abschneidet. Mit anderen Worten: Die Kindererziehung wird zu einer öffentlichen Angelegenheit. Wie gut sich ein Kind in der Schule, im

Sport und im gesellschaftlichen Umfeld macht, wird zur Meßlatte dafür, ob Eltern etwas taugen oder versagt haben. Ein Vater von zwei übermütigen Schuljungen drückte das so aus: »So wie die Lehrer über meine Söhne reden, habe ich manchmal das Gefühl, auf Knasturlaub zu sein.«

Doch die Welt, in die wir unsere Kinder hinausschicken, ist selbst in wohlhabenden Gegenden voller Gefahren. Viele Mütter beklagen sich bitter über die schlechten Schulen, in die sie ihre Kinder Tag für Tag schicken müssen. Für eine Mutter, mit der ich sprach, bestand das größte Problem in dieser Zeit darin, daß sie ihren hyperaktiven und unter Lesestörungen leidenden Sohn wenig einfühlsamen, ungeduldigen Lehrern anvertrauen mußte, und daß es mehrere Jahre dauerte, bis sie eine Lehrmethode ausfindig gemacht hatte, die ihrem Sohn schließlich weiterhalf. Eine andere Mutter erzählte, die Lehrerin, die ihre Tochter in der zweiten Klasse habe, sei so grausam, daß das Kind jeden Tag weinend nach Hause käme. Andere berichteten von tyrannischen Mitschülern, Drogen und Gewalttätigkeit – Gegebenheiten, die einen Großteil der täglichen »haltenden Umwelt« des Kindes ausmachten. Für manche Eltern ist dies ein Grund, sich in der Schule oder in der Politik zu engagieren, um die Situation für ihre Kinder zu verbessern. Andere haben weder Lust noch die Zeit oder die Energie, um zu versuchen, das Schulsystem zu verändern. Manche sind schon zu entmutigt, um sich eine solche Aufgabe überhaupt zuzutrauen.

Was es bedeutet, sich um Schulkinder zu kümmern

Für manche Mütter ist die Zeit, in der ihre Kinder in die Schule kommen, eine Zeit der Verwirrung und der Entdeckungen, des Zürnens und der Neubewertung. Die Erfahrungen von Rose Ann (36) sind beispielhaft für so manche Mütter, die ihre Berufspläne der Kinder wegen wohl oder übel ändern. Rose Ann, eine große, geschmeidige Frau, erzählte von ihren sechs Jahren als Tänzerin in New York und davon, wie schwer es ihr gefallen war, diesen Beruf aufzugeben:

Bevor ich Kinder hatte, war ich professionelle Tänzerin – das war mein ganzes Leben. Doch nach dem ersten Kaiserschnitt konnte ich lange Zeit nicht tanzen. Als mein Körper allmählich wieder halbwegs in Form kam, beschlossen mein Mann und ich, daß wir ein zweites Kind wollten. Damit veränderte sich mein ganzes Leben. Als das zweite Kind drei oder vier Jahre alt war, machte ich eine Phase durch, in der ich auf die beiden richtig sauer war. Irgendwie wurde mir klar, daß es zu spät war, und jetzt gab ich ihnen die Schuld …, sie hatten mir das weggenommen, hatten mir das verbaut, was ich am meisten auf der Welt geliebt hatte. Ich hatte mir wirklich große Hoffnungen auf eine Karriere als Tänzerin gemacht. Statt dessen fing ich dann an, Tanzunterricht zu geben. Natürlich tut das früher oder später jeder Tänzer. Nur war ich früher dran, als ich mir gewünscht hätte … Ich glaube nicht, daß eine Mutter über ihre Kinder sprechen kann, ohne über Selbstaufopferung zu reden, zumindest in einem bestimmten Umfang. Aber wenn ich dann alle Opfer dagegen aufwiege, wie sehr ich diese beiden Kinder liebe, muß ich mir immer wieder die Frage stellen: Was ist wirklich wichtig?

Jeanettes Geschichte ist ein weiteres Beispiel für die Neubewertung, die manchmal notwendig ist, wenn Kinder älter werden. Als ihre Tochter, ein Einzelkind, in die Schule kam, fand Jeanette ihre Arbeit als Kinderkrankenschwester merkwürdigerweise deprimierend. Aus finanziellen Gründen hatten sie und ihr Mann beschlossen, kein zweites Kind zu bekommen, obwohl sich Jeanette sehnlichst eines gewünscht hätte. Erst als sie beschloß, in ein anderes Fachgebiet überzuwechseln, nämlich in die psychiatrische Pflege, wurde ihr klar, daß die Arbeit mit kleinen Kindern für sie zu schmerzhaft geworden war. Ihre eigene Tochter verbrachte mehr und mehr Zeit außer Haus. Die vielen Babys, mit denen Jeanette als Kinderkrankenschwester zu tun hatte, erinnerten sie daran, wie schrecklich ihr die Nähe fehlte, die sie einst bei ihrer eigenen Tochter erlebt hatte, und wie sehr sie sich ein zweites Kind wünschte.

In diesem Stadium müssen Eltern damit fertig werden, daß ihr Kind immer öfter und über immer längere Zeiträume nicht mit ihnen zusammen ist. Einige Gedichte von Sharon Olds beschäftigen sich mit der Tatsache, daß man die Zuneigung einer Mutter oft am deutlichsten an Bushaltestellen oder Flughäfen, also vor einer bevorstehenden Trennung, spürt. In ihrem Gedicht »The Signs« stehen Eltern besorgt um einen Bus, der gleich ins Ferienlager abfahren wird. Um ihren Schmerz über den Verlust einzudämmen, linsen sie durch die getönten Fensterscheiben, um einen letzten Blick auf ihre Kinder zu erhaschen. Es ist erstaunlich, wie diese Mütter und Väter die eigenen Kinder lediglich anhand eines Haarschopfes, einer Kinnlinie, dem Winken einer »dünnen, wedelnden Hand, die wie ein Scheibenwischer um sich schlägt«, ausmachen können. Die Kinder lassen ihre Eltern in einem »stygischen Auspuffgestank« zurück, in einer »Wolke von Furcht und Sehnsucht, [die] über der lange hinausgezögerten Abfahrt hängt«. Da viele Frauen unfähig sind, die Einsamkeit zu ertragen, die diese zunehmenden Trennungen verursachen, sehnen sie sich danach, wieder schwanger zu werden. Elena, die sich ihren kleinen Kindern voller Begeisterung gewidmet hatte, empfand die zunehmende Distanz zwischen sich und ihnen als äußerst beunruhigend. Eine Zeitlang sehnte sie sich verzweifelt nach einem weiteren Baby. Obwohl sie ihre Arbeit als Ehe- und Familienberaterin liebte, wurde ihr dringendes Bedürfnis, wieder schwanger zu werden, nachdem ihr jüngstes Kind den ganzen Tag in die Schule ging, nur dadurch gebremst, daß sie befürchtete, ein weiteres Kind könnte für ihre Ehe katastrophal sein:

> Finanziell hätten wir uns ein drittes Kind schon leisten können, aber emotional konnten mein Mann und ich es uns nicht leisten. Ich mußte daran denken, wie schwer diese ersten Jahre für ihn gewesen waren, als mich die Babys vollständig mit Beschlag belegten. Je älter die Kinder wurden, um so mehr konnte ich zu unserer Beziehung beitragen. So sehr ich mir noch ein Kind gewünscht hätte – es wäre einfach zu riskant gewesen. Außerdem hatte ich gerade erlebt, wie die Ehe einer guten Freundin nach dem dritten Kind in die Brüche gegangen war.

Im Gegensatz zu Elena bekommen manche Mütter noch einmal ein

Kind, nachdem das jüngste in die Schule gekommen ist. Dazu meint der klinische Psychologe Bruce Bess:

> Es ist normal, daß Eltern von ihren Kindern abhängig werden. In den ersten Jahren erfüllt einen das Sorgen für Kinder wie kaum etwas anderes. Es ist hart, wenn sich Kinder, denen man so viel gegeben hat, von einem entfernen. Wenn eine Mutter außer Haus arbeitet, hilft ihr das vielleicht bis zu einem gewissen Grad, sich von ihren Kindern zu lösen. Aber ich habe auch schon berufstätige Mütter erlebt, die kreuzunglücklich waren, als ihre Kinder in die Schule kamen. Einige Mütter in meiner Praxis, die ganztags arbeiten, sind noch einmal schwanger geworden, nachdem das jüngste Kind in die Schule ging, weil ihnen klargeworden war, wie schnell alles vorbei ist und wie viel sie versäumt haben. Als ihre Kinder noch ganz klein waren, haben sie außer Haus gearbeitet und kamen nicht dazu, die intime Fürsorgebeziehung in irgendeiner Weise zu genießen.

Zwar atmen viele Mütter erleichtert auf, wenn das jüngste Kind in die Schule kommt, doch kann diese Zeit auch als sehr chaotisch empfunden werden. Nach Aussage der Ehe- und Familienberaterin Barbara Kinsey tauchen in dieser Zeit unvermeidlich Eheprobleme auf, weil die Ablenkungen geringer geworden sind:

> Kinder setzen einer Ehe hart zu. Ich erlebe in meiner Praxis oft, daß es zu einer Scheidung kommt, weil die Ehe vernachlässigt wurde, solange die Kinder noch klein waren. Oft bringen die Leute das jüngste Kind in eine heilpädagogische Klinik – etwa im Alter von sechs Jahren –, aber häufig ist nicht das Kind das eigentliche Problem, sondern die Eltern sind sich fremd geworden. Die ganze Energie ist in das Aufziehen der Kinder geflossen, und für die Ehe ist nichts übriggeblieben. Und dann hat man plötzlich Zeit. Nur hat sich über Jahre hinweg ein Groll angestaut, mit dem sich keiner beschäftigen konnte, solange die Kinder klein waren.

Berufstätige Mütter, die ihre Karriere vorübergehend auf Eis legen, haben oft Schwierigkeiten herauszufinden, wieviel ihre Kinder in diesem Stadium wirklich von ihnen brauchen und in welchem Maß sie sich jetzt ihrer Arbeit widmen können. Obwohl die Kinder jetzt etwas weniger abhängig sind, brauchen sie immer noch jemanden, der verfügbar ist und bei dem sie im Notfall auftanken können – nur für den Fall der Fälle. Im Gegensatz zu Heranwachsenden, deren körperlicher Reifungsprozeß deutlich erkennen läßt, daß sie erwachsen werden, haben Kinder im Latenzalter in unserer Gesellschaft ein offensichtliches Bedürfnis, beschützt zu werden und sich lenken zu lassen. Manchmal ist es schwierig, festzustellen, was und wieviel sie brauchen. Viele Mütter brennen darauf, ihre Energien wieder in ihren Beruf zu stecken, ihr Können und ihre Fähigkeiten auf dem Arbeitsmarkt einzusetzen und die verlorene Zeit aufzuholen. Nachdem Sarah drei Jahre in einer Firma im Silicon Valley gearbeitet hatte, bekam sie mit vierunddreißig ein Kind und arbeitete nur noch halbtags:

> Ich habe mit Absicht nicht wieder ganztags gearbeitet, bis ich das Gefühl hatte, daß ich meinen Sohn guten Gewissens alleinlassen konnte. Als er vier war, wurde mir ein neues, wirklich innovatives Projekt übertragen. Obwohl ich länger arbeitete, konnte ich immer noch viel Zeit mit meinem Sohn verbringen. Als ich dann wieder ganztags arbeitete, wurde mir irgendwann der Posten des für die Finanzen verantwortlichen Vizepräsidenten angeboten. Damals war mein Sohn in der ersten Klasse, und ich war überzeugt, daß ich mich ohne irgendwelche Schwierigkeiten in meine Arbeit stürzen könnte. Aber dieser Job beansprucht wahnsinnig viel Zeit. Ich setze Randy frühmorgens in der Schule ab, und manchmal komme ich nicht vor sieben oder acht Uhr abends nach Hause. Von anderen Leuten höre ich immer wieder, daß er sich daran gewöhnen wird und daß es für ihn besser ist, wenn ich mit meiner Arbeit Erfolg habe, aber es gibt Zeiten, in denen ich ihnen das einfach nicht abkaufe. Was für mich und meine Karriere gut ist, scheint für ihn nicht unbedingt das Beste zu sein. Seit ich wieder ganztags arbeite, habe ich den Eindruck, daß er nicht sonderlich glücklich ist. Oft, wenn ich von der Arbeit nach Hause komme, ist ihm entweder nicht gut oder er ist gereizt.

Wie sehr sollten schulpflichtige Kinder das Leben einer berufstätigen Mutter beeinflussen? Wessen Bedürfnisse sind in dieser Zeit letztlich wichtiger? Wenn berufstätige Eltern von der Sorge um ihre Kinder beherrscht werden, sind sie nicht in der Lage, in ihrem Job gute Arbeit zu leisten. Aber die meisten arbeitenden Eltern geben sich wirklich große Mühe, herauszufinden, was für ihre Kinder das Beste ist, und sich nach Möglichkeit danach zu richten, auch wenn sie vielleicht gar nicht wissen, was das ist. Wirklich schlimm ist es für Eltern, wenn die Bedürfnisse ihrer Kinder ernstlich mit ihren eigenen Bedürfnissen kollidieren – oder ihnen widersprechen.
Manche Mütter reagieren auf die zunehmende Ablösung ihrer Kinder damit, daß sie sie entweder tatsächlich oder aber emotional im Stich lassen: Wenn sich das Kind zu lösen beginnt, geht die Mutter als erste, um Verlustgefühle gar nicht erst aufkommen zu lassen. Eine andere Reaktion besteht darin, sich symbiotisch festzuklammern und die Ablösungsversuche des Kindes kontinuierlich zu vereiteln. Janice aus San Francisco erzählte mir, daß sie als Grundschullehrerin beide Reaktionen erlebt:

> Da gibt es eine Mutter, die ihrem neunjährigen Sohn jeden Tag ein warmes Mittagessen bringt. Sie kommt buchstäblich ins Klassenzimmer und bringt ihm vor den Augen allen anderen Kindern eine fertige Mahlzeit. Eine andere Frau begleitet ihren Sohn jeden Tag in die Schule und holt ihn wieder ab, obwohl ihn die anderen deshalb fürchterlich hänseln. Diese Mütter können einfach nicht loslassen. Aber das umgekehrte Problem ist noch schlimmer. In meiner Klasse gibt es ein Kind, das völlig verdreckt und high in die Schule kommt. Ein anderes Kind kriegt nie ein Mittagessen und sieht völlig ausgezehrt aus. Die Eltern kümmern sich nicht die Bohne. Man hat das Gefühl, daß sie irgendwann einfach das Interesse an ihren Kindern verloren haben.

Wieviel braucht ein Kind in diesem Stadium wirklich von seinen Eltern? Wie Janice andeutete, sind übertriebenes oder mangelndes Engagement die Schlüsselprobleme, mit denen Mütter von Kindern im Schulalter fertig werden müssen.

Mütterliches Klammern und zwanghaftes Davonlaufen

In dieser Zeit tauchen Gefahren auf, Fußangeln, die die Loslösung für die Mutter zu einem komplizierteren Vorgang machen, als allgemein angenommen wird. Der Individuationsprozeß kann für Frauen eine Tortur sein und in manchen Fällen dazu führen, daß sie sich an ihren Kindern festklammern. Andererseits gibt es auch Mütter, die die enge Bindung an ihr Kind als zu schmerzhaft oder zu erstickend empfinden und den Drang verspüren, ihr zu entrinnen.

In ihrer Erzählung »Zimmer neunzehn« ergründet Doris Lessing die Psyche einer Frau, die extrem darunter leidet, daß sich die durch die Bedürfnisse ihrer Kinder verursachte Sklaverei *und* die entsprechende Befriedigung allmählich verringern – eine Situation, die viele Mütter erleben, wenn auch meist in geringerem Maß. Lessings Heldin Susan Rawlings ist unfähig, die freiwillige Knechtschaft für ihre Kinder aufzugeben. Selbst nachdem sie eine Frau als Muttterersatz angestellt hat, steht sie noch immer unter dem Zwang, ihren Kindern ständig geben zu müssen, und läßt sich andauernd von ihnen vereinnahmen. Doris Lessing entwirft ein qualvolles Bild jenes zwanghaften Bedürfnisses, zu geben, ohne irgend etwas zurückzufordern oder zu bekommen, und schildert drastisch, wie dadurch die schwierige Aufgabe der Individuation hinausgeschoben werden kann – auch heute noch, obwohl von Frauen inzwischen erwartet wird, daß sie sich weiterentwickeln. Diese Zwanghaftigkeit charakterisiert Dorothy Dinnerstein in ihrem Buch *Das Arrangement der Geschlechter* als »ein überentwickeltes Talent für unerwiderte Empathie«. (Ein Beispiel dafür, wie sich die Werbung diese Veranlagung vieler Mütter zunutze macht, liefert ein amerikanischer Fernsehspot, in dem eine männliche Stimme aus dem Off einen Streichkäse mit den Worten anpreist: »Du mußt 100 Prozent geben – dafür ist eine Mutter doch da, oder? (...) Für Mütter, die 100 Prozent geben.«)

In ihrem 1899 veröffentlichten Roman *Das Erwachen* beschäftigt sich Kate Chopin mit dem umgekehrten Verhalten: mit der *Weigerung* einer Mutter, sich von den Bedürfnissen ihrer Kinder beherrschen und vereinnahmen zu lassen. Kate Chopins geheimnisvolle Heldin Edna Pontellier verkörpert den mühsamen Versuch vieler Frauen von heute, sich nicht von der Last und der Verantwortung der Kindererziehung unterdrücken lassen. Wie die meisten gebildeten Frauen unserer Zeit kämpft Edna darum, ihr Leben so zu gestalten, wie es einst ausschließlich Männern vorbehalten war: Sie beansprucht für sich sexuelle Freiheit und geistige Aufgeklärtheit. Mit dem Gedanken, daß es in ersten Linie ihre *Kinder* sind, die Edna das Gefühl geben, »überwältigt«, »beherrscht«, »übermannt« zu werden – und weniger ihr Mann oder die Konventionen der kleinstädtischen Gesellschaft –, nimmt Kate Chopin einen Teil dessen vorweg, was die Emanzipation der Frau heutzutage beinhaltet: die Befreiung vom tagtäglichen Dasein und Sorgen für die Kinder.

Auf subtile Weise regen Lessing und Chopin ihre Leser an, über folgende Fragen nachzudenken: Wie wichtig sollten uns unsere Kinder sein? Wann sollten wir ihnen gestatten, unser Bewußtsein zu beherrschen? Wann dürfen (oder sollten) wir sie ignorieren?

Ähnlich wie heutzutage die meisten Frauen suchen die Heldinnen und Mütter in diesen literarischen Werken über die Mutterrolle hinaus nach etwas anderem, das ihrem Leben einen Sinn gibt. Beide versuchen jenen wichtigen Weg zu einem Teil ihrer selbst zurückzugehen, den sie in den Jahren, in denen sie sich ihren kleinen Kindern widmeten, »auf Eis« gelegt hatten. Nach diesen ersten Jahren der intensiven Fürsorge stellen beide Heldinnen fest, daß ihr »Selbst« unterernährt, unterentwickelt und unerträglich einsam ist. Obwohl beide intelligente, schöpferische und einfallsreiche Frauen sind, gelingt es ihnen nicht, die Latenzperiode ihrer Kinder zu überstehen. Zu einem Zeitpunkt, zu dem sie sich so weitgehend frei fühlen sollten, daß sie wieder sie selbst werden und das tun können, was sie wollen, leiden beide Mütter unter »Entwicklungsstörungen«.

Kate Chopin, die nicht nur sechs Kinder hatte, sondern auch eine erfolgreiche und produktive Schriftstellerin war, versetzt ihre Heldin in die möglicherweise erstrebenswerteste, unterschwellig aber problematischste Situation, die sich denken läßt: Sie hat Entscheidungsfreiheit und Muße, ist von den ständigen Anforderungen der Kindererziehung befreit, kann aber gleichzeitig mit ihren Kindern zusammensein, wann immer sie möchte. Doris Lessing stattet ihre Hauptfigur mit einer erfolgreichen beruflichen Laufbahn aus, die sie wiederaufnehmen könnte, sobald ihre Kinder in die Schule kommen. Beide Autorinnen lassen ihre Heldinnen aus rätselhaften Gründen Selbstmord begehen, um damit auf die außergewöhnliche Vielschichtigkeit des Loslösungs- und Individuationsprozesses bei Müttern hinzuweisen.

Die Weigerung, sich von Kindern beherrschen zu lassen

Weil durch die Mutterrolle Grenzen verwischt werden, befürchten manche Frauen, daß sie es nicht schaffen, sich von den Bedürfnissen und Persönlichkeiten ihrer Kinder zu lösen. Eine Mutter kann sich in gleicher Weise als Eigentum ihrer Kinder fühlen, wie sie sich einst als Eigentum ihrer eigenen Mutter gefühlt hat. Häufig ist das zwanghafte Davonlaufen vor den emotionalen Anforderungen und der Verantwortung für Kinder nicht so sehr auf Gleichgültigkeit oder Nachlässigkeit zurückzuführen (wie häufig angenommen), sondern auf die Angst, sich aufzulösen, und den Wunsch, sich ein eigenständiges Selbst zu bewahren. In dieser Situation befürchten Mütter häufig, ihre Identität einzubüßen, wenn sie nicht davonlaufen.

Obwohl der Roman *Das Erwachen* um die Jahrhundertwende entstand, ist er insofern ausgesprochen modern, als er unterschwellig sehr deutlich darauf hinweist, daß die Konflikte der Heldin mit ihrer Rolle als Mutter und ihren Gefühlen gegenüber ihren Kindern ebensoviel zu tun haben wie mit einer gescheiterten Liebesbeziehung. Edna Pontellier hat zu ihren Kindern eine ähnliche Einstellung wie die berufstätigen Mütter von heute. Gemessen an heutigen Maßstäben ist Edna bis zum Ende des Romans eine ideale Mutter. Sie verhält sich ihren beiden Söhnen gegenüber so, wie sich jede im Beruf erfolgreiche Frau heutzutage verhalten würde. Würde sie in unserer Zeit leben und arbeiten – als Ärztin, Rechtsanwältin, Lehrerin, Künstlerin –, so würde man ihre Gefühle ihren Kindern gegenüber als ganz normal betrachten. Edna liebt ihre beiden Kinder, vertraut sie aber, wie viele Mütter im ausgehenden 20. Jahrhundert, liebevollen Ersatzpersonen an, so daß sie nur noch Teilzeit-Mutter ist.

Kate Chopin bemüht sich, Edna einerseits als liebende Mutter zu schildern, gleichzeitig aber auch als eine Frau, die um eine Identität ringt, die nichts mit ihrer Mutterrolle zu tun hat, und sie auch erlangt. Sorgsam ausgearbeitete Szenen zeigen die Liebe und Vertraulichkeit, die zwischen Edna und ihren beiden gesunden, glücklichen Söhnen herrscht. Weil ihre Mutter nicht wie die anderen Mütter im Roman um ihre Kinder herumschwirrt, sind Ednas Söhne viel stärker und unabhängiger als die anderen Kinder.

Die eigentliche Handlung des Romans ist voller romantischer Untertöne. Oberflächlich betrachtet gleicht Edna einigen ihrer literarischen Vorläuferinnen – etwa Anna Karenina oder Emma Bovary –, die wegen einer gescheiterten Liebesaffäre Selbstmord begehen. Edna Pontellier, eine verheiratete Frau, verliebt sich und erlebt einen Sommer lang eine kurze, herrliche Liebesgeschichte. Ednas Mann ist den Herbst und Winter über nicht da, und in dieser Zeit findet bei Edna ein sexuelles und intellektuelles Erwachen statt. Am Ende des Romans kehrt Ednas junger Liebhaber zurück und erklärt ihr seine Liebe, beendet aber die Beziehung, vermutlich weil er zu konventionell oder zu feige ist oder vermeiden möchten, sie gesellschaftlich unmöglich zu machen. Edna fährt in das Seebad, in dem sie den Sommer zusammen verbracht haben, schwimmt ins Meer hinaus, um zu ertrinken.

Dem heutigen Leser enthüllen Ednas letzte, verblüffende Gedanken das so ziemlich größte Dilemma, in das eine Mutter geraten kann. Edna denkt nicht an ihren Liebhaber, sondern an ihre beiden Söhne. Kate Chopin offenbart uns Ednas letzte Gedanken vor ihrem Tod:

> ... Die Kinder erschienen ihr als Feinde, die sie überwältigt hatten, die sich ihrer bemächtigt hatten und ihre Seele bis ans Ende ihrer Tage zu versklaven trachteten. Doch sie wußte einen Weg, ihnen zu entkommen (...) Sie waren ein Teil ihres Lebens, aber sie hatten zu Unrecht geglaubt, daß sie sie besitzen könnten, mit Leib und Seele (...) Sie [würde] das Unwesentliche aufgeben, sich jedoch nie für ihre Kinder opfern ...

Hier wird impliziert, daß Kinder einer Mutter das Gefühl vermitteln können, daß sie sie mit Leib und Seele besitzen und beherrschen. Doch genau dasselbe empfinden unbewußt auch die Kinder: Obwohl sie in die Schule gehen, sich also aus der körperlichen Nähe der Mutter entfernen, hegen sie insgeheim die Vorstellung, daß sie ihr gehören. In Träumen, Phantasien und Spielen liefern Kinder während der Latenzperiode auf einer unterschwelligen Ebene zahlreiche Hinweise darauf, daß sie das Gefühl haben, ihre Körper (und Seelen) seien im Grunde noch immer Eigentum der Mutter. (Erst in der Adoleszenz melden Kinder klare Besitzansprüche auf ihren eigenen Körper an.) Kate Chopin weist in ihrem Roman darauf hin, daß dieses Gefühl auch auf Gegenseitigkeit beruhen kann. Eine Mutter fühlt sich unter Umständen ebenso von ihren Kindern beherrscht und bestimmt wie diese von ihr. Und genauso, wie sich das Kind emotional allmählich von der Mutter freimachen muß, muß sich auch die Mutter vom Kind freimachen.

Der Loslösungs- und Individuationsprozeß bei Müttern ist eine heikle Angelegenheit. Er spiegelt beim Erwachsenen manchmal genau das wider, was Kinder in den ersten drei oder vier Lebensjahren durchmachen. Die neuerworbene Selbständigkeit kann für Mütter ebenso erfreulich und aufregend sein wie für Kleinkinder. Kate Chopin beschreibt Ednas Hochstimmung, als sie sich zu einem unabhängigen Wesen entfaltet, mit Bildern aus der Welt des Kleinkindes:

> … In dieser Nacht war sie wie ein kleines, torkelndes, stolperndes, herumtastendes Kind, das plötzlich seine Kräfte erkennt und zum erstenmal allein läuft, mutig und mit übergroßem Selbstvertrauen (…) Ein Gefühl höchster Beglückung überkam sie, als ob ihr eine Kraft von ungeheurer Bedeutung verliehen worden wäre, die Bewegungen ihres Körpers und ihrer Seele zu beherrschen. Sie wurde leichtsinnig und verwegen …

Chopin schildert auch die Panik und die Einsamkeit, die Frauen empfinden, wenn sie diesen komplexen Prozeß als Erwachsene zum zweitenmal erleben. Wie bei einem Kleinkind, das sich zu weit von der Mutter wegwagt, ist Ednas Hochstimmung von kurzer Dauer – sie weicht der Angst und der Verletzlichkeit, die Kinder häufig verspüren, wenn ihnen klar wird, wie klein und machtlos sie sind im Vergleich zu der ungeheuer großen Welt, und wie sehr sie noch immer von anderen abhängig sind.

> Als sie schwamm, schien sie nach der Unendlichkeit zu greifen, sich in ihr zu verlieren (...) Sie war nicht weit hinausgeschwommen – das heißt, nicht weit für einen erfahrenen Schwimmer. Doch aus der ihr ungewohnten Sicht wirkte die Wasserfläche, die sie hinter sich gelassen hatte, wie ein Hindernis, das sie ohne Hilfe sich nicht imstande fühlte, zu überwinden.

Im übertragenen Sinn schwimmt Edna zu weit von dem Rückhalt weg, den sie braucht, um ihr wahres Selbst und die Welt zu erforschen. Um unseren Kindern zu helfen, sich von uns zu lösen und sich als selbständig zu erleben (ohne sie dazu zu drängen oder dabei im Stich zu lassen), müssen Erwachsene letzten Endes genau dasselbe leisten, nur daß wir als Erwachsene diese Loslösung ohne eine liebende Mutter vollziehen, die uns während der ganzen Zeit uneigennützig unterstützt, die uns gestattet, zum Auftanken zu ihr zurückzurennen und dann wieder davonzulaufen, hinaus in die Freiheit und in die aufregende Welt. Zwar deutet Kate Chopin an, wie nützlich reife sexuelle und romantische Beziehungen sein können, um Frauen bei der Ablösung von Kindern, Mann oder Liebhaber zu unterstützen, aber auch romantische Phantasien können Edna bei ihrem Versuch, kein Anhängsel ihrer Kinder und ihres Mannes mehr zu sein, letzten Endes nicht helfen.

Die Tatsache, daß Frauen in letzter Zeit erkannt haben, daß sie sich gegenseitig zum Auftanken brauchen (um sich von der patriarchalischen Gesellschaft und von ihren eigenen unterdrückten Müttern zu lösen und Individuen zu werden – und dadurch ihre Mütter zu begreifen), bedeutete einen Durchbruch. Niemand kann allein um Selbständigkeit kämpfen. Es bedarf tatkräftiger Unterstützung und Ermutigung, um aus der symbiotischen Einheit auszubrechen – aus der »Welt der Verschmelzung«, in die wir alle hineingeboren werden und die Frauen ein zweites Mal erleben, wenn sie selbst Mütter werden. Die panische Angst vor einer weiterreichenden Individuation im Erwachsenenalter ist, bei Männern wie bei Frauen, nichts anderes als die panische Angst davor, daß niemand da ist, zu dem man zurücklaufen kann, und, im Fall von Frauen wie Edna, die Angst (oder die Tatsache), daß man zurückgewiesen oder im Stich gelassen wird, wenn man kein Anhängsel mehr sein will, sondern man selbst wird.

Freiwillige Gefangenschaft

Ähnlich wie in dem Roman *Das Erwachen* geht es auch in Doris Lessings Erzählung »Zimmer neunzehn« darum, welch enorme Unterstützung Frauen brauchen, um zu mehr Individualität und zu einem eigenen Selbstgefühl zu gelangen. Ohne jegliche romantische Illusionen wird in »Zimmer neunzehn« eine Frau geschildert, die, nachdem sie zehn Jahre ihres Lebens ihren vier Kindern gewidmet hat, nicht in der Lage ist, zu sich selbst – zu ihrem »wahren Selbst« – zurückzufinden. Die Früchte von Susan Rawlings Arbeit sind anderen zugute gekommen, ihren Kindern. Als das jüngste Kind schließlich den ganzen Tag in der Schule ist, empfindet diese Mutter »Irritation, Unruhe, Leere«, ist »angespannt, wie in Panik«. Erst jetzt merkt Lessings Heldin allmählich, daß ihr großes schönes Haus und ihre Familie ein Gefängnis bilden, in dem sie gefangensitzt – und daß diese Gefangenschaft deshalb so tödlich ist, weil sie auf Freiwilligkeit beruht. Mit dem Verstand begreift sie, warum sie sich so leer und nutzlos fühlt: »Kinder können nicht Mittelpunkt und Sinn des Lebens sein. Sie können tausenderlei sein: reizend, interessant, befriedigend, aber sie können nicht der Lebensquell selbst sein.« Aber auf der emotionalen Ebene kann Susan ihre Gefühle weder begreifen noch rechtfertigen.

Wenn ein Kind ernstliche Probleme hat – zum Beispiel zuckerkrank oder behindert ist –, mag eine Knechtschaft aus freien Stücken notwendig sein. Möglicherweise stellt das für eine Mutter eine wichtige Möglichkeit dar, in inniger Verbindung mit ihrem Kind zu bleiben, das viele Jahre, vielleicht ein ganzes Leben lang, ganz besondere Aufmerksamkeit braucht. Eine Mutter erzählte mir, daß ihr Sohn unter einer schweren Lernstörung litt und etwa im Alter von sieben Jahren bedenklich hyperaktiv wurde. Für sie bedeutete das, daß sie ungeheuer viel Zeit darauf verwendete, ihm zu helfen, und sich selbst buchstäblich an seine dringenden Bedürfnisse kettete; andernfalls hätte sie das Ausmaß an Selbstaufopferung, die diese Situation ihr abverlangte, nicht ertragen können.

Doch unter normalen Umständen ist es schwierig, zu entscheiden, ob manche Mütter einfach das Gefühl brauchen, gebraucht zu werden, um sich wert und wichtig zu fühlen, oder ob sie sich zu Sklaven ihrer

Kinder machen, um das Gefühl der Einsamkeit oder der Leere abzuwehren. Hattie beispielsweise, die sich ganz ihren drei Kindern gewidmet hatte, bis sie in die Schule kamen, hatte mit dieser Umstellung besonders große Schwierigkeiten. Sie gestand, daß sie eine Zeitlang buchstäblich Bedürfnisse bei ihren Kindern *weckte*, um sie erfüllen zu können:

> Ich konnte es einfach nicht ertragen, daß sie so unabhängig wurden, obwohl ein Teil von mir sich ganz fürchterlich über sie ärgerte. Da bediente ich sie nun von vorne bis hinten, brachte ihnen das Frühstück ans Bett, kochte ihnen köstliche Sachen, sooft sie wollten, und dann führten sie sich auf wie verzogene Rangen! Sie fingen an, diese Art von Behandlung zu erwarten – als ob sie sie verdient hätten! Natürlich ist mir das alles damals nicht klar gewesen. Als sie älter wurden, verließen sie sich ganz darauf, daß ich ihnen bei den Hausaufgaben half. Jeden Abend machten wir alle zusammen die Hausaufgaben. Meine älteste Tochter erklärte mir, ohne mich könne sie ihre Rechenaufgaben nicht lösen. Und bei den Projekten in Biologie und Erdkunde habe ich den Kindern auch immer geholfen (einige habe ich mir sogar selbst ausgedacht). Erst in den letzten Jahren auf der High-School wurden sie etwas unabhängiger von mir – aber das war zu der Zeit, als ich selbst anfing, unabhängiger zu werden.

Wie Lessings Heldin stand auch Hattie, die vor der Geburt ihrer Kinder als Lehrerin gearbeitet hatte, nicht unter dem Druck, wieder arbeiten zu müssen. Zum Glück entdeckte Hattie, als ihre Kinder erwachsen wurden, wieder ihre alte Liebe zur Gartenarbeit – etwas, womit sie sich schon früher gern befaßt hatte. Durch die intensive Beschäftigung mit ihrem alten Hobby, die schließlich dazu führte, daß sie ein eigenes Geschäft eröffnete, befreite sich Hattie schrittweise von ihrem Bedürfnis, gebraucht zu werden.

Das Ende von Doris Lessings Erzählung ist über die Maßen trist. Ihre Heldin mietet sich irgendwann ein Zimmer, in dem sie, erst dreimal in der Woche, dann fünfmal, stundenlang ungestört sitzt und versucht, »die eigentliche Susan« wiederzufinden, die seit der Geburt

ihrer Kinder »außer Kraft gesetzt worden [war], als hätte [sie] in einem Kühlraum gelagert«. Aber warum? fragt sie sich selbst. Wieder antwortet sie mit dem Verstand, ohne daß die Leere, die sie in sich spürt, dadurch gemindert würde: »Nicht einen einzigen Augenblick in zwölf Jahren bin ich allein gewesen, hatte Zeit für mich selbst. Darum muß ich erst wieder lernen, ich selbst zu sein. Das ist alles.«
Allein in einem Zimmer sitzend, ohne Kinder, die sie ablenken, erlebt Doris Lessings Heldin die Grenzen ihres emotionalen Hungers und ihrer inneren Verarmung. Die freiwillige Versklavung an die Kinder hat zehn Jahre lang etwas von ihr ferngehalten, was offenbar viel schlimmer ist – die vollkommene Einsamkeit und die heftige Auseinandersetzung mit beängstigenden Aspekten ihres Selbst. Da das Sorgen für die Kinder sie stets abgelenkt hat, waren ihr einige quälende Facetten ihres Innenlebens bis jetzt unzugänglich. Susans Gefühl der inneren Verarmung wird schließlich unerträglich.
Doris Lessings Erzählung beschäftigt sich mit der Tatsache, daß die innige Mutter-Kind-Beziehung zeitlich begrenzt ist; irgendwann muß sie zu Ende gehen. Das soll nicht heißen, daß Mütter und Töchter einander nicht ein ganzes Leben lang liebevolle Zuneigung bewahren können. Aber die *Mutter-Kind*-Beziehung kann nicht von Dauer sein. Wenn alles gut geht und eine enge und gute Beziehung besteht, kann das Ende sehr schnell erfolgen. Wenn Mutter und Kind keine sonderlich gute Beziehung haben, kann es für beide schwierig sein, den anderen gehen zu lassen. (Wenn Kinder die Liebe und Fürsorge bekommen, die sie brauchen, sind sie eher in der Lage, aus der Beziehung zu ihrer Mutter wegzugehen, ohne übermäßige Wut, Sehnsucht oder Schuldgefühle zu empfinden. Wenn eine Mutter-Kind-Beziehung gestört ist, kann das leicht dazu führen, daß sich Kinder an den Gegenstand ihrer Liebe und ihres Hasses klammern, um zu versuchen, sich das zu holen, was ihnen gefehlt hat, oder um sicherzustellen, daß sie die Mutter durch die Wut, die sie auf sie haben, nicht verletzt haben.)
In »Zimmer neunzehn« betont Doris Lessing die völlig irrationalen Elemente, die in dieser Zeit aufgewühlt werden. Da Susan Rawlings weder in sich noch in ihrer Umgebung etwas findet, was sie in dieser schwierigen Zeit der Entwöhnung von ihren Kindern aufrechterhalten könnte, macht sie ihrem Leben ein Ende. Obwohl die Erzählung

das Syndrom vom »leeren Nest« etwas überspitzt, weist Doris Lessing auf etwas noch Verhängnisvolleres hin: Die Bindung an Kinder und das Sorgen für sie kann leicht zu innerer Unterdrückung *und* Unterdrückung durch andere führen. Die Erzählung macht deutlich, daß eine intensive Bindung zwischen einer Mutter und ihren Kindern die emotionale Abhängigkeit, die unter Umständen zu erstickender Knechtschaft führt, verstärken kann. Dadurch, daß Doris Lessig ihrer Heldin jegliche romantische oder sexuelle Verstrickung nimmt, deckt sie den haarsträubenden Zustand der Deprivation auf, jene abwärts verlaufende Spirale der emotionalen Verarmung, die Mütter *scheinbar* selbst herbeiführen.

Während der Latenzperiode brauchen Kinder nach wie vor einen liebvollen Menschen um sich. Dies macht für manche Frauen die Situation noch schwieriger: Sie müssen die Intensiv-geliebt-und-gebraucht-Phase aufgeben zugunsten der Nur-manchmal-gebraucht-und-misch-dich-bloß-nicht-ein-wenn-ich-dich-nicht-brauche-Phase, in der sie lediglich als Empfänger für andauernde Störungen fungieren. Andere Mütter dagegen blühen in dieser Zwischenphase auf und nehmen aus der Ferne daran teil. Väter fangen an, sich für Baseball oder Fußball zu interessieren. Doch für die Psyche einer Mutter kann es ein harter Schlag sein, wenn ihre Kinder plötzlich den ganzen Tag in der Schule sind, sich die Mutter mehr oder minder auf Armeslänge vom Leib halten, enge Beziehungen zu anderen Menschen knüpfen und alles in allem eigenständige Menschen werden, die einem manchmal wie Fremde vorkommen. Warum empfinden manche Mütter diesen Wandel als Erleichterung und werden so leicht damit fertig, andere hingegen so schwer?

Die mütterliche Entwöhnung von dem schönen Gefühl, von kleinen Kindern heftig geliebt und gebraucht zu werden und ihnen so viel von sich selbst zu geben, kann dazu führen, daß bestimmte Aspekte der Persönlichkeit ausgelöscht und von der Mutter erst wieder ganz neu aufgebaut werden müssen. Doris Lessings Erzählung macht deutlich, daß der Ablösungs- und Individuationsprozeß dann, wenn die innere Entwicklung nicht massiv unterstützt wird, für Mütter ungleich schwieriger sein kann als für ihre Kinder. Nach all der Selbstaufopferung und Selbstverleugnung, die den Müttern durch die

Belastungen des Daseins für kleine Kinder auferlegt werden, fällt es manchen Frauen schwer, zu lernen oder wiederzuerlernen, eigene Bedürfnisse zu befriedigen und Erfüllung zu finden. Lessings Erzählung beschäftigt sich eingehend mit dem Phänomen, daß dieses intensive Gebrauchtwerden und exzessive Geben tatsächlich einen wesentlichen Teil der eigenen Persönlichkeit zerstören kann. Und so müssen manche Frauen noch einmal ganz von vorne anfangen, müssen eine durch die Aufgaben des Mutterseins modifizierte, neue Identität entwickeln und unter Schmerzen »gebären«, nachdem die alte von eben den Kindern verworfen wurde, die die fürsorgliche Bezugsperson einst so dringend brauchten, jetzt aber nur noch auftanken wollen und verlangen, daß man ihre wachsende Unabhängigkeit und Individualität respektiert. Das Problem ist, daß sich Kinder (und Ehemänner – eben alle, die die Vorteile des Bedient- und Umhegtwerdens genießen) daran gewöhnen, jemanden zu haben, der ganz für sie da ist. Kurzfristig betrachtet ist es für sie nicht von Vorteil, diese Person dazu zu veranlassen, damit aufzuhören. Die Selbstaufopferung der Mutter – und ihren emotionalen Preis – anzuerkennen, würde allzu große Schuldgefühle hervorrufen.
Verblüffend neu an Doris Lessings Erzählung ist, daß sie intuitiv diese Zwangslage erfaßt, mit der alle Frauen, die ihre Kinder selbst aufziehen, irgendwann konfrontiert werden, nämlich loslassen zu müssen, auch wenn es noch so weh tut, und nach und nach auf die Befriedigung, von jungen Menschen so intensiv geliebt und gebraucht zu werden, verzichten zu müssen. Für manche Frauen bedeutet es einen narzißtischen Tiefschlag, plötzlich »unwichtig« zu werden. Und es tut weh; es ist eine Form des Verlassenwerdens. Es ist schmerzlich, von Wesen im Stich gelassen zu werden, denen man so viel gegeben hat – die einen brauchten und einen plötzlich (besonders, wenn man seine Sache gut gemacht hat) eigentlich nicht mehr oder nur noch am Rande brauchen.

Der Individuationsprozeß bei der Mutter

Doris Lessing deutet die Verlustgefühle und den tiefen Kummer an, die Frauen so schwer akzeptieren und ertragen können, wenn ihnen klar wird, daß das jüngste Kind sie nicht mehr auf jene intensive, befriedigende Weise braucht und daß diese Phase des Mutterseins ein für allemal vorbei ist. Kleine Kinder können so etwas wie liebgewonnene Kameraden sein, mit Eigenschaften – Bewunderung, Formbarkeit und Dankbarkeit –, die man in Beziehungen mit Erwachsenen niemals finden wird und auf die man, wenn man sie einmal erlebt hat, nur schwerlich verzichten kann.

Manchmal setzt bei einer Mutter erst dann ein grundlegender weiterführender Individuationsprozeß ein, wenn das jüngste Kind in die Schule kommt und anfängt, eigene Interessen zu entwickeln und Beziehungen aufzubauen. Wenn sich eine Mutter intensiv um ihre Kinder gekümmert hat, geht sie aus dieser Erfahrung für immer verändert hervor. Etwas so Dauerhaftes und Einschneidendes hat sich ereignet, daß sie danach nicht mehr derselbe Mensch ist.

Das Dilemma der Individuation bei Müttern läßt sich auch in einem größeren, allgemeineren, nicht geschlechtsspezifischen Rahmen betrachten. Der Jungianer Arthur Colmann erläutert das folgendermaßen:

> Jung war der Ansicht, daß eine der Aufgaben in der zweiten Lebenshälfte für alle Menschen, nicht nur für Mütter, darin besteht, sich mit denjenigen Bereichen der eigenen Person auseinanderzusetzen, mit denen man sich zuvor kaum bewußt beschäftigt hat – nicht nur mit den Fähigkeiten und Talenten, die zu mittelmäßig waren, um sie in der Berufswelt nutzbar zu machen, sondern auch mit den Teilen der Psyche, die man als zu negativ empfand, um sich ihnen zu stellen. Obwohl es den Anschein hat, als würde die Entwicklung dieser psychischen Teilbereiche nur Risiken, Schmerz und Erniedrigung bergen, war Jung der Überzeugung, daß genau dort verborgene schöpferische Kräfte schlummern, die, wenn sie integriert werden, ein Gefühl der Ganzheit und Sinnhaftigkeit hervorrufen. Frauen, die ein Kind nach dem anderen bekommen, können diese Aufgabe länger hinausschieben; dasselbe gilt auch für sogenannte Workaholics (zwanghafte Arbeitstiere), Frauen und Männer ohne Kinder, die ihre fürsorgliche Veranlagung, von der eigene Kinder hätten

profitieren können, nie erkundet haben. Die eigentliche Gefahr besteht darin, unsere dunklen und unzulänglichen Seiten unentwickelt zu lassen; wir müssen uns entweder mit allen unterschiedlichen Aspekten unserer selbst auseinandersetzen oder in Kauf nehmen, daß wir unter den Folgen eines nur zur Hälfte gelebten Lebens leiden.

Für eine Mutter kann das eine schwierige Phase sein. Wenn sie die Reise zu sich selbst zurück nicht schafft, läuft sie Gefahr, ihre Kinder dazu zu benutzen, sich Befriedigung zu verschaffen – entweder indem sie sie dazu bringt, die Träume auszuleben, die sie selbst nicht verwirklichen kann, oder indem sie sie dauerhaft an sich bindet und ihnen nicht erlaubt, sich abzulösen. Es kann aber auch passieren – und das ist heutzutage häufiger der Fall –, daß eine Mutter ihren Kindern davonläuft, bevor sie von ihr weglaufen können, um dem Schmerz des Verlustes zu entrinnen.

Das Großziehen von Kindern verlangt von uns die Fähigkeit, mit unseren Kindern zu verschmelzen, zu wissen, was sie fühlen und brauchen, damit wir richtig für sie sorgen können. Es verlangt von uns außerdem die Fähigkeit, unsere Kinder gehen zu lassen, uns von ihnen zu lösen, um sie freizugeben. Loslösung erfordert einerseits eine weiterführende Entwicklung auf vielen Ebenen, andererseits die Integration einer tiefgreifenden psychischen Umstrukturierung, die sich ergibt, wenn wir durch die verschiedenen Entwicklungsstadien hindurch bis zum Erwachsenenalter für ein Kind sorgen.

Die meisten Eltern freuen sich, wenn ihre Kinder ins Schulalter kommen, und genießen die größere Freiheit. Doch gleichzeitig tauchen komplizierte Gefühle der Deprivation, des Verlustes und der Verwirrung auf. Manchmal werden diese Gefühle geleugnet oder mißverstanden. Ganz gleich, wie gut wir es schaffen, unsere Kinder aufwachsen und von uns wegwachsen zu lassen, auf irgendeiner Ebene besteht möglicherweise immer die Sehnsucht, wieder eins mit ihnen zu werden.

Kapitel 7

Adoleszenz und das Ende der Kindheit

Ich habe den Ausdruck »Teenager-Stagnation« (*adolescent doldrums*) verwendet, um die wenigen Jahre zu bezeichnen, in denen kein Mensch einen andern Ausweg hat, als zu warten, und zwar ohne zu wissen, was vor sich geht. In dieser Phase [hat] das Kind ... keine festgelegte Identität und keine bestimmte Lebensweise, die die Zukunft formt ..., wir sind darauf gefaßt, daß trotzige Selbständigkeit mit Regression auf Abhängigkeit abwechselt; wir halten aus und warten ab, anstatt Zerstreuungen und Heilmittel anzubieten (...) Es gibt nur ein Heilmittel für die Adoleszenz: das Verstreichen der Zeit und den Übergang des Heranwachsenden ins Erwachsenendasein.

D. W. Winnicott
Reifungsprozesse und fördernde Umwelt

Selbst wenn die Reifung in der Pubertät ohne wesentliche Krisen verläuft, kann man sich vor akute Probleme gestellt sehen, denn das Heranwachsen bedeutet für die Jugendlichen, selbst an die Stelle der Eltern treten zu sollen. Dies ist ein Faktum. In der unbewußten Phantasie ist das Erwachsenwerden naturgegeben etwas Aggressives. Und das Kind bleibt nicht länger Kind.

D. W. Winnicott
Vom Spiel zur Kreativität

Auszüge aus Interviews

Als meine Tochter ein Teenager war, bleichte ich mir die Haare, ließ mich liften und ging ziemlich oft aus. Ich weiß nicht, wer mehr Verabredungen hatte – sie oder ich. (Mitzi, 49, drei Kinder)

Wenn man einen Teenager im Haus hat, dann sollte man lieber lernen, sich anderswo seine Streicheleinheiten zu holen, das können Sie mir glauben, denn die machen einen einfach zur Sau. Ich meine es ernst. Sie behandeln einen wie den letzten Dreck. Und sagen lassen sie sich überhaupt nichts. Sie wissen einfach alles besser. Glauben Sie mir, man kann sagen, was man will, sie hören nicht drauf. Und wenn, dann tun sie genau das Gegenteil. (Hazel, 41, ein Kind)

Ich hatte nie irgendwelche Schwierigkeiten mit meinem ältesten Sohn, bis er ein As im Fußball wurde. Also im Herbst war es Fußball, im Winter dann Basketball und im Frühling Baseball. Der Kerl ist ein echter Sportler. Aber es verging kein Tag, an dem er mich nicht wegen irgendeinem verdammten Dreck angegriffen hat. Ich hatte die Nase voll von ihm und von diesen ganzen beschissenen Wettkämpfen. Es dauerte nicht lange, und er tat nichts mehr, was ich ihm sagte, ohne daß es einen Mordskrach gab, also habe ich es schließlich aufgegeben und nachgegeben. Was hat es für einen Sinn? Jetzt ist es sowieso seine Welt. Meine Zeit auf der Sonnenseite ist so ziemlich vorüber. (Dick, 56, vier Kinder)

In einer Kultur, die repressiv und zugleich aufreizend ist, freizügig und doch voller Gefahren, ist die Pubertät ein ungeheuerliches Ereignis. Selbst unter den günstigsten Umständen ist die Adoleszenz eine extreme und beunruhigende Phase der Bewußtwerdung. Radikale hormonelle Veränderungen bewirken massive Empfindlichkeiten, die nicht einzuordnen sind. Die sinnlichen Erfahrungen Heranwachsender sind von ungleich größerer Heftigkeit als bei Erwachsenen, von einer extremen Körperlichkeit, die wir eingebüßt haben. Es fällt uns schwer, uns die Zeit ins Gedächtnis zu rufen, in der unser kindlicher Körper anfing, sich ungestüm in einen Erwachsenenkörper – so groß und kräftig wie der unserer Eltern – umzugestalten. Versuchen Sie sich an jene ersten überwältigenden Gefühle sexueller Erregung zu erinnern, die letztendlich dazu führten, daß man sich zeitweilig selbst verlor – und das innerhalb einer Familie (und einer Gesellschaft), in der man nach wie vor als Kind galt.

Die flüchtigen sexuellen Empfindungen bei Heranwachsenden stellen für uns alle eine gewisse Gefahr dar. Tabuisierte Begierden, wollüstig und gewaltsam, machen einen größeren Abstand von den Eltern erforderlich. Inzest, Muttermord und Vatermord rücken jetzt in den Bereich dessen, was körperlich möglich ist. Sehr wahrscheinlich tauchen jetzt in der Machtstruktur der meisten festgefügten Familien Risse und Sprünge auf. Um den emotionalen Stürmen des Heranwachsens standzuhalten, brauchen Eltern in dieser Zeit mehr Geduld und Reife als je zuvor. Während unsere Kinder einen größeren Abstand zwischen sich selbst und die Verlockungen der Kindheit legen, stellen sie ihre liebenswerten Versuche ein, sich so zu verhalten, wie wir es gerne möchten. An dieser Weggabelung muß die ältere Generation anfangen, die nachkommende ernstlich zu erziehen, und ihr gleichzeitig Platz machen, damit sie ihre Nachfolge antreten kann.

Unerwünschte Gefühle

Die Adoleszenz ist eine Zeit ungeheurer Energie, in der sich der Körper erstaunliche Fähigkeiten aneignet und seine neuerworbenen Kräfte einsetzt. Wir müssen Heranwachsende nicht nur darauf vorbereiten, daß sie unseren Platz übernehmen, und ihnen beibringen, ihre Energien so zu kanalisieren, daß sie in der Lage sind, uns zu überleben und zu übertreffen, sondern wir müssen auch mit ansehen, wie sie stärker und attraktiver werden als wir. Oft geschieht dies genau dann, wenn unsere eigenen Kräfte zu schwinden beginnen.

Normalerweise sind Eltern hingerissen von der neuerworbenen Körperkraft und Beweglichkeit eines Heranwachsenden – Fußball, Gymnastik, Leichtathletik, Ballett: Erwachsenen bereitet es Vergnügen, die körperliche Anmut, Geschicklichkeit und Kraft jüngerer, kräftigerer

Menschen mitzuerleben. Mit zunehmendem Alter wächst unser Bedürfnis, uns stellvertretend an der Schönheit und Tüchtigkeit der Jugend zu erfreuen.

Der preisgekrönte Film *Vier irre Typen* zeigt voller Sympathie und Humor einige Konflikte auf, die Heranwachsende bei den Erwachsenen heraufbeschwören. Obwohl es in diesem Film in erster Linie um die Umwälzungen geht, die junge Menschen in dieser Zeit durchmachen, und die Eltern eher Karikaturen als Charakterfiguren sind, wird doch deutlich, daß Teenager ihre Eltern zu neuen Verhaltensweisen veranlassen und provozieren, daß sie sie zwingen, auf die eine oder andere Weise mit der körperlichen Überlegenheit, dem egozentrischen Benehmen und der zunehmenden Selbständigkeit ihrer Kinder fertig zu werden. Eine Szene liefert eine geballte Darstellung des heiklen Problems, dem sich alle Erwachsenen stellen müssen, wenn eine neue Generation sozusagen »von hinten nachrückt«. Einer der jungen Helden rast auf seinem Fahrrad eine Schnellstraße entlang, um sich auf ein Rennen vorzubereiten. Er nähert sich von hinten einem Lastwagen, und als der Fahrer ihn im Rückspiegel entdeckt, checkt er seine Geschwindigkeit und teilt dem Jungen durch Handzeichen mit, wie schnell er fährt. Beide, der junge Rennfahrer und der Lastwagenfahrer, geraten in den Bann der Geschwindigkeit des jungen Mannes. Tatsächlich fährt der Junge schneller und immer schneller und überholt den Lkw. Genau in dem Augenblick, in dem der Junge mit seiner geballten Vitalität an dem Laster vorbeizischt, hält ein Polizist dessen Fahrer an und verpaßt ihm einen Strafzettel wegen überhöhter Geschwindigkeit. Die Kamera schwenkt zum glücklichen Gesicht des Jungen, der einfach weiterrast, so mit sich selbst beschäftigt, daß er wahrscheinlich schon vergessen hat, daß ein anderer ihm geholfen hat, seinen eigenen Geschwindigkeitsrekord zu brechen; dann schwenkt sie zurück zu dem müden, unrasierten Lastwagenfahrer, der seinen Strafzettel bekommt.

Genau dann, wenn unsere Kinder den Höhepunkt ihrer körperlichen Kraft und Leistungsfähigkeit erlangen, zwingt uns das Alter dazu, unser Tempo zu drosseln; wenn wir das nicht tun, erteilt uns das Leben einen Strafzettel in Form von Erschöpfung, abnehmender Vitalität, schmerzenden Knien und dergleichen. Die Adoleszenz ist die

Blütezeit des Körpers; gleichzeitig erinnert sie diejenigen unter uns, die schon älter sind, an den unvermeidlichen Verfall des Körpers. Auf einer unterschwelligen, symbolischen Ebene muß der Vater seinem Sohn nicht nur körperliche Tüchtigkeit, sondern echte Überlegenheit zugestehen. Die Mutter muß ihrer Tochter die Erlaubnis erteilen, schöner zu werden als sie, ihre eigene Sexualität zu erleben und schließlich ebenfalls die Fähigkeit zu besitzen, sich fortzupflanzen. In der Zeit der Adoleszenz erlauben wir unseren Kindern, zu gewinnen. Obwohl es vielleicht den Anschein hat, als bliebe uns in dieser Beziehung kaum eine andere Wahl, wäre es doch ein schreckliches Versäumnis, das beide Generationen beeinträchtigen würde, ihren körperlichen Reifungsprozeß nicht zu bestätigen und ihnen nicht zu gestatten, stärker und schöner zu werden als wir. Übertriebene Schuldgefühle, Wut, Konkurrenzgefühle und Aufsässigkeit können die Energien Heranwachsender aufzehren und sie auf ungesunde Weise an die vorherige Generation binden. Eltern können ihre eigene Weiterentwicklung dadurch verzögern, daß sie sich weigern, sich dem Alterungsprozeß und der Tatsache, daß ihre Kinder nachrücken, zu stellen und beides zu akzeptieren.
In dieser Zeit tauchen ganz unweigerlich Neid- und Konkurrenzgefühle auf. Harriet (46), eine attraktive, im Bereich der Marktanalyse tätige Mutter, berichtete offen und ehrlich über die widersprüchlichen Emotionen, die ihre heranwachsende Tochter bei ihr weckte. Harriets Schönheit ist zwar noch lange nicht verblaßt, aber ihre 16jährige Tochter Julie ist eben einfach umwerfend. Als wir uns zum Lunch trafen, brachte Harriet ein paar Fotos mit. »Schauen Sie sich bloß dieses Kind an«, sagte sie. »Es ist einfach nicht zu fassen. Letztes Jahr war sie noch ein richtiger Trampel, das schwöre ich Ihnen. Sie sah aus wie eine Bohnenstange. Und schauen Sie sie jetzt an!« Während sie sich eine Zigarette anzündete, berichtete Harriet, wie das für sie war, als Julie plötzlich erwachsen wurde:

> Ich glaube, es war im letzten März, als mir plötzlich klar wurde, daß meine Tochter sehr viel schöner ist als ich. Ich meine, dieses Mädchen kann nicht über die Straße gehen, ohne daß ihr die Männer nachpfeifen. Früher haben sie mir nachgepfiffen. Jetzt

schauen sie nicht mal mehr um. Natürlich hat sie keine Ahnung, daß sie so umwerfend ist. Manchmal komme ich mir vor wie die böse Königin in *Schneewittchen.* Ich weiß nicht, was schlimmer ist: der eigenen Tochter gegenüber Konkurrenzgefühle zu haben oder als Verlierer dazustehen.

Trotz der Konkurrenzgefühle genießen es manche Mütter sehr, wenn ihre Töchter zu jungen Frauen erblühen. Als ich Bettina in ihrem Wohnzimmer interviewte, zeigte sie mir Fotos vom Schulball ihrer Tochter und verglich sie mit ihren eigenen Fotos aus der High-School-Zeit. Die Ähnlichkeit zwischen Bettina und ihrem einzigen Kind war verblüffend. Bettina (48) ist verwitwet und arbeitet als Sekretärin bei einem Rechtsanwalt. Letztes Jahr wurde sie Großmutter. Aber an die Teenagerzeit ihrer Tochter hat sie nach wie vor lebhafte Erinnerungen:

> Ich war ganz begeistert, daß sich meine Tochter zu einer so schönen Frau entwickelte und daß sie so unbefangen war. Das rief meine ganzen Erinnerungen wach, den ganzen Spaß, den ich in der High-School gehabt hatte – meinen ersten Ball, den ersten Kuß, den ersten Jungen, mit dem ich »fest« ging.

Manche Mütter haben das zutiefst befriedigende Gefühl, etwas vollbracht zu haben, wenn ihre Kinder das Teenageralter erreicht haben, und vertrauen darauf, daß die Jugendlichen jetzt ganz gut allein zurechtkommen. Susan, eine sehr erfolgreiche Frau, die an einer renommierten Universität Geschichte unterrichtet, berichtete, daß es zwar hart gewesen sei, die Kinder »erwachsen werden zu lassen«, daß sie als Mutter aber immer zuversichtlich gewesen sei:

> Als mein Sohn und meine Tochter ins Teenageralter kamen, drillte ich sie auf Geburtenkontrolle und ließ sie dann laufen. Aber ich vertraute ihnen – sie waren immer vernünftig und verantwortungsbewußt, und ich machte mir eigentlich nicht viel Sorgen. Im Grunde war ich ungeheuer erleichtert. Wie wenn ich es geschafft hätte – ich hatte sie soweit gebracht, daß sie sich um sich selbst

kümmern konnten und mir mehr Zeit für die Arbeit an meinem nächsten Buch blieb.

Das neue Selbstvertrauen und die neue Unabhängigkeit von Heranwachsenden vermitteln manchen Müttern das Gefühl, etwas vollendet zu haben, und erleichtert es ihnen, sich ohne dauernde Ablenkungen wieder dem Beruf zuzuwenden, den sie vor der Mutterschaft ausgeübt haben.
Nach Ansicht der Ehe- und Familienberaterin Lyn Ballard haben manche Mütter in diesem Stadium offenbar mehr Schwierigkeiten als ihre Männer, weil sie empfindlicher auf den Alterungsprozeß reagieren:

> Ältere Männer gelten in unserer Gesellschaft als »distinguiert«. Ältere Frauen glauben leider manchmal, sie hätten ihre Anziehungskraft auf Männer eingebüßt und fühlen sich ziemlich verwundbar. Was kann man dafür, daß man neidisch wird, wenn einen so ein attraktiver Teenager Tag für Tag daran erinnert, daß man seine besten Jahre hinter sich hat? Es ist ganz normal, daß Töchter in diesem Stadium wirklich mit ihren Müttern konkurrieren, und für die Mütter ist es dann schwer, sich nicht als Verlierer zu fühlen.

Heranwachsende haben das Bedürfnis, Dinge und Menschen in kräftigen Farben zu sehen – pechschwarz oder schneeweiß. Um den Loslösungsprozeß abzumildern, neigen Teenager häufig dazu, einen Elternteil (oder einen Lehrer, Freund oder Rockstar) zu idealisieren und den anderen zu kritisieren. Dazu die Psychologin Christina Wendel:

> Heranwachsende haben vorübergehend das Gefühl, die Herrschaft über sich verloren zu haben, weil ihre Körper anfangen zu wachsen und sie mit lauter neuen Dingen konfrontieren: Menstruation, Erektionen, Ejakulationen, Orgasmen. Diese gewaltigen physiologischen Veränderungen führen häufig dazu, daß Teenager egozentrisch werden und zu einer früheren Denkweise

regredieren – zum Beispiel einen Elternteil als ganz und gar gut, den anderen als ganz und gar schlecht hinstellen. Es ist durchaus üblich, daß sie »aufsplitten« – daß sie den Lehrer (oder Schauspieler oder Fußballspieler) idealisieren und die Eltern abkanzeln. Dies erleichtert es ihnen, sich von den Menschen abzulösen, von denen sie ihr ganzes Leben lang so abhängig waren und zu denen sie noch immer eine tiefe Bindung haben. In den meisten Fällen wird die Mutter zur Zielscheibe ihrer Aggressionen. Sie ist im Normalfall diejenige, die sich in all den Jahren um sie gekümmert hat, diejenige, zu der sie zurücklaufen wollen, wenn die Situation kritisch wird, und von der sie wieder weglaufen, wenn alles vergnüglich und aufregend ist. Also müssen sie Schutzwälle gegen das Gefühl der Abhängigkeit aufbauen, das sie der Mutter gegenüber noch immer empfinden.

Eine frisch geschiedene Mutter berichtete mir von der Vorliebe ihrer heranwachsenden Stieftochter, alles zu romantisieren oder abzuwerten – die Welt in Gut und Böse zu »splitten« –, und vom Vater, der sich von der Tatsache, daß seine Tochter ihn idealisierte, einwickeln ließ. Die Unfähigkeit dieses Vaters, zu begreifen, was sich hier abspielte, wirkte sich recht ungünstig auf die ganze Familie aus. Ellen (48), die sich ihren Lebensunterhalt mit dem Verkauf von Immobilien verdient, berichtete, ihr Leben sei völlig aus den Fugen geraten, nachdem ihre 16jährige Stieftochter zu ihr und ihrem Ex-Mann gezogen sei.

Zum Bruch zwischen meinem Mann und mir kam es deshalb, weil ich mit ansehen mußte, wie er total auf dieses Kind hereinfiel. Ich hatte sie mit offenen Armen aufgenommen. Ich habe immer gedacht, ihre leibliche Mutter müßte völlig bekloppt gewesen sein. Anfangs glaubte ich, es sei das Beste, was ich für dieses Kind tun kann, sie zu mir zu nehmen, ihr aus der Not zu helfen, eine gesunde Beziehung zu ihrem Vater zu unterstützen. Aber dann war es bald so, daß sie in seinen Augen nichts falsch machen konnte – sie betete ihn an, vergötterte ihn, und er konnte dieser Schmeichelei einfach nicht widerstehen.

> Die beiden verbrachten immer mehr Zeit miteinander. Schon bald war klar, daß er lieber mit ihr lange Spaziergänge machte als mit mir. Es dauerte nicht lange, da war ich für sie die Hexe und für ihn die gehässige Ehefrau. Stellen Sie sich vor, was es bedeutet, mit anzusehen, wie der eigene Mann von einem strahlenden Teenager um den Finger gewickelt wird, der dauernd um ihn herumschwänzelt und ihn für den lieben Gott hält! Plötzlich war ich diejenige, die ihn angeblich die ganzen Jahre lang zermürbt hat. Es hat furchtbar weh getan, und ich glaube nicht, daß ich ihm das je verzeihen werde. Und seine Tochter ist dadurch nur noch neurotischer geworden.

Wenn Kinder in ihre Erwachsenenkörper hineinwachsen, können sie schwere Verwüstungen in ihren Familien anrichten. Wegen der Abhängigkeit von der primären Bezugsperson in den ersten Lebensjahren ist normalerweise die Mutter (oder Stiefmutter) diejenige, die von den Heranwachsenden vorübergehend »niedergemacht« wird. Außerdem besteht die Gefahr, daß die mannbar gewordene Tochter in der väterlichen Zuneigung jetzt den Platz der Mutter einnimmt (beziehungsweise der Sohn bei der Mutter den Platz des Vaters), ohne daß einem der Beteiligten bewußt ist, was da geschieht.

Vorboten des Verlustes

Um die emotionale Situation von Eltern Heranwachsender in vollem Umfang zu begreifen, müssen wir unsere tief verwurzelte Sehnsucht nach Familie und Kindern mit einbeziehen, die trotz der hohen Scheidungsrate, der für die Kernfamilie typischen Belastungen und der zunehmenden Auflösung traditioneller Verwandtschaftsbande weiterbesteht. Vielleicht dürsten wir am meisten nach dem, was wir schon bald verlieren werden. Wenn Kinder in unserer Gesellschaft heranwachsen, bereiten sie sich darauf vor, uns zu verlassen – um schließlich ihre eigenen Familien zu gründen. Freilich hoffen wir, daß sie, nachdem sie fortgegangen sind, eng mit uns verbunden bleiben. Aber wir wissen, daß dies eine Beziehung auf einer anderen Ebene

sein wird. Wenn sie zurückkehren, dann als Erwachsene, als gleichrangig.
Subtiler und traumatischer als die hervorgerufenen Neid- und Konkurrenzgefühle ist für manche Mütter heranwachsender Kinder der Verlust an Liebe und Abhängigkeit. Wenn sich ein kleines Kind auf uns verläßt, wird dadurch die Einsamkeit, die uns letzten Endes bevorsteht und sich in der zweiten Lebenshälfte durch Vorboten unserer Sterblichkeit ankündigt, hinausgezögert. Um dieses Gefühl zurückzudrängen, gibt es kaum etwas Besseres als die Fürsorge für kleine Kinder. Ihre unschuldige Liebe, ihr Bedürfnis, uns zu idealisieren, und ihr Bedürfnis nach körperlicher und emotionaler Nähe schaffen eine Intimität, die wir in keiner anderen Beziehung in dieser Form erleben. Im Gegensatz zu Kindern im Schulalter, die nach wie vor von uns abhängig sind, wollen Heranwachsende immer weniger mit uns zu tun haben. Es ist nicht ungewöhnlich, daß Eltern in dieser Zeit unter irrationalen Verlustgefühlen leiden.
Elisabeth blieb zu Hause, um ihre drei Söhne großzuziehen, bis der jüngste fünf Jahre alt war. Dann arbeitete sie halbtags als Sozialarbeiterin. Jetzt, nachdem ihr letztes Kind in die High-School gekommen ist, hat Elisabeth mit ihren inzwischen 43 Jahren das Gefühl, daß sie wieder ganztags arbeiten kann, wie es ihr neuer Job verlangt. Als wir in ihrer Mittagspause auf einer Bank im Stadtpark saßen, fielen mir als erstes ihre Gelassenheit und ihre Selbstsicherheit auf. Als sie später ganz offen über ihre Gefühle sprach, traten ihr Tränen in die Augen, während sie ihre Reaktion auf die Vorpubertät ihres jüngsten Sohnes schilderte:

> Seit Larry, mein »Baby«, zwei Jahre alt war, hat er gerne mit Spielzeuglastern, Autos und elektrischen Eisenbahnen gespielt. Er kann mit dem Mund diese unglaublichen Geräusche machen, die sich anhören wie ein Motor. Jahrelang habe ich diesen herrlichen Geräuschen gelauscht, die er immer macht, wenn er in sein Spiel vertieft ist. Doch eines Tages – damals war er etwa elf oder zwölf – ging ich an seinem Zimmer vorbei und hörte keine Geräusche. Er spielte nicht. Er starrte in die Luft und hörte Popmusik. Dasselbe war bei meinem älteren Sohn passiert, nur war er

> insgesamt geselliger – er spielte nicht so viel allein. Etwa im selben Alter begann er ganz plötzlich, allein in seinem Zimmer zu hocken und Platten zu hören. Als mein Jüngster anfing, in die Luft zu starren, statt seine Motorengeräusche zu machen, war das für mich dramatischer. Es bedeutete, daß er weg war – freilich nicht körperlich, das dauerte noch ein paar Jahre; aber es bedeutete, daß er nicht mehr mein kleiner Junge war. Ich spürte diesen schrecklichen Stich – fast eine Art Panik.

Andere Mütter fühlen sich in dieser Zeit auf kaum erträgliche Weise zurückgewiesen. Barbara, die als Aushilfslehrerin an der Schule ihres einzigen Kindes arbeitet, berichtete, daß ihre Tochter in der siebten Klasse frech und unverschämt wurde. Da Barbara, damals dreiunddreißig, keine Kinder mehr bekommen konnte, war ihre Tochter der Mittelpunkt ihres Lebens. »Bis sie dreizehn war, hatte sie ein denkbar heiteres Naturell. Sie war das liebste Kind, das man sich vorstellen konnte.« Im Verlauf der siebten Klasse jedoch änderte sich alles:

> Erst fing sie an, sich so zu benehmen, als würde ich sie in Verlegenheit bringen – durch alles, was ich tat und sagte. Aber alle Leute erklärten mir, das sei ganz normal. Doch dann wurde sie richtig rotzig. Sie fing an, mir die ganze Zeit böse Blicke zuzuwerfen, und ich hatte den Eindruck, daß sie ihrer besten Freundin fürchterliche Dinge über mich erzählte. Dann gewöhnte sie sich an, ihre Zimmertür zuzusperren, und wenn ich anklopfte, sagte sie, ich solle verschwinden. Ich fühlte mich in meinem eigenen Haus wie eine Ausgestoßene! Es war schrecklich – meine eigene Tochter benahm sich, als würde sie mich zutiefst verabscheuen.

Wegen dieser vorsätzlichen, feindseligen und oft recht krassen Art, sich zu distanzieren, haben manche Mütter das Gefühl, daß sich ihre halbwüchsigen Kinder gegen sie gekehrt haben. Aber die emotionale Situation aller Beteiligten ist in dieser Zeit zum Glück komplexer, als sie auf den ersten Blick scheint. Wenn sich in den Jahren des Heranwachsens die engen Bande zwischen Mutter und Kind lockern, so ist das ein heikler, komplizierter Vorgang, der seine eigene Gesetzmäßigkeit besitzt. In ihrer Erzählung »Oh ja« beschreibt Tillie Olsen den Schmerz und die Verwirrung, die unter der Oberfläche schwelen, wenn sich im Körper erstmals jene Umwälzungen zum Erwachsensein hin bemerkbar machen.

Die zunehmende Distanz zwischen der jungen weißen Carol und ihrer schwarzen Freundin Parialee gleicht dem, was sich in der Adoleszenz zwischen Mutter und Kind abspielt. Zu Beginn der Erzählung sind die zwei Mädchen noch Freundinnen mit jeweils festen Bindungen an ihre Mütter. Irgendwann beobachten die beiden Mütter, die ebenfalls befreundet sind, durchs Fenster, wie ihre Töchter zusammen spielen. Bis jetzt wurde die erstaunliche Energie der jungen Mädchen durch Hüpfbälle, Springseile, Abzählverse und die zahllosen rhythmischen Spiele kanalisiert, gelenkt und gezähmt, durch all das »Springen, Hüpfen, Werfen, Aufprallen«, das einerseits dafür sorgt, daß Kinder sicher und geschützt in Reichweite ihrer Eltern bleiben, und ihnen andererseits die dringend benötigte Bewegungsfreiheit gewährt. Solange sie »in dem alten, aufeinander eingespielten Verständnis« spielen, bleiben beide Töchter im Bereich der mütterlichen Aufsicht. Doch bald wird die Adoleszenz beiden Mädchen die Sicherheit und den Schutz ihrer kindlichen Unschuld rauben, jener Unschuld, die sehr viel weiter auseinanderklaffende Welten überbrücken kann als die von Schwarz und Weiß, Reich und Arm.

Tillie Olsen deckt die bei Müttern häufige Tendenz auf, das schmerzliche Wissen erst einmal zu leugnen, daß die Trennung unvermeidlich und die Wirklichkeit, in die sie ihre Kinder hinausschicken, schrecklich ist. Die Mutter in dieser Geschichte wird naiv und idealistisch dargestellt. Die ältere Tochter muß sie erst über die Wahrheit aufklären. Carols *peer group*, also ihre Altersgenossen, werden bald die Stelle der Mutter einnehmen. Carols halbwüchsige Schwester muß der Mutter die Augen öffnen und ihr klarmachen, daß das unbarmherzige Vorurteil der Weißen Carol früher oder später einholen wird. Die Mutter sträubt sich dagegen, denn das würde unter anderem bedeuten, daß sie nur recht wenig Einfluß auf das Gefühlsleben ihrer Tochter und auf die äußere Wirklichkeit hat.

Carol hat bemerkt, daß die weißen Mädchen, mit denen sie sich

anfreundet, ihre schwarze Freundin vor den Kopf stoßen. Fast gegen ihren Willen gerät Carol mehr und mehr unter den Einfluß dieser Gruppe gleichaltriger weißer Mädchen, weil ihr das mehr Selbständigkeit gegenüber ihrer Mutter verschafft und ihr hilft, den Aufruhr ihres Körpers besser in den Griff zu bekommen.
Die Erzählung endet damit, daß die weiße Mutter ihre krampfhaft schluchzende Tochter im Arm hält. Carol erkennt, daß sie von der Kultur der Weißen eingesogen wird. Ohne es zu wollen, wird sie auch in die Vorurteile der Weißen hineingezogen. Am Ende der Erzählung hält die Mutter ihre Tochter »schützend im Arm«, während sie gleichzeitig »das Trügerische der Umarmung [betrauert]«. Denn die Tochter wird demnächst in die grausame und beängstigende Welt entlassen werden. Carols Schuldgefühle und ihr Verrat sowohl an ihrer schwarzen Freundin als auch an ihrer Mutter werden durch die *peer group*, die jetzt allmählich den Platz der Mutter einnimmt, bis zu einem gewissen Grad gemildert.
Oft hilft eine solche Gruppe Gleichaltriger – oder vielmehr das Gefühl der Kraft oder Stärke, das die Zugehörigkeit zu einer solchen Gruppe vermittelt – dem Heranwachsenden, sich aus der intensiven Bindung an die Mutter befreien.

Abwehr gegen Bindung

Heranwachsende entwickeln eine starke Abwehr gegen ihre eigene Abhängigkeit und auch gegen die Menschen, die sie lieben. Eine Form dieser Abwehr besteht in der Weigerung, sich in die Erwachsenenwelt einzufühlen, die sie hervorgebracht hat. Mitgefühl ruft bei Heranwachsenden oft allzu große Schuldgefühle gegenüber ihren Eltern oder anderen Erwachsenen, die in dieser Zeit für sie da waren, hervor. Sie müssen jetzt die (keineswegs leichte) Aufgabe bewältigen, die Menschen hinter sich zu lassen, die sie am meisten lieben und mit denen sie am vertrautesten sind – um die Freuden, die Verantwortung und die Last des Erwachsenseins auf sich zu nehmen. Dies können Heranwachsende nur dann schaffen, wenn sie nicht zu viel Mitleid mit den Menschen haben, von denen sie aufgezogen wurden. Später wird das vielleicht möglich sein, aber die Kaltherzigkeit der Jugendlichen hat eine wichtige Funktion: Sie hilft ihnen, sich von den liebenden Eltern loszureißen, nach denen sie sich, auf irgendeiner Ebene, stets sehnen werden.

Manche Teenager sind so frech, unsensibel, mäkelig oder aufsässig, daß sie den Zorn der Erwachsenen heraufbeschwören. Mehrere Eltern meinten, sie könnten es kaum erwarten, daß ihre Kinder das Haus verließen. Andere äußerten sich verärgert und enttäuscht – fast desillusioniert – darüber, wie ihre heranwachsenden Kinder sich entwickelten und wie selbstsüchtig sie sich benahmen.

Diesen Aspekt der Adoleszenz streift Tillie Olsen in einer anderen Erzählung. In »He, Seemann, welches Schiff?« stellt sie die Sehnsucht eines alkoholsüchtigen Seemanns nach einem Familienleben der Kaltherzigkeit eines jungen Mädchens gegenüber, das jedem Angehörigen der Erwachsenenwelt, der ihre neuerworbene, fragile Selbständigkeit bedroht, jegliches Mitleid verweigert. Zu Beginn der Geschichte gelingt es dem Seemann (für den eine eigene Familie zu einem »unerreichbaren … verlorenen Land« geworden ist), bei seinen alten Freunden Aufnahme zu finden, den einzigen Menschen auf der Welt, die sich noch etwas aus ihm machen. Während die Eltern ihm bei seinem schmerzhaften Entzug behilflich sind, muß er sich der Konfrontation mit jedem einzelnen Kind stellen, so daß der Leser ihn aus einer doppelten Perspektive erlebt: durch die Reaktion der Kinder auf den Trinker und durch die Reaktion des gebrochenen Mannes auf die unterschiedlich alten Kinder. Die jüngeren Kinder reagieren mit derselben Zuneigung, Offenheit und demselben Vertrauen, das sie jedem Menschen (ob nüchtern oder betrunken) entgegenbringen, den sie einmal liebgewonnen haben. Die halbwüchsige Tochter reagiert intolerant und mißbilligend. Das jüngste Kind kuschelt sich spontan an ihn, um sich nach einem schlechten Traum wieder zu beruhigen. Doch als er das junge Mädchen an die Zeit erinnert, in der sie zu ihm ins Bett kroch und verkündete, sie sei mit ihm verheiratet, beleidigt ihn der Teenager erbarmungslos. Ihre tiefe, seit langem bestehende Zuneigung zu ihm läßt sich nicht mehr durch das unschuldige Licht der Kindheit filtern. Wie alle Heranwachsenden muß sie rigoros alle Gefühle gegen jede elternhafte Gestalt unterdrücken, die auch nur den leisesten sexuellen Unterton haben. Sie ist peinlich berührt von ihrem früheren vertraulichen Benehmen ihm gegenüber und macht sich gleichzeitig keinerlei Illusionen mehr über seinen sichtbaren Verfall. Da Jugendliche die Fehler und Schwachstellen der Erwachsenen zum erstenmal deutlich erkennen, fällt ihr Urteil harsch aus. Der Seemann hingegen erinnert sich an »die Spielsachen, die ich repariert und gemacht habe, die Fragen, die ich beantwortet habe, die Sorgen um dich, den Stolz auf dich ... die Liebe ... die Vergötterung«.

Heranwachsende haben eine starke Abwehr gegen die Aufopferung und die Schwächen, die sie bei den ihnen nahestehenden Menschen zu erkennen beginnen. Die Erwachsenen leiden häufig unter dem unangenehmen Gefühl, entlarvt zu werden. Obwohl die Mutter in dieser Erzählung versucht, ihre Tochter zu einer toleranteren, menschlicheren Einstellung zu bewegen, widersetzt sich das junge Mädchen. Wie die meisten Teenager ist sie noch nicht in der Lage, Mitleid zu empfinden.

Unerwiderte Liebe

Kinder werden zu einem Bestandteil unseres Lebens, auf den zu verzichten, schwerfällt. Vor der Adoleszenz verschaffen sie uns ein Ziel, verhelfen uns zu einem Sinn und zu einer Ordnung, die das verworrene Leben immer wieder aufzulösen droht. Ihr Verlust oder ihre Abwesenheit kann einen Zustand des Ungleichgewichts hervorrufen.

In ihrem Roman *Das goldene Notizbuch* zeigt Doris Lessing ein kompliziertes Beispiel dafür auf, wie Erwachsene von ihren Kindern abhängig werden können. Sie schildert, wie sich ihre aufgeklärte Heldin Anna letztlich an die Disziplin des Mutterseins klammert, um Ordnung und Gleichförmigkeit in ihr chaotisches Leben zu bringen. Annas Tochter wird ein konventionelles, konservatives Kind, das das sichere Korsett von Regeln, schulischen Zwängen und Vorschriften dazu benutzt, sich in einer Welt zerrütteter Ehen und sich rasch wandelnder Werte und Normen ein Gefühl der Sicherheit zu verschaffen. Anna stellt fest, daß sie immer dann, wenn sie ihrer Tochter die sichere, geordnete Welt bietet, die ein Kind braucht, als *Mutter* auch das starke Gefühl von Chaos in sich und um sich herum abwehren kann.

Es gibt so viele Möglichkeiten und Gründe, wie und warum wir uns an unsere Kinder binden und in dieser Bindung verharren; sie aufzugeben ist oft nicht nur sehr schmerzhaft, sondern kann auch Verwirrung stiften. Dorothy, eine erfolgreiche Innenarchitektin, absolvierte während der Schulzeit ihrer beiden Kinder ganz bewußt ein Studium, um später, wenn die beiden aufs College gehen würden, voll in den Beruf einsteigen zu können. »Kinder lassen es einen spüren, daß man zum alten Eisen gehört«, meinte sie.

> Meine beiden Kinder wurden in ihrer High-School-Zeit ziemlich unabhängig. Ich mußte mir nie solche Sorgen machen wie viele andere Mütter, die ich kannte. Aber in anderer Hinsicht war es schwer für mich. Nach der Schule waren sie ständig beschäftigt – mit Sport oder Theaterspielen. Manchmal bekam ich sie den ganzen Tag bis zum Abendessen nicht zu Gesicht. Dann haben sie mir schrecklich gefehlt.

Als ihr Sohn die High-School beendete, stürzte sich Dorothy auf die Karriere und eröffnete ein lukratives Geschäft. Trotz ihres erfolgreichen Wiedereintritts in die Gesellschaft und trotz der Arbeit, die ihr großen Spaß machte, hatte Dorothy Schwierigkeiten:

> Nachdem ich meinen Sohn zum erstenmal ins College gefahren hatte, kam ich nach Hause und weinte so bitterlich, daß ich Tage brauchte, um mich davon zu erholen. Aber schließlich stand ich auf, ging wieder an die Arbeit und kam darüber hinweg. Aber zwei Jahre später, vier Wochen nachdem ich meine Tochter ins College gebracht hatte, stellte ich fest, daß ich schwanger war.
> Natürlich reagierte ich mit gemischten Gefühlen darauf, daß ich mit vierzig noch ein Baby bekommen sollte, aber im Grunde genommen war ich entzückt und vergaß mehr oder minder, daß meine Tochter weg und auf dem College war. Mein Mann ging

fast an die Decke, als ich ihm erzählte, daß ich schwanger war. Aber ich konnte mich nicht zu einer Abtreibung durchringen. Und dann geschah etwas Schreckliches: Als ich zur Fruchtwasseruntersuchung ging, stellte sich heraus, daß das Baby gestorben war. Plötzlich traf es mich wie ein Keulenschlag: Meine Tochter war erwachsen geworden. Meine beiden Kinder waren erwachsen. Wenn ich nicht noch ein Kind bekam, befand ich mich jetzt in einer anderen Phase meines Lebens – in einer, in der ich eigentlich nicht sein wollte. Schwanger zu werden war die einzige Möglichkeit gewesen, diesen Schmerz zu ertragen.

Während der Adoleszenz ihrer Kinder leiden manche Eltern vorübergehend unter starker emotionaler Verarmung, verspüren eine Leere, die sie um jeden Preis zu füllen trachten. Manche Mütter reagieren wie Liebende, deren Liebe nicht erwidert wird. Verständlicherweise beginnen sich viele Frauen nach Beziehungen zu sehnen, die genauso intensiv sind wie die, die sie mit ihren Kindern erlebt haben. In manchen Ehen erfolgt ein erotisches Erwachen – eine Art sexueller Erneuerung. In anderen Fällen erweist sich der sehnliche Wunsch, die verlorene Liebe des Heranwachsenden durch die Liebe eines Unbekannten zu ersetzen, als unwiderstehlich. Einige Mütter erzählten mir, sie hätten sich auf leidenschaftliche, heimliche Liebschaften eingelassen, die für sie einen Beigeschmack von Jugendlichkeit hatten. Viele dieser heftigen Affären ergaben sich genau zu dem Zeitpunkt, zu dem sich die eigenen halbwüchsigen Kinder leidenschaftlich verliebten.
Manchmal reagieren Eltern unbewußt auf das spannungsgeladene sexuelle Verhalten ihrer erwachsen gewordenen Kinder und tragen mit ihnen einen unterschwelligen sexuellen Wettkampf aus. Andere haben den Eindruck, etwas zu versäumen, oder wollen die intensive Sexualität der Adoleszenz noch einmal erleben. Viele reagieren auf den Verlust einer engen und befriedigenden Beziehung, die sich durch das zunehmende Heranreifen der Kinder unwiederbringlich verändert.

Verzicht

Können wir unseren Kinder verzeihen, daß sie sich von uns losreißen? Können wir sie gehen lassen, nachdem wir ihnen so viel gegeben haben? Ist es möglich, jemandem Fürsorge angedeihen zu lassen, der uns so wenig zurückgibt und von uns wegläuft, sobald er kann? Das Problem der Loslösung – die Schwierigkeit, Leib und Seele unserer Kinder aufzugeben und gehen zu lassen – tritt in der Zeit der Adoleszenz am deutlichsten zutage.

Im Gegensatz zu anderen Kulturen oder früheren Zeiten müssen Kinder in unserer Gesellschaft normalerweise nicht für ihre Eltern arbeiten oder sich im Alter um sie kümmern. Die meisten von uns gehen nicht davon aus, daß unsere Kinder da sind, um uns im Alter die Felder pflügen zu helfen, oder sich emotional oder finanziell bis zu unserem Tod für uns verantwortlich fühlen. Auch wenn wir vielleicht auf eine Cordelia hoffen, ist es für die meisten von uns selbstverständlich, daß die Kinder ihre eigenen Wege gehen. Heutzutage verlangen wir von unseren Kindern als Gegenleistung für unsere Fürsorge bewußt nicht viel. Das aber bedeutet, daß unser Altruismus auf die Probe gestellt wird, vor allem in der Zeit, in der das Kind ernsthafte Schritte in Richtung Unabhängigkeit und Individuation unternimmt.

Gegen Ende der Adoleszenz ihrer Kinder werden Mütter und Väter auf sich selbst zurückgeworfen, ein Vorgang, der manchmal als gewaltsam empfunden wird, manchmal als müheloser und willkommener Übergang. Kinder und ihre Forderungen nehmen soviel Platz und Energie in Anspruch, füllen das Leben eines Elternteils so sehr aus, daß bestimmte verborgene Talente und Mängel gar keine Gelegenheit haben, ans Licht zu kommen. Und deshalb kann das Ende der Kindheit eine Zeit des gewaltigen inneren Aufruhrs und des Wachsens sein. Manche Eltern müssen zum erstenmal ihre eigenen Charakterschwächen erleben und verarbeiten. Viele entdecken an sich ganz unbekannte verborgene Kräfte und fangen an, neue Fähigkeiten und Talente zu entwickeln.

Einige Mütter erklärten, sie hätten, nachdem das jüngste Kind aus dem Haus war, eine qualvolle Phase der Anpassung durchgemacht und sich eine Zeitlang wie tot gefühlt. Judith (58), Bibliothekarin und Mutter von vier Kindern, die alle verheiratet sind, berichtete:

> Anfangs war es schrecklich, keine jungen Menschen mehr um uns zu haben, die meinen Mann und mich jung hielten. Nachdem das jüngste Kind aus dem Haus war, zogen wir uns ganz zurück und wurden ziemlich schwerfällig – wir waren irgendwie niedergedrückt, nach innen gekehrt. Kinder können einen zwar verrückt machen, aber sie haben soviel Leben, soviel Energie und Begeisterung. Es ist schwer, sich nicht ein bißchen tot vorzukommen, wenn sie weggehen. Aber jetzt, nachdem wir endlich ein Enkelkind haben und ein zweites unterwegs ist, hat sich die Situation verändert. Ich habe das Gefühl, daß uns damit ein ganz neues Leben geschenkt worden ist.

Das Heiraten und Kinderkriegen, das aus Eltern Großeltern macht, wird heutzutage von vielen Männern und Frauen hinausgezögert; manche Erwachsenen verzichten ganz darauf, Kinder in die Welt zu setzen. Das Gefühl des Totseins, das manche Eltern erleben, nachdem ihre Kinder aus dem Haus sind, hat also vielleicht auch damit zu tun, daß sie keine Enkelkinder haben; die Zeitspanne, die wir als Adoleszenz bezeichnen, wurde in die Länge gezogen, und unsere erwachsenen Kinder machen noch lange keine Anstalten, selbst Kinder zu bekommen.

Die meisten Männer und Frauen haben Freunde, eigene Interessen, eine sinnvolle Arbeit, eine Gemeinschaft oder Gruppe, die ihnen dabei hilft, das Verlustgefühl zu lindern. Dies gilt vor allem für Leute, die erst relativ spät Kinder bekommen oder nur ein oder zwei Kinder haben und sich außerhalb ihrer Rolle als »Fürsorger« eine tragfähige Identität geschaffen haben. Doch was Erwachsene in dieser Phase emotional zu bewältigen haben, ist mit Sicherheit ebenso komplex wie das, was Heranwachsende bewältigen müssen.

Ist es möglich, unsere Kinder »loszulassen«, ohne sich von ihnen zu entfremden? Können wir mit unseren Kindern, obwohl sie uns verlassen haben, auf eine positive, lebensbejahende Weise verbunden bleiben? Können wir die Aufsicht über sie aufgeben und ihnen trotzdem liebevoll zugewandt bleiben?

Was die eigenen Kinder betrifft, so können Eltern gegen Ende der Adoleszenz nichts anderes tun als hoffen, daß sie ihren Kindern genug gegeben haben, sich richtig verhalten haben und daß die Welt wohlgesonnen ist. Das Kind als Wesen ist verschwunden, es ist kein Kind mehr. Am Ende der Adoleszenz ist der lange, langsame Prozeß der Loslösung von Eltern und Familie abgeschlossen. Wenn Eltern diese Loslösung nicht ertragen können, können sie ihren Kindern – auf jener entscheidenden Ebene, auf der wir am lebendigsten sind – auch nicht die Erlaubnis geben, sich ohne Schuldgefühle, Ängste und gelegentliches heftiges Aufbegehren voranzuwagen.
Es mag sich seltsam anhören, daß man um den Verlust eines Kindes trauert, das nicht gestorben ist. Aber man trauert um sehr viel mehr. Wir trauern auch um den Verlust unserer eigenen Kindheit – durch unsere Kinder standen wir in enger Verbindung mit unserer eigenen Jugend und den Menschen, die uns damals liebten. Das unmittelbare Erleben unserer Kinder gestattet es uns, diese intensiven frühen Beziehungen zurückzuerobern. Wenn ihre Kindheit zu Ende geht, ist all das, was wir damals bekommen oder nicht bekommen haben, für immer verloren. Das Wissen, daß unsere Kinder es uns nicht verschaffen können, hat etwas Endgültiges an sich.
Bedauerlicherweise leben ältere Menschen in zunehmendem Maß abgesondert von kleinen Kindern, Heranwachsenden, ihren eigenen erwachsenen Kindern und ihren Enkelkindern. Herzliche, liebevolle Bande zwischen Jung und Alt, die auf echter Gegenseitigkeit beruhen, scheinen in unserer Kultur die Ausnahme zu sein. Viele dieser Beziehungen sind offenbar mit Bitterkeit, Neid oder parasitärer Beschlagnahme befrachtet.
Separation bedeutet ursprünglich eine räumliche Trennung oder Absonderung. Die Realität animiert uns dazu, diesen »Raum« zwischen uns selbst und unseren Kindern zu erkunden, um uns in vollem Umfang klarzumachen, daß die Menschen, die wir aufgezogen und mit denen wir uns so sehr identifiziert haben, nicht wir selbst sind. Unsere Kinder müssen ihre eigenen Familien gründen, zu denen wir, entsprechend den Normen unserer Kultur, gehören oder auch nicht gehören. Die Trennung zwischen uns und unseren Kindern ruft in uns tiefgreifende emotionale Reaktionen – Trauer, Sehnsucht, Ablehnung, Leere – hervor,

die wir zu unserem eigenen Schaden und dem unserer Kinder ableugnen. Bevor wir diese Reaktionen nicht einbeziehen, können wir im Grunde genommen weder wissen, wer wir sind, können weder unser wahres Naturell kennenlernen, noch können wir ganz und gar menschlich werden.

Die Fähigkeit, uns unsere ambivalenten Gefühle bewußtzumachen, sie zu erleben und zu bewältigen, um zu einer echteren, tieferen Liebe zu gelangen, stellt allem Anschein nach die letzte Prüfung für unsere Menschlichkeit dar – eine Prüfung, bei der unsere derzeitige Kultur offenbar versagt, wie unsere zwanghafte Verschmutzung und Zerstörung der Umwelt beweisen. Angesichts der zahlreichen bitteren und tragischen Wesenszüge vieler heutiger Gesellschaften müssen wir uns fragen, ob wir insgeheim und unbewußt versuchen, uns von unseren Kindern das zurückzuholen, was wir ihnen gegeben haben – oder ob wir uns für ihren Mangel an Gegenseitigkeit an ihnen rächen. Wenn wir die mutwillige Zerstörung unserer natürlichen Ressourcen betrachten, die massive Manipulation und Ausbeutung von Kindern durch die Werbung und die Ausbreitung von Kernwaffen, dann scheinen wir unseren Kinder durch unser Handeln zu sagen: »Wenn wir nicht am Leben bleiben können, um das alles mit euch zu teilen, dann sollt ihr gar nichts haben.« Wollen wir hoffen, daß es sich dabei um einen vorübergehenden Irrweg in der Geschichte der menschlichen Entwicklung handelt.

In seinem Gedicht »Dutch Graves in Bucks County« beschreibt Wallace Stevens die ambivalenten Gefühle, die wir gegenüber den Menschen empfinden, die nach unserem Tod die Erde erben werden, als »den Abgrund der Qual«:

> … Herden Geborener
> Umgehen unsere schale Perfektion, suchen sich
> ihre eigene, warten, bis wir ein Picknick
> Machen in den Trümmern, die wir zurücklassen.

Vielleicht müssen wir, um ganz und gar menschlich zu sein, nicht nur Mitgefühl, Toleranz und Barmherzigkeit erlernen, sondern auch die Tatsache akzeptieren, daß wir allein sterben werden. Vielleicht bedeutet, ganz und gar menschlich zu sein, dies zu wissen und dennoch zu wünschen, daß andere nach uns leben, auch wenn sie mit Sicherheit ihr »Picknick in den Trümmern, die wir zurücklassen«, abhalten werden. Man könnte sich eine Welt vorstellen, in der junge Menschen nicht mehr in den Krieg geschickt werden und dort umkommen, sondern zu Hause bleiben, um sich mit der älteren Generation zu messen, eine Welt, in der man sie als Kinder verlieren, aber irgendwann als Seelenverwandte zurückgewinnen würde, als Menschen, mit denen wir bis zu unserem Tod zusammenleben.

Das Akzeptieren und Integrieren unserer ambivalenten Gefühle – die letzte Phase im Humanisierungsprozeß – ist zu einer Frage des Überlebens geworden. Wir können dem Wissen, daß wir diejenigen, die wir am meisten auf dieser Welt lieben, manchmal hassen, beneiden, ja ihnen sogar Böses wünschen, nicht länger aus dem Weg gehen. Dieses Wissen kommt auf uns zu, wenn wir anfangen, die Eigenständigkeit unserer Kinder zu akzeptieren, vor allem in der Zeit der Adoleszenz und am Ende der Kindheit.

Teil IV

Vom mütterlichen Versagen zur Umgestaltung

Kapitel 8

Die Bedeutung mütterlichen Versagens: Die Qual der Mutter

Keine Frau wird für etwas »Besonderes« gehalten, nur weil sie ihre Verantwortung als Mutter trägt; dies nicht zu tun, gilt als gesellschaftliches Verbrechen.

Adrienne Rich
Von Frauen geboren

Es ist Wahnsinn, anzunehmen, daß man seiner Mutter etwas schuldet (...) wohl kaum. Sie wirft uns in eine Welt voller Gefahren, und sind wir erst einmal da, ist es an uns, uns so gut wie möglich durchzuschlagen ...

Marquis de Sade
Die hundertzwanzig Tage von Sodom

Es gibt etwas anderes, was die Kraft besitzt, uns die Wahrheit zum Bewußtsein zu bringen. Nämlich die Werke genialer Schriftsteller (...) Sie geben uns, in der Verkleidung der Fiktion, ein Äquivalent zur tatsächlichen Dichte der Wirklichkeit, jener Dichte, die uns das Leben jeden Tag bietet, die zu erfassen wir jedoch nicht in der Lage sind, weil wir uns mit Lügen amüsieren.

Simone Weil
»Moral und Literatur«

Auszüge aus Interviews

Ich werde nie die Zeit vergessen, in der ich die Treppen buchstäblich hinaufkriechen mußte. Mein jüngstes Kind war acht Monate alt, das zweite dreieinhalb, und das älteste vier. Ich mußte um sechs Uhr aus dem Haus und zur Arbeit, und wenn ich nach Hause kam, schrien alle drei. Um neun Uhr wußte ich nur noch, daß ich mich auf allen vieren diese verdammten Treppen hinaufschleppen mußte, wenn ich es bis ins Bett schaffen wollte, sonst wäre ich einfach ohnmächtig zusammengeklappt. (Bonnie, 51, drei Kinder)

Es tut einfach zu weh, daran zu denken, wie es war, als alle vier gleichzeitig in den Windeln steckten. Ich denke nicht gerne daran. Ich rede nicht gerne darüber. Ich mag nicht zuhören, wenn andere Frauen über ihre Kinder reden. Es erinnert mich an die schrecklichsten Jahre meines Lebens. (Honor, 48, vier Kinder)

Gedächtnisschwund ist nicht die Ausnahme, sondern die Regel. Keine Mutter erinnert sich gerne daran, wie körperlich erschöpfend dieses ewige Geben und Geben ist, wie abscheulich es für die Psyche sein kann … diese Tage, an denen die Kinder schlecht gelaunt sind und das Baby einfach nicht zu schreien aufhört, ganz gleich, was man tut. Es ist wirklich ein schwieriger Job. Die meisten Frauen sind weder dafür ausgebildet oder darauf vorbereitet, noch bekommen sie irgendwelche Hilfe. Es ist so, als würde man von der halben Bevölkerung verlangen, ohne medizinische Ausbildung Gehirnoperationen durchzuführen. (Eltern-Pädagogin)

Damit ein Säugling von seiner Mutter geliebt und umhegt werden kann, muß die Mutter von ihrer Umgebung gehalten und umhegt werden. Auch wenn ein Frau noch so selbstbewußt ist – sobald sie einen Säugling zur Welt bringt und zu versorgen hat, wird sie abhängiger von anderen Menschen. Die Außenwelt, mit der eine Frau zurechtkommen muß, wenn sie Mutter wird, hat einen tiefgreifenden Einfluß auf ihre Gefühle gegenüber ihren Kindern.

In den ersten Lebensjahren eines Kindes sind die Belastungen für die Mutter so groß, daß die meisten Frauen dieses intensive Sichkümmern ohne kräftige Hilfestellung nicht durchstehen können. Entweder unterstützt eine Gesellschaft die Tätigkeit einer Mutter als sorgende Bezugsperson, oder sie erschwert ihr das Mutterdasein. Hilft man den Müttern nicht dabei, eine enge Bindung zu ihrem Säugling herzustellen, bekommt diese ohnehin schwierige Aufgabe etwas Furchterregendes. Als Gesellschaft erwarten wir, daß sich alle Mütter um ihre Säuglinge kümmern, selbst aber nicht das Bedürfnis haben, daß sich jemand um sie kümmert. Dieser Kraftakt übersteigt die Möglichkeiten der meisten Frauen.

Normalerweise hilft die Gesellschaft der Mutter dabei, den harten Anforderungen, die das Sorgen für Kinder stellt, gerechtzuwerden, zumindest während des ersten Lebensjahres ihres Kindes. Gesellschaftliche Bräuche und Gepflogenheiten, Großfamilien, besondere Stammesangehörige – normalerweise schafft eine Kultur eine schützende Umgebung für die Mutter, solange sie für ihr Kind dasein muß. Unsere Gesellschaft tut häufig das Gegenteil: Mütter sind von anderen Leuten isoliert, stehen oft unter dem materiellen Druck, kurz nach der Geburt des Kindes wieder arbeiten zu müssen, oder unter dem emotionalen Druck, in einer gesellschaftlich höher bewerteten Rolle Erfolg haben zu müssen. Es ist so, als hätten wir die falschen Fragen gestellt. Statt uns ausschließlich darauf zu konzentrieren, in welcher Form wir uns um unsere Kinder kümmern müßten, sollten wir lieber der Frage nachgehen, wie wir uns am besten um unsere »Fürsorger« kümmern können.

Da es dem emotionalen Boden unserer Gesellschaft an Nährstoffen fehlt, ist der Reifungsprozeß für Eltern wie für Kinder problematisch geworden. In zu vielen Fällen ist die Art und Weise, wie unsere Gesellschaft Kinder und Mütter behandelt, bestenfalls willkürlich, im schlimmsten Fall indiskutabel. Die meisten Arbeitgeber weigern sich, Müttern Zeit zur Verfügung zu stellen, damit sie jene ungeheuer wichtige Beziehung zu ihrem Baby aufbauen können, ohne damit ihren Arbeitsplatz aufs Spiel zu setzen, und sowohl die Geschäftswelt als auch die Regierung weigert sich, Betreuungsmöglichkeiten mit hochqualifiziertem Personal für Säuglinge und Kleinkinder einzu-

richten – Tatsachen, die sich für alle Beteiligten katastrophal auswirken.
Ein erheblicher Teil der arbeitenden Bevölkerung sind heutzutage Frauen. Die Hälfte der Mütter, die außer Haus arbeiten, haben Kinder, die noch kein Jahr alt sind. Nur an wenigen Arbeitsplätzen ist eine ganztägige Kinderbetreuung vorhanden; in den meisten Betrieben ist der Mutterschaftsurlaub kurz (und fällt nach wie vor in die Rubrik »Krankenurlaub«). Zu viele Mütter sind nicht imstande, ihren Kindern das zu geben, was sie wirklich brauchen. So ist es nicht überraschend, daß wir gegenüber dem Leid, das Müttern und Kindern auf diese Weise zugefügt wird, abgestumpft sind.
Ein Großteil der inzwischen verfügbaren Erkenntnisse über die Tatsachen, die das Aufziehen von Kindern mit sich bringt, und die gewaltigen Belastungen, denen Mütter und ihre Kinder Tag für Tag ausgesetzt sind, sind erschreckend. Für den Psychiater Robert Jay Lifton ist die psychische Abstumpfung beim Menschen gleichbedeutend mit dem »Erstarren oder Gelähmtsein eines Tieres, das angegriffen oder erschreckt wird«. Das, was vielen Müttern und ihren Kindern Tag für Tag widerfährt, ist zu überwältigend, als daß unsere Gesellschaft es in vollem Umfang begreifen und offen darüber reden könnte. Aus diesem Grund sind wir für die Qualen, die so viele Mütter empfinden, taub geworden.
Manchmal kann uns die Kunst dazu bringen, uns in Situationen hineinzufühlen, uns mit Dingen zu identifizieren, die so erschreckend sind, daß wir sie normalerweise nicht zugeben würden. Wenn wir die Werke von Schriftstellerinnen wie Doris Lessing, Tillie Olsen und Grace Paley betrachten, die die Qualen, die manche Mütter leiden, literarisch verarbeiten, können wir vieles erkennen, was unsere Kultur unterdrückt hat. Bestimmte Themen kehren immer wieder – das mangelnde Verständnis zwischen den Generationen, zerstörerische Erziehungsmuster, die von einer Generation an die nächste weitergegeben werden, das emotionale Verhungern, das unsere Liebesfähigkeit unseren Kindern gegenüber beeinträchtigt – und beschreiben die zunehmenden Schwierigkeiten, mit denen viele Mütter zu kämpfen haben.
Wir müssen endlich den Mut aufbringen, in die finstersten Winkel

mütterlicher Erfahrungen zu schauen. Ich spreche hier nicht von Kindsmißhandlung oder Vernachlässigung, von Symptomen also, die die Folge von innerer Qual und Deprivation bei der Mutter sind. Um zu begreifen, wie man die Voraussetzungen verändern muß, damit keine Kinder mehr mißhandelt und vernachlässigt werden, müssen wir uns das Wesen und die Gründe mütterlichen Versagens genauer ansehen. Durch die erhellende Kraft der Kunst können wir uns diesen eher tragischen emotionalen Realitäten annähern, können verstehen, was viele sorgende Bezugspersonen erleiden, und darangehen, dieses Leiden zu lindern.

Das Versagen der Generationen

Nach der Geburt eines Kindes brauchen Eltern dringend ein starkes, hilfreiches Umfeld, also andere Menschen, die die Intensität der ambivalenten Gefühle aufbrechen und einem bei den mühseligen Aufgaben des Beschützens und Grenzensetzens beistehen. Großeltern und Verwandte wohnen oft zu weit weg, um bei der Kinderbetreuung zu helfen.

Eine von mir interviewte Mutter meinte, sie hätte keinerlei Schwierigkeiten gehabt, eine liebevolle, regelmäßige Betreuung für ihre dreijährige Tochter zu finden, als sie wieder zu arbeiten anfing, wenn ihr Mann nicht von Tulsa nach Kalifornien versetzt worden wäre. Sichtlich bekümmert darüber, daß es ihr nicht gelungen war, eine vertrauenswürdige Person ausfindig zu machen, berichtete Margaret, daß ihre Mutter überglücklich gewesen wäre, sich ganztags um ihre Enkelin zu kümmern:

> Ich kann Ihnen gar nicht sagen, wie lange ich gesucht habe, bis ich jemand halbwegs Brauchbaren fand. Die ersten drei Tagesmütter waren richtig herzlos, und in den Tagesstätten wuselten überall Unmengen von rotznasigen Kindern herum. Ich war so verzweifelt, daß ich meine Mutter bat, in unsere Gegend zu ziehen. Doch das wäre für meine Eltern entsetzlich gewesen – sie haben ihr ganzes Leben lang in Tulsa gewohnt. Schließlich entschied ich

mich für die beste Lösung, die ich finden konnte. Ich kann Ihnen gar nicht sagen, wie furchtbar es für mich ist, meine Tochter jeden Morgen weinen zu hören, wenn ich sie bei dieser Frau lasse, bei der ich nicht einmal meinen Hund gerne lassen würde. Aber ich hatte einfach keine andere Wahl. Ich mußte wieder zu arbeiten anfangen, sonst hätte ich meinen Job verloren.

Im Gegensatz zu Margarets Eltern, die willens (wenn auch nicht in der Lage) waren, sich um ihre Enkelkinder zu kümmern, zeigten Vickies Eltern keinerlei Interesse daran, sich mit ihrer Enkelin abzugeben. Vickie sagte, anfangs habe sie geglaubt, es läge daran, daß sie ein bißchen weiter weg wohnten, so daß die Besuche immer etwas umständlich waren. Doch sooft sie ihre Eltern mit ihrer Tochter besuchte, mußte sie feststellen, daß diese keinerlei Interesse daran hatten, im Leben ihres Enkelkindes eine Rolle zu spielen.

Ich glaube, das war der schlimmste Schlag, den ich je erlebt habe. Irgendwie hatte ich erwartet, Mom und Dad würden überglücklich über das Kind sein (und über mich, weil ich ein Baby hatte! Schließlich habe ich ihnen eine Enkelin geschenkt!). Ich war sicher, daß sie mit ihr zusammensein wollten. Aber sie war ihnen völlig gleichgültig. Sie hatten absolut kein Interesse. Ich war so verletzt, als würden sie auch mich ablehnen, nicht nur meine Tochter.

Unterschiedliche Wertvorstellungen machen Konflikte zwischen jungen Paaren, die Kinder bekommen, und ihren Eltern oft unausweichlich, können Verbitterung und sogar eine endgültige Entfremdung zwischen den Generationen verursachen. Infolge der extremen Mobilität unserer Gesellschaft gibt es keine traditionellen Methoden, Kinder großzuziehen, an die sich alle halten. Manche Mütter fühlen sich veranlaßt, bei ihren Kindern einiges anders zu machen, um das, was man ihnen angetan hat, wieder auszugleichen und wettzumachen.

Angela entschloß sich ganz bewußt, ihre beiden Söhne anders großzuziehen, als sie es selbst erlebt hatte. Ihre Mutter hatte sie offenbar mit dem Ziel erzogen, in einer wettbewerbsorientierten Welt Erfolg

zu haben. Und so wurde Angela eine hochbezahlte Expertin in ihrem Fachgebiet, hatte aber das Gefühl, gemessen an ihrer »neurotischen Ängstlichkeit« habe sie dafür einen zu hohen Preis gezahlt. Wichtig erschien Angela in erster Linie das emotionale Wohlbefinden ihrer Kinder. Da sich ihre Söhne geliebt und akzeptiert fühlen sollten, brachte sie ihnen nicht so sehr bei, »zu versuchen, anderen zu gefallen«, als vielmehr »sich selbst kennenzulernen«, und stellte Erfolg und gute Leistungen ganz bewußt nicht in den Vordergrund.
Diese Werteverschiebung führte zu Auseinandersetzungen und zu einer Entfremdung zwischen Angela und ihren Eltern, die nichts mit den Enkelkindern anfangen konnten. Sooft sie zu Besuch kamen, beschwerten sie sich, daß die Jungen frech und verzogen seien. Am Ende fühlte sich Angela jedesmal kritisiert und war verärgert. Irgendwann stellte sie diese Besuche ein. Erst später begann sie das zu bedauern:

> Ich glaube, meine Eltern fühlten sich absolut bedroht. Ich meine, ich habe es eben genau umgekehrt gemacht wie sie mit mir, und wahrscheinlich haben sie deshalb einfach durchgedreht. Eine Zeitlang war mir das egal. Ich war ganz sicher, daß ich es richtig machte und sie es falsch gemacht hatten. Sie haben mich zum Erfolg erzogen, aber ich fühle mich so gehetzt, daß es mir schwerfällt, irgend etwas zu genießen. Aber jetzt, nachdem ich sie kaum mehr sehe, empfinde ich das als ungeheuren Verlust, so als hätte ich meine einzige Verbindung zur Vergangenheit abgebrochen. Manchmal denke ich, am meisten darunter gelitten haben meine Söhne. Sie haben nie erlebt, wie es ist, liebevolle, engagierte Großeltern zu haben.

Die kritische Auseinandersetzung mit den Eltern reißt beide Generationen auseinander und führt manchmal zu einer dauerhaften Spaltung. Kritik an der älteren Generation kann außerdem Schuldgefühle und den Eindruck von Illoyalität wecken. Das Gefühl, nicht loyal zu sein, kann einen auch daran hindern, zu erkennen, welch schädliche Beziehungsmuster von einer Generation an die nächste weitergegeben werden. Als Reaktion darauf tun manche Mütter das Gegenteil von dem, was Angela machte – sie schützen ihre Eltern vor der Wut, die sie auf sie haben, und vor der Kritik an ihrem Verhalten.

Zwei Erzählungen von Tillie Olsen und Grace Paley beschäftigen sich mit dem Mangel an Mitgefühl und Verständnis, der manchmal zwischen den Generationen herrscht. Die darin geschilderten Muttergestalten brauchen dringend jemanden aus der älteren Generation, der ihnen mit den Kindern hilft und ihnen wichtige Wahrheiten übermittelt, die sie sich zunutze machen und schließlich an ihre eigenen Kinder weitergeben können. Leider besitzt die ältere Generation nicht immer genügend nützliches Wissen. Dieser Mangel kann ernste Folgen haben.

In Tillie Olsens Erzählung »Erzähl mir ein Rätsel« erlebt ein alter Mann plötzlich zum zweitenmal die extremen Mangelgefühle, die er erlitten, aber nicht an seine Kinder und Enkelkinder weitergegeben hat. Auch wenn Eltern oft stolz darauf sind, daß sie auf eine Weise für ihre Kinder sorgen, die ihnen selbst nie zuteil wurde, können sich viele doch den »schmerzlichen Verlust und den Verrat« nicht eingestehen, die mit diesem Gefühl von Leistung einhergehen. Tillie Olsen schildert einen älteren Mann, den diese schmerzlichen Gefühle wie »ein nagender Hunger, vielleicht auch Durst« überwältigen:

> Ohne Vorwarnung wurden ihm der schmerzliche Verlust und der Verrat deutlich, die er abgeschirmt hatte ..., die er sogar vor sich selbst verborgen hatte ... »Verloren, wieviel hab ich verloren.« Rettete sich zu den Enkeln, deren Kindheit kindlich gewesen war, die nie gehungert hatten, die ohne die Heimsuchung durch Krankheiten in warmen Häusern mit vielen Zimmern wohnten, die so viel Bildung hatten, wie sie wollten, die jede Straße entlanggehen konnten, einen Kopf größer waren als ihre Großeltern, sie weit überragten – wunderbare Haut, gerade Rücken, klare, offene Augen. »Ja, ihr in Olshana«, sagte er zu der Stadt vor 60 Jahren, »für euch wären sie Edelleute.«

Die Erkenntnis, daß es den eigenen Kindern in materieller (oder emotionaler) Hinsicht ungleich besser ergeht, als es einem selbst ergangen ist, erzeugt oft Neid, aber auch Stolz und Befriedigung, vor allem wenn man erlebt, daß die eigenen Kinder die ihnen zuteil gewordenen Geschenke als Selbstverständlichkeit betrachten und gar nicht zu schätzen wissen oder so tun, als hätten sie ein verbrieftes Recht darauf. Wenn Eltern ihren Kindern etwas geben, was sie selbst nie bekommen haben, dann tut das weh. Wir gestehen uns nur ungern ein, wie schmerzhaft dieser Altruismus ist, weil dies dazu führen würde, daß wir die erlittenen Deprivationen ein zweites Mal erleben. Die Generation, die der alte Mann in »Erzähl mir ein Rätsel« so großzügig aufgezogen hat, kann sich die Deprivation, die er durchgemacht hat, nicht vorstellen – wie er umgekehrt – ihr Gefühl geistiger Leere, ihren Zynismus und ihren Mangel an Glauben (den der Überfluß weder auszurotten noch abzuwehren vermag) nicht begreifen kann. Grundlegende Unterschiede im Hinblick darauf, wie man die Welt erlebt, können zu Kommunikations- und Verständnislücken führen, die sich manchmal zu einer unüberbrückbaren Kluft ausweiten.

In ihrer Erzählung »Faith am Nachmittag« schildert Grace Paley eine ältere Generation, die unter extremen Entbehrungen und materieller Not gelitten hat. Diesen Eltern fällt es schwer, einen Schmerz zu begreifen, der nicht in Gestalt von Armut, Hunger oder Krankheit sichtbar ist; sie haben der Tochter und den Enkeln wenig zu geben. Die emotionalen Konflikte der Tochter, einer alleinstehenden Frau, die versucht, ihre beiden Söhne allein großzuziehen, sind ihnen vollkommen fremd. Die Eltern sind selbst so einsam und bedürftig, daß sie ihrer Tochter Faith nicht mehr anzubieten haben als einen kurzen Augenblick des Erkennens. »Ah (...) Ich sehe, du hast Kummer«, sagt Faiths Vater (nachdem er ihr ausführlich seine eigenen Kümmernisse aufgelistet hat). »Du hast dir eine harte Welt ausgesucht, um eine Familie aufzuziehen.«

Paleys fiktive Gestalten haben, wie viele Mütter im wirklichen Leben, Mitleid mit ihren Eltern, die sich offenbar mühsam ihren Weg durch Dunkelheit und Verwirrung suchen. Mit dem Erfahrungsschatz der älteren Generation, die damals andere Stärken zum Überleben brauchte, können sie nichts mehr anfangen. Mütter müssen heutzutage ihre Kinder in einer Welt großziehen, die ihnen keine Hilfe ist, die keine Werte und keine Traditionen anzubieten hat, die bei dieser

Aufgabe von Nutzen wären. Sowohl die alte wie auch die junge Generation stellen ständig Forderungen. Dazwischen sitzen viele Mütter in der Falle und müssen sich alleine durchkämpfen.

Verhungern mitten im Überfluß

Durch das Sorgen für Kinder wird bei *allen* Müttern das normale Bedürfnis nach Liebe, Unterstützung und Anregung verstärkt; es entsteht eine Art Hunger oder Gier, die nur schwer zuzugeben und zu befriedigen ist. Das eigentliche Problem vieler Mütter besteht darin, wie sie emotional in einer Gesellschaft überleben sollen, die zwar materiell für sie sorgt, aber in keiner Beziehung sonst. Viele müssen lernen, in einer Welt zu leben, die ihnen unter Umständen zwar Arbeitsplätze (in manchen Fällen auch Überfluß) bietet, sie jedoch bei den permanenten emotionalen Belastungen überhaupt nicht unterstützt.

Manche Mütter können in einer Welt, in der so viele Menschen wirklich vom Hungertod bedroht sind, das Gefühl emotionaler Deprivation nicht ernst nehmen. Emotionales Wohlbefinden erscheint als Luxus, den sich nur die Reichen leisten können. Doch das intensive, sich aufstauende Gefühl emotionaler Deprivation kann bei Müttern auch destruktive Emotionen wachrufen: Zorn, Neid, Selbsthaß und den Wunsch nach Rache.

Unmittelbar nach der Geburt eines Kindes sind Mütter so sehr darauf angewiesen, daß andere sich um sie kümmern, daß sie extrem empfänglich für äußere Einflüsse werden. Doris Lessing und Tillie Olsen schreiben über Mütter mit Brüsten voller Milch, die nicht imstande sind, ihre hungrigen, schreienden Säuglinge zu stillen und zufriedenzustellen, weil »Experten« davon abraten. Diesen Frauen wurde von den Ärzten eingebleut, ihre Babys nur strikt nach Zeitplan zu füttern. Irgendwie sind sie nicht in der Lage, sich diesen Autoritäten zu widersetzen. Die Erzählerin in Tillie Olsens Geschichte »Ich stehe hier und bügle«

> ... machte alles genau so, wie es die Bücher damals vorschrieben. Obwohl ihre Schreie mich wie Schläge trafen, daß ich zitterte und

> meine geschwollenen Brüste schmerzten, wartete ich, bis die Uhr es bestimmte.

In Erzählungen dieser Art hat niemand einen Grund, hungrig zu sein. Essen ist im Überfluß vorhanden. Das Leid dieser Säuglinge rührt daher, daß die Mütter so anfällig für den Rat von »Experten« sind – von Ärzten, Krankenschwestern, Büchern. In ihrem Roman *Eine richtige Ehe* deutet Doris Lessing an, daß diese »Experten« auf der symbolischen Ebene den Eltern der Mutter entsprechen können. Lessings Hauptfigur Martha Quest (die sich nicht dazu durchringen kann, ihr Kind zu füttern) horcht wie gelähmt auf das Schreien ihres Säuglings:

> Dann hing sie über dem Bettchen, die Hände hinter dem Rücken gefaltet, damit sie sich nicht nach dem Kind ausstreckten, und beobachtete das scharlachrote Gesichtchen, das sich mit offenem Mund hin und her warf, um die Brust zu finden, und ihr Herz pochte in angstvollem Mitleid.

Anschließend erklärt Doris Lessing, daß Marthas Mutter merkwürdig erleichtert ist, daß ihre Tochter und ihre Enkelin diesen Kreislauf der Deprivation fortsetzen:

> Mrs. Quest betrachtete [das Kind] mit einem seltamen kleinen Lächeln und bemerkte dann mit dem hellen, schuldbewußten Lachen, in dem jedoch eine gewisse Genugtuung mitschwang, die Martha immer einen Stich versetzte: »Vermutlich hast du sie halb verhungern lassen – wie ich dich.«

Warum hat Lessings Heldin so wenig Abwehrkräfte gegen negative Einflüsse und »schlechte Ratschläge«? Bedeutet das Füttern eines Säuglings auf Verlangen (also dann, wenn das Kind Hunger hat, und nicht zu einer von sogenannten Experten festgesetzten Zeit) auf einer symbolischen Ebene, daß die Bedürfnisse der Mutter nach Nahrung befriedigt werden? Und wenn, warum kann die Mutter diese Bedürfnisse dann nicht erfüllen?

Warum sind Mütter so anfällig für Zwänge, die qualvolle Mutter-Kind-Beziehungen verstärken? Ein Grund mag in der Angst der jungen Mutter vor Konkurrenzgefühlen liegen. Würde Martha Quest ihr hungriges Baby füttern und beruhigen, würde sie dadurch, daß sie besser für ihr Kind sorgt, ihre eigene Mutter bloßstellen – würde mit ihrer Mutter wetteifern und besser abschneiden als sie. Ein anderer Grund könnten unbewußte Beschützergefühle sein: Wenn Martha Quest ihr Baby hungern läßt, tut sie ihm das an, was ihr als Kind angetan wurde, und schützt damit ihre Mutter (und sich selbst) davor, die schwerwiegenden und schlimmen Fehler der Mutter in vollem Umfang erkennen zu müssen.
Außerdem besteht bei manchen Müttern die Tendenz, sich für den Hunger, den sie selbst erlitten haben, zu rächen, weil die eigene Mutter ihnen Nahrung und/oder Liebe vorenthalten hat. Die Feindseligkeit gegenüber der Mutter, die zu wenig Zuneigung aufbrachte, wird auf den Säugling übertragen: Das Baby wird zum Gegenstand unbewußten Grolls. In diesem Fall würde das heißen, daß Martha aus dem unbewußten Verlangen, sich zu rächen, das Trauma in der nächsten Generation wiederholt. Das Ausagieren von Rachegelüsten kann, auch wenn es schmerzlich ist und negative Folgen hat, den Schmerz über mangelnde Zuwendung vorübergehend lindern.
Wenn eine Mutter unfähig ist, mit sich selbst Mitleid zu haben und dafür zu sorgen, daß ihr eigenes Bedürfnis nach Liebe befriedigt wird, kann das für die nachfolgende Generation katastrophale Folgen haben. Ein Beispiel dafür ist Lucy, die aus Detroit nach San Francisco zog. Mit fünfundzwanzig bekam Lucy eine Tochter. Vom ersten Tag an konnte sie ihren Säugling nicht füttern, ohne sich unerträglich beklommen und deprimiert zu fühlen. Als ihre Tochter zwei Monate alt war, machte sich der Kinderarzt Sorgen, das Kind könnte an ernstlicher Unterernährung leiden, und empfahl der Mutter eine psychotherapeutische Behandlung.
Lucy, die in einem wohlhabenden Vorort von Detroit aufgewachsen war, hatte als Kind alle materiellen Annehmlichkeiten genossen. Das puritanische Arbeitsethos hatte Lucys Eltern zwar den gesellschaftlichen und wirtschaftlichen Aufstieg ermöglicht, die Kindererziehung aber keineswegs zu einer erfreulichen, spontanen Ange-

legenheit gemacht. Von Lucy und ihren drei Brüdern wurden schon früh Selbständigkeit, gute Leistungen und Erfolg erwartet. Obwohl Lucy in der Schule und auf dem College eine hervorragende Schülerin gewesen war, hatte sie stets das Gefühl, daß es »nie reichte«, um ihre Eltern zufriedenzustellen. Schon als Kind litt sie an Gefühlen von Sinnlosigkeit und Niedergeschlagenheit, sprach aber mit niemandem darüber.

In der Schwangerschaft bekam Lucy panische Angst, sie könnte nicht für ihr Kind sorgen. Sie wollte ihrem Baby das Leid ersparen, das sie als Kind erlebt hatte, befürchtete aber, daß dies unmöglich sein würde. Nach der Geburt von Carolyn lebte Lucy in der ständigen Angst, ihr Baby könnte Hunger haben und möglicherweise sterben. Gepeinigt von der Vorstellung, Carolyn könnte nicht genug zu essen bekommen, versuchte Lucy, sie auch dann zum Milchtrinken zu zwingen, wenn das Baby gar nicht wollte. Auf diese Weise wurde das Füttern für Mutter und Kind zu einer höchst unerquicklichen Angelegenheit. Schließlich drehte Carolyn den Kopf weg und weigerte sich zu essen, sooft Lucy sie zu füttern versuchte.

Die Geburt ihres Kindes hatte Lucy ihre eigene unersättliche Gier, geliebt und gefüttert zu werden, aufs neue erleben lassen. Da sie ihre Tochter mit sich selbst verwechselte, war Lucy nicht imstande, ihr eigenes Gefühl des emotionalen Verhungerns zu bezähmen, sondern projizierte es auf ihr Kind. Doch so sehr sie auch versuchte, ihre Tochter zum Essen zu zwingen, ihr eigener Hunger nach Liebe wurde dadurch nicht gestillt.

Da das Baby drastisch an Gewicht verlor, empfahl der Kinderarzt, Lucy solle sich jemanden ins Haus holen, der das Füttern übernehmen würde. Es dauerte nicht lang, bis Carolyn anfing, normal zu essen und zuzunehmen. Erst nachdem Lucy in der Lage war, ihre Problematik zu durchschauen und zu akzeptieren, konnte sie sich nach und nach auf die Bedürfnisse des Kindes einstellen und sich beim Füttern besser entspannen. Damit Lucy empfänglicher für die Bedürfnisse ihrer Tochter wurde, war es nötig, daß sie durch den Therapeuten selbst Fürsorge, Einfühlung und Verständnis erlebte. Erst jetzt konnte Lucy ihre Tochter essen lassen, was sie wollte, und ihr die Zeit zugestehen, das Essen zu genießen. Schließlich war Lucy in der Lage,

das Füttern wieder selbst zu übernehmen. Besonders schmerzhaft im letzten Stadium der Therapie war für Lucy die Erkenntnis, daß sie sich auf eine Weise um ihre Tochter kümmerte, wie sich nie jemand um sie gekümmert hatte.
Manche Mütter haben Schwierigkeiten, ihre Babys zu füttern, weil sie selbst, auf emotionaler Ebene, nicht gefüttert worden sind. Es kann vorkommen, daß der Hunger eines Säuglings die innere Verarmung und das Hungergefühl der Mutter verkörpert. Solche Mütter sind dazu erzogen oder darauf getrimmt worden, ihre eigenen Bedürfnisse nach Liebe zu ignorieren und sich einzubilden, sie hätten ohnehin nichts Gutes verdient. Doch bis eine Mutter lernt, Mitleid mit sich selbst zu haben und ihr eigenes Bedürfnis, umsorgt zu werden, akzeptiert, kann das Aufziehen eines Kindes für Mutter und Kind eine schmerzliche Erfahrung sein – eine Erfahrung, die sich bis in die nachfolgende Generation fortsetzt.

Bilder vom Eingesperrtsein

In unserer Gesellschaft erwartet man von Vätern, gleich ob schwarz oder weiß, arm oder reich, daß sie Tag für Tag aus dem Haus gehen, um Geld zu verdienen, daß sie sich mit anderen Männern messen und sich auf eine andere Art bewähren als dadurch, daß sie sich um ihre Kinder kümmern. Einer Frau, die auf die Bedürfnisse ihrer Kinder eingestimmt ist, fällt es schwer, sie ohne Schuldgefühle und gewisse Ängste zurückzulassen. Manche Mütter sind auf Häuser, Zimmer, Wohnungen oder Spielplätze beschränkt, wo sie von anderen Müttern umgeben sind. Sie können nicht entrinnen, ohne ihre Kinder im Stich zu lassen.
Das letzte Bild in Grace Paleys Erzählung »A Subject of Childhood« zeigt Faith, eine alleinstehende Mutter, wie sie in ihrer kleinen Wohnung sitzt und ihren Sohn wiegt, nachdem sie ihn angeschrien hat: »Jetzt geh endlich raus (...) Ich brauche zehn Minuten für mich (...) Ich bring dich noch um, wenn du hier drin bleibst.« So sehr sie auch schreit und fleht, der Sohn weicht nicht von ihrer Seite, nicht einmal für zehn Minuten, um ihr Zeit zu geben, mit ihrer Wut

zurechtzukommen, der Wut auf jenen Mann, der sich in ihr Leben ein- und wieder ausblendet und dabei ihrem nach einem Vater lechzenden Jungen wenig, nichts oder das Falsche gibt. Ihr kleiner Sohn Tonto, der ihren Schmerz spürt, krabbelt auf ihren Schoß und sagt: »Ich möchte ein Baby sein und die ganze Zeit nur bei dir bleiben.« Dieses Bild im letzten Abschnitt vermittelt Gefühle, die so tief und so voller Schmerz und voller Befriedigung sind, daß die meisten Frauen sie nicht zum Ausdruck bringen können. Emotionen dieser Art begegnen uns meist in der Billigversion der verweltlichten, kitschigen »Madonna mit Kind«, wie sie unsere Medien verbreiten. Bilder von der »perfekten Mutter« zeichnen ein falsches Bild der Mutterliebe, weil sie die damit verbundene Ambivalenz ignorieren. Grace Paley tut das in ihrem Werk ganz bewußt nicht:

> Ich hielt ihn so und schaukelte ihn. Ich wiegte ihn in meinen Armen. Ich schloß die Augen und lehnte mich an seinen dunklen Kopf. Aber die Sonne tauchte auf ihrem Weg zwischen den Türmen der Geschäftsgebäude im Zentrum auf und schien plötzlich weiß und hell auf mich. Und dann, durch die kurzen, dicken Finger meines Sohnes, für immer begraben, leuchtete mein Herz in Streifen auf, wie ein schwarzweißgestreifter König in Alcatraz …

Grace Paley gehört zu den wenigen Autorinnen, die über die Wonnen des Mutterseins sprechen, ohne die komplizierteren Aspekte herunterzuspielen. Die Liebe zu ihren Kindern macht aus Faiths »Alcatraz« – ihrem Gefängnis des Mutterdaseins – einen Ort der Intimität und der Freude wie auch der Frustration.
In »Die Langstreckenläuferin«, einer der stärksten Erzählungen von Grace Paley, sucht Faith, eine weiße Mutter aus der Mittelschicht, Zuflucht in einer Slum-Wohnung, die für eine schwarze, von der Fürsorge lebende Mutter (Mrs. Luddy) und ihre vier kleinen Kinder Unterschlupf und Gefängnis zugleich ist. Um sich vor einem drohenden Straßenüberfall zu schützen, bittet Faith um Einlaß in Mrs. Luddys enge, vollgestopfte Wohnung. Am Ende bleibt Faith mehrere Wochen, gewinnt die vier Kinder lieb und versucht, eine Beziehung

zu der überlasteten Mutter herzustellen und ihre Situation zu verstehen.

In dieser Erzählung wirft Paley einige der schwierigsten Fragen unserer Zeit auf: Wenn man selbst besser dran ist als ein anderer, wie kann man ihm dann wirklich helfen? Ist es möglich, sich in die Lage von Menschen zu versetzen, deren Situation ungleich schlimmer ist als die eigene? Gibt es Unterschiede – gesellschaftliche und wirtschaftliche, emotionale, erfahrungsbedingte –, die so groß sind, daß sie sich nicht überbrücken lassen?

Faith gewinnt die Kinder lieb, ist in den Ältesten geradezu vernarrt, bringt ihm Schreiben und Lesen bei und ermuntert ihn, Gedichte zu schreiben. Faiths mütterlicher Instinkt überlegt, was für einen Jungen in seinem Alter das Beste wäre, und so schlägt sie seiner Mutter vor: »Er müßte mehr mit Kindern in seinem Alter zusammensein, finde ich.« Die schwarze Mutter schützt ihren Sohn auf die einzige ihr mögliche Art: Sie sperrt ihn bei sich in der kleinen Wohnung ein und läßt ihn nur kurz hinaus, damit er das Geld von der Fürsorge holt und die Einkäufe erledigt.

Irgendwann einmal erzählt Mrs. Luddy Faith eine Geschichte aus »Sklavenzeiten«, die sie von ihrer Mutter gehört hat:

> Meine Mama konnte Geschichten erzählen, damit hat sie mich aufgezogen. Ihre Mama war noch ein kleines Ding, ohne Sinn und Verstand. Hat den ganzen Tag in der Tür gestanden von ihrer Hütte und am Daumen gelutscht. Da waren noch die Sklaven. Eines Tages kommt ein ganz junger von den Landarbeitern angerannt, so ein wilder, der klopft bei der ersten Hütte an die Tür und brüllt: Schwester, komm raus, die Freiheit! Sie raus. Sagt: Jaah? Wann? Er sagt: Jetzt! Wir haben sie, die Freiheit, jetzt! Klopft dann an die nächste Tür und sagt: Schwester! Die Freiheit! Jetzt! Von einer Hütte zur nächsten ist er gerannt und immer gerufen: Schwester, wir haben sie, die Freiheit, jetzt!

Die Geschichte legt eine schmerzliche Analogie nahe. Faith ist der Landarbeiter, der in das fremde Elendsviertel kommt und »Die Freiheit! Die Freiheit!« schreit. Der »Essen! Schulbildung! Gedichte!

Mit anderen Kindern spielen!« schreit. Der verkündet, worauf vermutlich jede Mutter ein angestammtes Recht hat: in der Lage zu sein, ihren Kindern diese Dinge zur Verfügung zu stellen.

Als die »Freiheit« schließlich daherkommt, steht Mrs. Luddys Großmutter in der Tür und lutscht am Daumen. Die Sklaverei hat sie längst kaputtgemacht. Vielleicht hat Mrs. Luddy dadurch, daß sie das Umfeld für ihre Kinder nicht selbst bestimmen kann, auch schon zu viel eingebüßt. Der Schaden, der ihrem mütterlichen Stolz und ihrer Freude an den eigenen Kindern zugefügt wurde – die Wunde, verursacht dadurch, daß man nicht in der Lage ist, seine Kinder zu schützen und ihnen das zu geben, was sie brauchen –, ist zu verheerend.

Wer hat die Mittel und Möglichkeiten, für Mrs. Luddy und ihre Kinder zu sorgen, die in emotionaler wie in sozialer und materieller Hinsicht schreckliche Not leiden? So ziemlich die ironischste Wendung in dieser Erzählung besteht darin, daß Mrs. Luddy schließlich Faiths Gaben – Unterstützung und Fürsorglichkeit – zurückweist. Nachdem Faith drei Wochen lang konkret Hilfe geleistet und sich ehrlich gekümmert hat, fordert die schwarze Mutter sie auf, zu verschwinden. Faith hat den kleinen Kindern sehr viel gegeben. Der kleine Sohn hat die weiße Frau liebgewonnen und ist untröstlich, als seine Mutter möchte, daß sie geht: »Ach, Ma …, sie stört doch nicht so.« Mrs. Luddy sagt, er soll den Mund halten. Grace Paley gibt damit zu verstehen, daß Mrs. Luddy und ihrer eingesperrten Familie schon zuviel Schmerz, zuviel Bedrohung widerfahren ist. Vielleicht weiß Mrs. Luddy, daß die Hilfe, die von Faith kommt, nur vorübergehend ist, und will deshalb, daß sie geht.

Die Autorin der Erzählung läßt eine privilegierte weiße Mutter aus der Mittelschicht drei Wochen lang ihr Möglichstes für diese bitterarme Familie tun. Dann wirft die schwarze Mutter sie hinaus, und der Leser muß sich fragen, warum. Die emotionale Gesundheit und die Energie, die Faith dem Sohn, den kleinen Töchtern und der Mutter bringt, sind vielleicht alles, was sie jemals von irgend jemandem bekommen werden. Aber es ist zu wenig, und es kommt zu spät. Die emotionale und materielle Deprivation und die damit einhergehende Erniedrigung haben es Mrs. Luddy unmöglich gemacht, zu viel anzunehmen. Je weniger ein Mensch bekommen hat, um so weniger kann er später oft annehmen.

Manche emotional verarmten Mütter fühlen sich bedroht, wenn andere zu helfen versuchen. Manche haben vielleicht das Gefühl, aus ihrer Rolle als sorgende Mutter verdrängt und von jemand anderem ersetzt zu werden, der mehr zu geben hat. Verletzliche Mütter wenden sich häufig eher an ihre Kinder als an andere Mütter, also an Erwachsene, weil deren Urteile, Vorschläge und manchmal kaum verhohlene Kritik zu weh tun, als daß man sie sich anhören möchte.

In unserer Kultur mit ihren alleinstehenden Müttern und ihren abwesenden oder emotional unzugänglichen Vätern stellen Kinder oft die einzige Quelle emotionaler Unterstützung für eine Mutter dar – sie sind ihre Kameraden, diejenigen, die sich um sie kümmern, ihr Daseinszweck , die einzige echte Beziehung. Mag sein, daß das, was für Mrs. Luddys Sohn Donald gut ist – hinauszugehen und zu spielen, statt sich um seine Mutter und seine Schwestern zu kümmern –, für Mrs. Luddy oder seine Geschwister, die ihn dringend brauchen, nicht gut ist. Grace Paley, Tillie Olsen und Doris Lessing erschüttern diesen Mythos immer wieder aufs neue: Was für das Kind gut ist, ist nicht immer gut für die Mutter – und umgekehrt.

Manchmal können nur die eigenen Kinder Müttern dabei helfen, finanziell unabhängig zu werden. Als ich mich zum erstenmal mit Etta traf, einer Mutter aus Buffalo, New York, die von der Fürsorge lebt, hatte sie ihre sechs Kinder unter der Aufsicht ihres ältesten Sohnes Robert, neun Jahre alt, in ihrer winzigen Wohnung zurückgelassen. Etta, die mitten im Winter weiße Handschuhe trug, war für ein paar Stunden entwischt, um an ihrem ersten Seminar am Lehrercollege teilzunehmen. Als Etta heiratete und nach Norden zog, ließ sie ihre zahlreichen Verwandten in Mississippi zurück. Aus schierer Notwendigkeit war Robert zum Babysitter und »Mann im Haus« geworden.

Als Etta die ersten Kinder bekam, wurde ihr Mann eifersüchtig auf die Babys und begann »fremdzugehen«. Und als das sechste Kind geboren wurde, kam ihr Mann nur noch gelegentlich zu Besuch. Bevor sie aufs Lehrercollege ging, hatte Etta neun Jahre mehr oder minder eingesperrt in winzigen Wohnungen verbracht, die sich alle in drogenverseuchten und kriminalisierten Stadtbezirken

befanden. Robert war häufig ihre einzige Möglichkeit zur Flucht gewesen – manchmal nur, um hinauszukommen und Lebensmittel einzukaufen.
Im Gegensatz zu Mrs. Luddy in Grace Paleys Erzählung schaffte Etta die finanzielle Unabhängigkeit. Im zweiten Jahr unserer Bekanntschaft bekam sie ein Stipendium, wurde schließlich Lehrerin und konnte sich und ihre sechs Kinder ernähren. Doch in den ersten paar Jahren war ihre Ausbildung davon abhängig, daß der älteste Sohn den Babysitter spielte, und dies wiederum bedeutete, daß er den Schulunterricht versäumen mußte, manchmal sogar mehrere Wochen am Stück. Erst während der beiden letzten Collegejahre fand Etta eine Tagesstätte, die sie sich zum einen leisten konnte und die zum anderen ohne Auto erreichbar war. Leider nehmen die Geschichten der meisten von der Sozialfürsorge lebenden Mütter kein so glückliches Ende.

Von der Mutter im Stich gelassen

Nachdem wir Geschichten von Müttern wie Etta und Mrs. Luddy gehört haben, könnten wir vielleicht daran zweifeln, daß die *innerliche* Qual, die eine Mutter dazu treibt, ihre Kinder im Stich zu lassen, schlimmer sein kann als die schrecklichen äußeren Bedingungen, unter denen viele von der Fürsorge lebende Mütter zu leiden haben. Dennoch können manche Frauen ihre Mutterrolle nicht ausüben, ohne sich selbst und ihren Kindern Schaden zuzufügen. Wir haben in der Regel kein Mitleid mit einer Mutter, die ihr Kind verläßt, sofern sie nicht unter massivem finanziellen Druck steht. Doch es gibt Mütter, die ihre Kinder im Stich lassen, weil sie *emotional* bankrott sind, weil sie ihnen nichts zu geben haben – oder nur das Falsche. Worin besteht die echte Verantwortung einer Mutter gegenüber ihren Kindern, wenn sie sich nicht selbst um sie kümmern kann? Darin, die richtige Tagesstätte für sie zu finden oder eine möglichst liebevolle Ersatzmutter?
In ihren frühen Romanen hat Doris Lessing eine Gestalt geschaffen, die in materieller Hinsicht alles hat: genügend Geld, Dienstboten, die

die stumpfsinnige Plackerei der häuslichen Pflichten übernehmen. Doch trotz ihres Wohlstandes hat diese Mutter das Gefühl, einen so schädlichen Einfluß auf ihre Tochter auszuüben, daß sie sie der Fürsorge anderer überläßt.

Von allen Romangestalten, die eingesperrte Mütter verkörpern, ist die der Martha Quest in Doris Lessings Roman *Eine richtige Ehe* die bedrückendste. Lessings Heldin leidet nicht unter dem Gefängnis der Armut, sondern unter ihren *Tätigkeiten* als Mutter, die sie an die tyrannische Gesellschaft Kolonialafrikas und an eine erstickende Nähe zu ihrer eigenen, sich versagenden Mutter fesseln.

Durch das Erlebnis der Schwangerschaft, der Geburt und des Mutterseins wird Martha Quest in die qualvolle Beziehung zu ihrer deprivierenden, gleichzeitig aber aufdringlichen Mutter zurückgeholt. Während Martha ihre Tochter umhegt, verliert sie die Kraft, eine Trennungslinie zwischen sich selbst und ihrer Mutter zu ziehen. Doris Lessing zeigt, daß sich das Muttersein für manche Frauen als gefährliche Betätigung erweisen kann. Martha braucht, wie viele andere Frauen, den emotionalen Abstand von anderen Menschen, um in der Welt gut zu funktionieren.

Sobald Martha mit ihrem Kind zusammen ist, versinkt sie in Hilflosigkeit und Unfähigkeit und dem Gefühl, sich aufzulösen. Die einzige Möglichkeit, diese erschreckenden Gefühle (und damit den unterminierenden Einfluß ihrer Mutter) zu unterbinden, besteht darin, ihre Tochter zu verlassen und sich einer übergeordneten Größe anzuschließen, die ihr Kraft verleiht – in diesem Fall der Kommunistischen Partei. Obwohl sie ihr eigenes Kind nicht hegen und umsorgen kann, versucht sie, genau das für andere, ihr emotional weniger nahestehende Menschen zu tun. Bis zu dem Zeitpunkt, zu dem Martha sämtliche Illusionen über das Scheitern des Kommunismus verliert, ermöglicht ihr die Partei, in einer weniger intimen Form für andere zu sorgen und sich vorübergehend von dem peinigenden Gefühl des emotionalen Verhungerns und der Verzweiflung zu befreien, das die Beziehung zu ihrer Tochter und ihrer Mutter prägt.

Manche Mütter, die durchaus fähig sind, für andere Menschen sehr intensiv zu sorgen, können die Intimität der Mutter-Säugling-Beziehung nicht ertragen. In seinem Roman *Bleakhaus* parodiert Charles

Dickens diese weniger vertraulichen Formen des Gebens in Gestalt von Mrs. Jellyby, die so tut, als würde sie den Unglücklichen dieser Welt helfen, während sie ihre eigenen Kinder völlig vernachlässigt. In den ersten Jahren, in denen es notwendig ist, eine enge Beziehung herzustellen, ist das manchen Müttern bei ihren eigenen Kindern unmöglich. Obwohl wir bereitwillig akzeptieren, daß viele Männer Schwierigkeiten mit dieser Art von Intimität haben, geben wir nicht gerne zu, daß auch Frauen Schwierigkeiten mit der großen Nähe haben können, die kleine Kinder brauchen.

Die Unfähigkeit zu sorgen

In Tillie Olsens Erzählung »Ich stehe hier und bügle« ist die Mutter aus *finanziellen* Gründen nicht in der Lage, für ihre Kinder zu sorgen. Eine Sozialarbeiterin sucht die Mutter auf und erklärt ihr, daß ihre Tochter Hilfe braucht. Dies löst bei der Mutter einen langen inneren Monolog aus. Während sie dasteht und bügelt, überlegt sie sich, wie und warum sie bei ihrer Tochter versagt hat, beschreibt, wie qualvoll es war, mit ansehen zu müssen, daß die Chancen ihres Kindes dahinschwinden, beschreibt, in welcher Hinsicht sie ihrer Meinung nach nicht in der Lage war, zu geben, und somit verhindert hat, daß ihr Kind wachsen und sich entwickeln konnte:

> Sie war ein Kind banger, nicht stolzer Liebe (…) Ich war eine junge Mutter, ich war eine zerstreute Mutter (…) Meine Einsicht kam zu spät. Es steckt viel in ihr und wahrscheinlich wird wenig dabei herauskommen (…) So wird nicht alles, was in ihr steckt, zum Blühen kommen …

Wie viele alleinstehende Mütter im wirklichen Leben muß die Mutter in dieser Erzählung ihr Kind jeden Tag einer mittelmäßigen Betreuungsstätte überlassen – kalten, gleichgültigen Menschen; Institutionen, Lehrern, »Kindergärten, die nur Abstellplätze für Kinder sind«. Jede dieser Stätten, in die sie ihr Kind schickt, ist noch schlimmer als die vorangegangene. Jedesmal kommt die Tochter mit noch mehr

Narben und Ängsten nach Hause, noch eingeschüchterter und noch weniger fähig, sich bei ihrer Mutter Trost zu holen. Doch die Mutter ist ebenso hilflos und verwundbar wie das Kind.

Diese Erzählung erinnert mich an ein Gemälde aus dem 19. Jahrhundert, in dem Damen mit Reifröcken und Sonnenschirmen und korrekt gekleidete Herren zwanglos durch eine Landschaft schlendern und sich fröhlich unterhalten. Daneben spielen ein paar entzückende, ganz in Weiß gekleidete Kinder. Im Hintergrund sieht man, wie eine Sklavin, die ihren Säugling fest an sich preßt, verkauft wird. Heutzutage reagieren wir bestürzt, weil das durch die Sklaverei verursachte Leid in unser Bewußtsein gerückt ist. Doch jahrhundertelang wäre beim Betrachten eines solchen Bildes niemandem etwas Besonderes aufgefallen. Zu viele Mütter und Kinder im realen Leben sind verzweifelt und leiden Qualen, doch das geht unter im Trubel des Alltagslebens; genauso selbstverständlich gehörte einst der Verkauf von Frauen und ihren Kindern zum Alltagsleben.

Die Mutter in der Erzählung »Ich stehe hier und bügle« ist Opfer und geschädigte Überlebende zugleich. Auch ihre Tochter ist Opfer und geschädigte Überlebende. In der Erzählung fordert die Mutter Wiedergutmachung: Ist die Gesellschaft willens, wenn nicht ihr, so doch der Tochter zu helfen – sie davor zu bewahren, wie das Kleid auf dem Bügelbrett hilflos dazuliegen und plattgedrückt zu werden? Die Mutter bittet auch um Vergebung, erläutert schmerzerfüllt, warum sie glaubt, das Leben ihrer Tochter ruiniert zu haben. Wir sind es nicht gewohnt, eine Mutter oder einen Vater sagen zu hören: »Ich habe getan, was ich konnte, aber es war nicht genug; es war nicht das Richtige. Bitte helft mir und gebt meinem Kind das, was ich ihm nicht gegeben habe oder geben konnte.«

Materielle Entbehrungen, emotionale Verarmung und das Fehlen einer adäquaten Fürsorge können einem Kind schweren Schaden zufügen, während die Mutter hilflos zusehen muß – ähnlich wie die Sklavenmutter, die zusehen muß, wie ihr Kind verkauft wird. Im Grunde genommen sehen wir alle zu, wie viele Mütter, aus finanziellen oder emotionalen Gründen, einfach nicht in der Lage sind, adäquat für ihre Kinder zu sorgen.

Es passiert zu oft, daß Mütter ihre Kinder entweder im Stich lassen

oder mit ansehen müssen, wie sie leiden. Manche Mütter, die weder von ihrem Mann, noch von ihren Eltern oder aufgrund ihrer gesellschaftlichen und wirtschaftlichen Situation Liebe und Anerkennung beziehungsweise Unterstützung bekommen, benutzen ihre Kinder wie Parasiten, um ihre eigenen Bedürfnisse zu befriedigen.
Man kann die Mutter nicht aus dem sozialen Geflecht herauslösen, in das sie eingebettet ist. Beide spiegeln einander wider, so wie sich im Säuglingsalter die Mutter und ihr Kind widerspiegeln. Für überlastete, erschöpfte und unter Mangel an emotionaler Zuwendung leidende Mütter sind auch schon die normalen Forderungen ihrer Kinder nach Liebe und Aufmerksamkeit einfach zuviel. Um sie zu bewältigen, müssen sich zu viele Mütter die Liebe zu ihren Kleinkindern abgewöhnen. Anstelle der abgöttischen Liebe, die Eltern normalerweise für ihre Sprößlinge empfinden, tritt die materiell oder emotional bedingte Notwendigkeit, diese Kinder aufzugeben.
Wenn wir nicht akzeptieren, darüber reden, widerspiegeln und bestätigen, wie schmerzlich und zerstörerisch diese negativen Aspekte des Kinderaufziehens sind, werden Mütter auch weiterhin unter der Sklaverei des Mythos der Rabenmutter zu leiden haben. Sie werden stets das Gefühl haben, etwas falsch zu machen, werden stets von Schuldgefühlen geplagt werden. Die Weigerung, diese Gefühle und Erfahrungen zu untersuchen, kommt der Weigerung gleich, sich mit den Opfern zu befassen: Es ist einfacher, ihnen die Schuld zuzuweisen, einfacher, die Geschädigten zu hassen, als sie zu verstehen, sich in ihre Situation zu versetzen und auf eine Veränderung hinzuarbeiten.
Zum Glück gibt es Schriftstellerinnen, die den Mut aufbringen, einige der qualvollsten Umstände zu untersuchen, die Mütter erdulden müssen. In ihren eindringlichen Schilderungen bringen Tillie Olsen, Grace Paley und Doris Lessing Themen und Belange zur Sprache, über die zu lange geschwiegen wurde. Indem sie diese Aspekte des Mutterseins aufdecken, geben sie uns den Anstoß, uns endlich auch mit Lösungsmöglichkeiten zu befassen.

Kapitel 9

Die doppelte Perspektive bei Anne Sexton und Sylvia Plath

Die Mutter, die nicht gut genug ist, kann die Omnipotenz des Säuglings nicht praktisch zur Wirkung bringen, deshalb unterläßt sie es wiederholt, der Geste des Säuglings zu begegnen; statt dessen setzt sie ihre eigene Geste ein, die durch das Sichfügen des Säuglings sinnvoll gemacht werden soll. Diese Gefügigkeit auf seiten des Säuglings ist das früheste Stadium des falschen Selbst und gehört zur Unfähigkeit der Mutter, die Bedürfnisse ihres Säuglings zu spüren.

D. W. Winnicott
Reifungsprozesse und fördernde Umwelt

Auf der Suche nach dem Selbst kann der betreffende Mensch etwas künstlerisch Wertvolles erschaffen. Aber ein erfolgreicher Künstler kann allgemein anerkannt werden und doch das Selbst, nach dem er sucht, nicht gefunden haben. Das Selbst liegt nicht unbedingt in dem, was aus Körperlichem oder Seelischem gemacht wird, gleichgültig, durch welche Schönheit, Geschicklichkeit und Eindruckskraft sich diese Werke auch auszeichnen (...) Das vollendete Werk vermag den zugrundeliegenden Mangel an Selbstgefühl niemals auszugleichen.

D. W. Winnicott
Vom Spiel zur Kreativität

Tagebucheinträge: 1984/85

Habe soeben Plaths letzte Gedichte vor ihrem Selbstmord gelesen (...) Sylvia Plath und Anne Sexton waren beide Mütter von kleinen Kinden, als sie verrückt wurden und Selbstmord begingen. Warum hat niemand darüber nachgedacht, welche Belastung das Aufziehen der Kinder für sie darstellte? In ihren Gedichten sprechen sie offen und klar von den Gefühlen, die die meisten Mütter haben, aber höchst ungern zugeben. Wenn sie sich über ihre Erfahrungen als Mütter äußern, beginnt man zu begreifen, warum nur wenige Frauen es wagen, diesen verborgenen Teil ihrer selbst zu ergründen.
Plath und Sexton fühlten zuviel, wußten zuviel, sahen zuviel. Hat genau das sie näher an den Abgrund gebracht? Irgendwie brachten sie den Mut auf, über ihre Wahrnehmungen zu schreiben. Ist es besser, dumm zu bleiben, als mit dem schrecklichen Wissen zu leben, wieviel Schaden man seinen Kindern zufügen kann? Oder ist es möglich, alle diese Dinge, die wir jetzt über uns selbst und unsere Kinder in Erfahrung bringen, auf eine positive, lebensbejahende Art zu nutzen?

Was bedeutet es, wenn sich eine Mutter mit kleinen Kindern das Leben nimmt? Schützt sie ihre Kinder vor ihrer Wut auf sie und ihre Forderungen? Bedeutet es, daß ihr Schmerz so groß ist, daß ihr das Leben ihrer Kinder allmählich ebenso gleichgültig ist wie ihr eigenes? Empfindet sie Haß oder Bedauern oder einfach nur Erleichterung bei dem Gedanken, nichts mehr zu fühlen? (...) Kinder treiben eine Mutter nicht dazu, sich das Leben zu nehmen, aber sie können sie an frühere schmerzliche Beziehungen erinnern, können ungelöste Probleme aufwühlen, können einen in unerträgliche Daseinszustände zurückversetzen, können einen in das Gefängnis der eigenen Geschichte zwingen.

Sylvia Plath und Anne Sexton hatten Kinder, liebten sie sehr, konnten ihnen aber keine Mütter sein. Anne Sexton bekam nach der Geburt ihrer beiden Töchter jedesmal einen schweren Nervenzusammenbruch und mußte in einer psychiatrischen Klinik behandelt werden. Als Sylvia Plaths Tochter zwei Jahre und ihr Sohn erst ein Jahr alt war, beging sie Selbstmord. Weil oder obwohl diese Frauen unmittelbar an der Schmerzgrenze und am Rande der Geisteskrankheit lebten, enthüllt ihre Poesie vieles über die Mutter-Kind-Beziehung, worüber noch nie gesprochen oder geschrieben wurde. Beide Frauen beschäftigen sich damit, was es bedeutet, die Tochter einer verstörten Mutter zu sein, und was es heißt, selbst eine verstörte Mutter zu sein. Aus dieser doppelten Perspektive ergibt sich ein neues Bewußtsein dafür, wie leicht wir in bezug auf unsere Kinder versagen können.

Jede Frau, die ihre Kinder liebt, hat schon am eigenen Leib erlebt, daß sie nicht immer imstande ist, ihren Kindern das zu geben, was sie brauchen – vielleicht eine stabilere, liebevollere Umgebung oder eine andere Art der Fürsorge, als sie als Mutter sie ihnen bieten kann. Körperliche Erschöpfung, emotionales Ausgepumptsein, vorübergehende Unzurechnungsfähigkeit oder Geisteskrankheit sind die Gründe dafür, warum Mütter nicht immer entsprechend ihrem Wissen, was das Beste für ihr Kind ist, handeln können. Dieses Kapitel beschäftigt sich mit der Qual, unter der Mütter leiden, wenn sie die gerechtfertigten Bedürfnisse ihrer Kinder nicht befriedigen können. Obwohl es sich bei Sylvia Plath und Anne Sexton um Extremfälle handelt, möchte ich anhand ihrer Gedichte die Komplexität jener Mutterliebe untersuchen, die durch die Unfähigkeit, sich um ein Kind zu kümmern, noch schwieriger wird.

Unsere Gesellschaft hält nicht viel von Müttern, die ihre Kinder verlassen. Doch nur wenige Leute machen es Sylvia Plath oder Anne Sexton zum Vorwurf, daß sie ihre Kinder im Stich ließen, weil sie verrückt wurden oder sich umbrachten. Beide werden im Gegenteil geschätzt und verehrt. Bis vor kurzem hat sich kaum jemand für das interessiert, was diese beiden Frauen über das Aufziehen von Kindern zu sagen hatten. Merkwürdigerweise haben viele Kritiker die Bilder, mit denen uns beide die Vielschichtigkeit ihrer Erfahrungen *als Mütter* vermitteln, beschönigt.

Ihr sensationeller Tod hat in beiden Fällen dafür gesorgt, daß ihr Werk weithin bekannt und von einem breiten Publikum gelesen wurde. Es besteht der Verdacht, daß nur wenige Leute die Gedichte dieser Frauen kennen würden, hätten sie sich nicht das Leben genommen. Oberflächlich betrachtet hat ihr Selbstmord dazu geführt, daß beide Autorinnen selbst zunächst einmal wie aufdringliche Fiktionen erschienen. Das große Medieninteresse, das ihren Freitod mit falschem Glanz umgab, hat die ganz gewöhnlichen Aspekte ihres Lebens verdunkelt: Auch wenn beide hochbegabte Schriftstellerinnen waren, waren sie doch Mütter, die sich, wenn sie nicht geisteskrank geworden oder aus dem Leben geschieden wären, um ihre kleinen Kinder hätten kümmern müssen.

Die Poesie von Plath und Sexton hat einen Nerv im kollektiven mütterlichen Unbewußten getroffen. Sie wagten es, über Dinge zu reden, die viele Mütter erleben, ohne jedoch offen darüber sprechen zu können – über Gefühle, die noch keinen Namen haben. Der Mut und die Aufrichtigkeit, mit der diese beiden Dichterinnen das qualvolle Scheitern von Müttern untersuchen, zeigt, wie die intime und unmittelbare Beziehung zu kleinen Kindern und die intensive Fürsorge, die sie brauchen, uns an den Rand des Zusammenbruchs bringen können. Doch was die meisten Mütter nur vorübergehend verrückt macht, trieb Plath und Sexton endgültig in den Wahnsinn.

Die Gedichte dieser Frauen über die emotionalen Aspekte des Kinderaufziehens werfen beunruhigende Fragen auf: Was ist das Schlimmste, was einer Mutter von kleinen Kindern widerfahren kann? Was beansprucht das kontinuierliche Dasein für Kinder vom Verstand, von der Seele und vom emotionalen Leben eines Individuums? Wäre Sylvia Plath nicht durch ihre Armut und die Fürsorge, die ihre beiden Kinder brauchten und die sie ihnen nicht mehr geben konnte, in ihrer kleinen, kalten Wohnung eingesperrt gewesen, hätte sie ihre letzte, lähmende Depression vielleicht überlebt. Die Gedichte, die sie vor ihrem Tod schrieb, geben uns Einblick in die Gemütsverfassung eines Menschen, der für Kinder sorgen muß, gleichzeitig aber unter schweren seelischen Qualen leidet und allein ist, ohne eine stützende und haltende Umwelt, die ihm hilft.

Anne Sexton schilderte, was sie empfand, als sie ihre beiden Töchter der Obhut anderer Menschen überlassen mußte, und die Auswirkungen, die dieses Verlassenwerden auf die beiden Kinder hatte. Sexton beschäftigt sich so offen und ehrlich mit beiden Seiten der Mutter-Tochter-Beziehung, daß man leicht verstehen kann, warum die Erzählerin in dem ihrer Tochter Joy gewidmeten Gedicht mit dem Titel »A Little Uncomplicated Hymn« (Ein kleines, unkompliziertes Lied) davon spricht, daß sie kurz nach der Geburt ihres Kindes »in den Wahnsinn« segelt. Historisch betrachtet sind Wahnsinn und Selbstmord zwei der wenigen Möglichkeiten, die verstörten Müttern offenstanden, um der überwältigenden Verantwortung für das Wohlergehen ihrer Kinder zu entrinnen und sie vor ihren eigenen destruktiven Impulsen zu schützen.

Kaum eine Frau spricht über die Notwendigkeit, ein Kind vor einer sehr ernsten Bedrohung zu schützen – vor ihren eigenen Impulsen, dem Kind weh zu tun. Auch wenn dieses Bedürfnis meist schnell vorübergeht, haben Frauen deshalb gewaltige Schuldgefühle. Viele Mütter weichen in die Depression aus, statt sich diesen Gefühlen zu stellen.

Eine völlig überlastete Mutter, deren Situation der von Sylvia Plath ähnelte, gab zu, daß sie sich wochenlang in einem Schwebezustand zwischen selbstmörderischer Verzweiflung und dem Drang, ihre Kinder zu mißhandeln, befunden hatte. Nachdem ihr Mann sie und ihre kleinen Söhne verlassen hatte, fand Adele (27) irgendwie die Kraft, sich in stationäre Behandlung zu begeben, als sie spürte, daß durch ihre schwere Depression die Wut an die Oberfläche brach. Aus Angst, sie könnte ihren Kindern weh tun, brachte Adele ihre zwei Söhne in ein Kinderheim und begab sich selbst in eine psychiatrische Kinik, bis sie sich wieder besser im Griff hatte.

> Können Sie sich vorstellen, wie das ist, wenn man zwei Babys hat, die von einem abhängig sind, und weiß, daß man sich nicht mehr in der Gewalt hat? Ich wollte sterben – buchstäblich sterben, nicht existieren. Es war ein Alptraum. Der einzige Grund, warum ich mich nicht umbrachte, war die Angst, am nächsten Morgen würde niemand da sein, um sie zu füttern. Wenn man Kinder hat, dann gibt und gibt und gibt man (...) Und mein Mann ist einfach auf und davon und hat eine andere gebumst. Die Kinder waren so, wie Kinder eben sind, aber irgendwann hatte ich nicht mehr alle Sinne beisammen. Irgendwann fing ich an, sie zu schlagen. Ich wußte, daß das falsch war – man schlägt nun mal kein 19 Monate altes Baby. Es ist nicht richtig. Aber sie wurden so quengelig und anspruchsvoll. Irgendwann geriet ich in Panik, ich könnte ihnen wirklich weh tun – ich hatte niemanden, an den ich

> mich hätte wenden können. Meine Mutter lebt an der anderen Küste. Die Freunde hier sind Freunde meines Mannes.

Weil Adele den Mut aufbrachte, Hilfe zu suchen, schaffte sie es, diese Krise zu überstehen, ohne sich selbst oder ihren Kindern Schaden zuzufügen. Nach drei Tagen in der psychiatrischen Klinik fühlte sie sich stark genug, sich wieder um ihre Kinder zu kümmern. Sie wurde an eine Psychotherapeutin überwiesen und begann sofort mit einer Therapie. Die Beziehung zu ihrer einfühlsamen Therapeutin half Adele dabei, diese schwere Zeit zu überleben und sich auch weiterhin um ihre Söhne zu kümmern.

Eine Psychotherapie kann für eine Mutter sehr hilfreich sein – sie stellt in unserer Gesellschaft eine der wenigen Möglichkeiten dar, Müttern über Zeiten der Not hinwegzuhelfen. Doch die Beispiele von Anne Sexton und Sylvia Plath zeigen, daß die Einsicht in die eigene Situation in manchen Fällen nicht nur therapeutische Wirkung hat, sondern auch problematisch sein kann, vor allem, wenn sie nicht von emotionalen und ganz konkreten Hilfsmaßnahmen begleitet wird.

Erkenntnis: Fluch und Segen

Anne Sexton und Sylvia Plath waren beide lange Zeit in psychiatrischer Behandlung: Plath nach einem beinahe geglückten Selbstmordversuch zehn Jahre vor ihrem Tod und Sexton nach ihrer ersten Einweisung ins Krankenhaus. Beide Frauen griffen in ihren Gedichten über die Beziehungen zu ihren Eltern und ihre eigenen Erfahrungen als Mütter auf Erkenntnisse zurück, die sie durch das Sicheinlassen in den psychotherapeutischen Prozeß gewonnen hatten.

In einigen Gedichten geht es um die schmerzlichen Parallelen bei überlasteten Müttern, die stellvertretend durch ihre Töchter leben; andere Gedichte schildern, wie schwierig es ist, selbst eine Mutter zu *sein.* Die sprechenden Personen in diesen Gedichten sind häufig Töchter, die sich nach mütterlicher Fürsorge und Anerkennung sehnen, denen gleichzeitig aber bewußt ist, daß sie den Ehrgeiz und die latente Destruktivität der eigenen Mutter in sich tragen.

Was in den Gedichten von Sylvia Plath und Anne Sexton zur Sprache kommt, ist zum großen Teil ein Ergebnis der Psychotherapie. Dadurch, daß sich die beiden Frauen auf intensive therapeutische Beziehungen einließen, wurden ihnen ihre ambivalenten Gefühle gegenüber den Eltern und die heftigen Emotionen, die in ihrem Innern wüteten, bewußt. Doch Erkenntnisse, die man gewinnt, *bevor* man Kinder hat, können einen ganz anderen Stellenwert haben als Erkenntnisse *nach* der Geburt eines Kindes. So beschäftigt sich zum Beispiel das Gedicht »The Disquieting Muses« (Die besorgniserregenden Musen) in Sylvia Plaths erstem Gedichtband *The Colossus* mit der heiklen Frage wohlmeinender, aber falsch verstandener Mütterlichkeit. Obwohl das Gedicht einen gedämpften Zorn auf die Mutter offenbart, enthält es eine tiefe Einsicht in das »wahre Selbst« und das »falsche Selbst« jedes kleinen Kindes. Ein solches Gedicht konnte nur entstehen, bevor Sylvia Plath Kinder hatte, und es kündigte die Art von Problemen an, die sie später als Mutter haben sollte.

Das »wahre Selbst« eines Kindes ist jener Teil in uns allen, der sich nach Liebe und Anerkennung sehnt, gleichzeitig aber wütend ist; jener Teil von uns, der weinen, schreien und jammern will, der *keine* Leistung erbringen will, der sich *nicht* verstellen will, um zu gefallen. Dieses Gedicht drückt die Qual von Kindern aus, deren Mütter nur das »falsche Selbst« sehen wollen, das gehorsame Selbst, das sich dadurch einzuschmeicheln versucht, daß es das Entsetzen und den Schmerz über das Erwachsenwerden verbirgt. Die Mutter in diesem Gedicht ist nicht in der Lage, wahrzunehmen, was ihre Tochter wirklich erlebt und empfindet, verscheucht die Schrecken der Kindheit mit Hilfe von Kakao und Keksen. Mit fröhlichen Liedern und Kinderreimen, in denen Hexen stets als Lebkuchen enden, versucht diese Mutter, die Angst auf den Gesichtern ihrer Kinder zu übertünchen, wenn furchterregende Dinge passieren. Aber die Wirklichkeit besteht für die Erzählerin als Kind und später als erwachsener Mensch darin, daß sie von schrecklichen, hexenähnlichen Musen gejagt wird,

> … mit Köpfen wie Stopfeier, die nicken
> Und nicken und nicken …
> Ohne Mund, ohne Augen, mit kahlem, geflicktem Kopf.

Zwei Strophen schildern peinliche, unangenehme Augenblicke und Erlebnisse – eine Tanzvorstellung, bei der die Erzählerin vor lauter Ungeschicklichkeit nicht in der Lage war, »einen Fuß zu heben in ihrem funkelnden Kleid«; und doch ist es die Mutter, die über das Versagen ihrer Tochter weint. Die Mutter fliegt in einem grünen Ballon davon, läßt ihre Tochter für immer unter sich zurück, zusammen mit den drei schrecklichen Musen, die Tag und Nacht »Wache halten in Gewändern aus Stein«. Die letzten Zeilen offenbaren den unterdrückten Zorn der Erzählerin auf ihre Mutter, die nur das »falsche Selbst« sieht, das im Erwachsenen weiterlebt, weiterhin gehorcht und sich einschmeichelt:

> Und das ist das Königreich, in das du mich geboren hast,
> Mutter, Mutter. Aber kein Stirnrunzeln von mir
> Wird die verraten, die mir Gesellschaft leisten.

In Gestalt von Selbsthaß lebt die Mutter in der Erzählerin als gepeinigte Seele weiter, die nicht um Hilfe schreien kann, wenn es notwendig ist, die auf ewig mit ihren schlimmsten Ängsten allein bleiben wird. Diese Tochter erwartet weder, daß ihr geholfen wird, noch daß sie so gesehen und so geliebt wird, wie sie wirklich ist – mit allen Ängsten, aller Wut und allem Elend. Man läßt sich nichts anmerken, selbst wenn es einen umbringt. Man streckt nicht die Hand aus und bittet um Hilfe, weil dieser Teil der eigenen Persönlichkeit nie akzeptiert worden ist. Solche Dinge waren nicht erlaubt und bleiben folglich verboten.

Die Mutter in diesem Gedicht ist uns vertraut. Eine Mutter, die weint, wenn ihr Kind versagt, weil die Mutter den Erfolg braucht; eine Mutter, die so tut, als könnte ihr Kind etwas, was es in Wirklichkeit nicht kann, als sei es glücklich, wenn es traurig ist, liebevoll, wenn es wütend und rachsüchtig ist. Es mag arrogant sein, aber wir erwarten einfach, daß die Generationen vor uns als auf eine Art und Weise blind dargestellt werden, wie wir es nicht mehr sein können, da sie eine bestimmte Vorstellung davon hatten, wie ein Kind sein und was es fühlen *sollte*, nicht wie es wirklich war und was es fühlte. Einige Gründe dafür begreifen wir sogar: Die ureigene Erfahrung des Kindes wird geleugnet, weil die Erfahrungen, die die Mutter als Kind machte, ebenfalls geleugnet wurden. Da es der Mutter nie gestattet war, ihre Wut, ihre Angst und Bedürftigkeit zuzugeben, kann sie es nicht ertragen, durch ihr Kind an derart beschämende Emotionen erinnert zu werden.

Im Gegensatz zur Mutter in »The Disquieting Muses« und zu ihren eigenen Müttern erlebten Sylvia Plath und Anne Sexton den Segen und den Fluch, zu wissen, was ihre Kinder brauchten, fühlten, durchmachten. Trotz dieser Einsicht waren sie nicht in der Lage, emotional für ihre Kinder dazusein, zum Teil wohl deshalb, weil sie selbst diese Art der Fürsorge nie erfahren hatten. Aufgrund der psychotherapeutischen Behandlung konnte den beiden Frauen weder das wahre Selbst ihrer Kinder *un*bewußt bleiben, noch die Verzweiflung, die manche Eltern dazu treibt, ihre Kinder zu benutzen, um eigene Bedürfnisse zu befriedigen. Welche Auswirkungen hat eine derart schreckliche Erkenntnis auf eine Mutter? Können Mütter ihren Kindern etwas geben, was sie selbst nie erhalten haben? Wie können Liebe und Verständnis Hand in Hand gehen mit der Unfähigkeit, sich um seine eigenen Kinder zu kümmern?

In dem Umfang, in dem uns bewußter geworden ist, was für eine schwierige und komplexe Aufgabe es ist, ein Kind großzuziehen – zumal in der von uns geschaffenen Welt –, hat auch eine große emotionale und intellektuelle Veränderung stattgefunden. Während frühere Generationen in ihren Kindern das sahen, was sie sehen wollten oder mußten, sehen heutige Generationen vielleicht zuviel von dem, was ihre Kinder wirklich sind und brauchen. Viele Eltern verfügen nicht über die emotionalen (oder finanziellen) Möglichkeiten, ihrem Wissen entsprechend zu handeln. Wissen in Verbindung mit emotionaler Lähmung erzeugt jene unerträgliche Hilflosigkeit einer Kassandra, die darin besteht, die Wahrheit zu kennen, ohne in der Lage zu sein, sie zu nutzen, um die Dinge zum Besseren zu wenden. Es ist nicht verwunderlich, daß wir allesamt dazu neigen, den Müttern die Schuld zu geben, um diese Last der Erkenntnis abzuwehren.

Vom Kind als Opfer zur Mutter als Opfer

Daß wir Mütter gerne für die Probleme und das Unglück ihrer Kinder verantwortlich machen, hat seine Wurzeln im 19. Jahrhundert, in dem die Ausbeutung von Kindern an der Tagesordnung war. Schriftsteller wie Charles Dickens rückten die brutale Behandlung von Kindern in Fabriken und Ausbeutungsbetrieben ins Bewußtein der Öffentlichkeit. In seinen Romanen stellt Dickens zahlreiche Kinder als Opfer der Industriellen Revolution, grausamer Institutionen und herzloser Ersatzeltern dar.

Gegen Ende des letzten Jahrhunderts gingen einige Autoren dazu über, die *leiblichen* Eltern des Kindes als grausam oder gleichgültig zu schildern. Im 20. Jahrhundert erleben wir in Büchern und Filmen wie *Der Fänger im Roggen* und *Die Reifeprüfung* plötzlich die überspitzte Darstellung unsensibler Eltern. Bei der kalten, ausdruckslosen Mutter in *Ordinary People* (*Eine ganz normale Familie*) handelt es sich nicht mehr um eine Karikatur, sondern um eine analytische Darstellung mütterlicher Boshaftigkeit.

Mit ihren grausamen Schilderungen von Kindern, die von der Gefühlskälte und Gleichgültigkeit ihrer Eltern in den Tod getrieben werden, nehmen Autoren wie Flannery O'Connor und Joyce Carol Oates in einigen Erzählungen das derzeitige astronomische Ansteigen der Selbstmordrate bei Teenagern vorweg und ergründen dessen Ursache. In diesen Erzählungen leiden die Kinder, weil sich die Eltern weigern, ihr Gefühlsleben ernst zu nehmen und dafür Interesse aufzubringen. Im ausgehenden 20. Jahrhundert wird diese mangelnde Bereitschaft, ein Kind mit all seinen Ängsten, seiner Bedürftigkeit und seiner Wut, aber auch seiner liebevollen Zuneigung zu begreifen, als eine Form der Kindsmißhandlung dargestellt.

Doch wenn ein Opfer von den Schikanen spricht, denen es ausgesetzt ist, hat das keinerlei Konsequenzen. Erst wenn das Opfer offen und ehrlich beschreibt, was geschieht, wenn es selbst Macht über andere erlangt, erfolgt ein Bewußtseinswandel. In den Augen der Welt wirft ein Mädchen, das wir vielleicht als Opfer sehen, als einen Menschen, der schwere emotionale Verletzungen überlebt hat, diese Identität ab, sobald sie selbst ein Kind bekommt.

Wir als Gesellschaft neigen dazu, von allen Müttern zu erwarten, daß sie gut für ihre Säuglinge sorgen, und wenn sie das nicht tun, machen wir ihnen Vorwürfe. Sylvia Plath und Anne Sexton legten dar, was ihnen das Kinderkriegen und das, wenn auch recht kurzzeitige

Übernehmen von Verantwortung für das Leben ihrer Kinder angetan hat. Daß sie die absolute Macht über derart machtlose und leicht verwundbare Wesen bekamen, daß sie möglicherweise wußten, welchen Schaden sie ihren Kindern zufügen konnten, trug ohne Zweifel zu ihrem kritischen emotionalen Zustand bei. Da beide Dichterinnen ihre Kinder innig liebten, gleichzeitig aber auch in höchstem Maß empfänglich für ihre Bedürfnisse und ihre Einzigartigkeit waren, offenbaren ihre Gedichte jene Bewußtseinsverschiebung, die aus dem Wissen erwächst, wie leicht Leid und emotionale Deprivation von einer Generation an die nächste weitergereicht werden können. Auf subtile, kaum wahrnehmbare Weise verändert die Poesie dieser beiden Frauen die Sichtweise des Lesers im Hinblick darauf, in wieweit Kinder Opfer ihrer »Rabenmütter« sind.

Plath: Muttersein in Zeiten der Not

Im Gegensatz zu Anne Sexton ging Sylvia Plath zunächst ganz in der Fürsorge für ihre beiden kleinen Kinder auf, liebte sie innig und war eine Zeitlang auch fähig, dieses Dasein zu genießen. Es gibt in ihren Gedichten eindringliche Bilder von den ganz alltäglichen Facetten des Mutterdaseins. Plath schildert Gefühle und Ereignisse, die für *alle* Mütter mit kleinen Kindern an der Tagesordnung sind: durchwachte Nächte, in denen man einem Baby vorsingt und es in den Schlaf wiegt; die manchmal erfolglosen Bemühungen, ein unruhiges Kind zu trösten; Anfälle von Beschützerdrang, hervorgerufen durch die begründete Angst vor den Übergriffen und der Gemeinheit der Welt.
In ihrem Gedicht »Magi« macht Plath deutlich, daß uns ein Kind auf das zurückwerfen kann, was fleischlich, körperlich, *wirklich* ist. Wenn sich eine Mutter tagein, tagaus den körperlichen Forderungen ihres Säuglings stellen muß, kann sie gar nicht anders, als die Welt intellektueller Abstraktionen als eine Welt zu betrachten, die so wenig Substanz hat wie »abgekochtes Wasser« und die »lieblos [ist] wie das Einmaleins«. Vor allem muß eine Mutter möglichst schnell lernen, die dringenden, instinktiven Botschaften ihres Babys zu entziffern und darauf zu reagieren. In diesem Gedicht wird die Unmittelbarkeit

körperlichen Erlebens im Gegensatz zu »papierenen« Theorien betont, ja geradezu verherrlicht. Für das kleine Mädchen bedeutet

> … das erdrückende Wissen, daß das Böse
>
> An seiner Wiege steht, weniger als ein Bauchweh,
> Und Liebe den Ursprung der Milch, nicht Theorie.

In dem Gedicht »Ballons« schildert Plath lebhafte Eindrücke von ihrem Sohn: sein köstliches Anderssein, wie er sitzt, beißt, die Welt voller Staunen betrachtet. Eine derart liebevolle Beschreibung wurzelt in jenem leidenschaftlichen Bereich, in dem Mütter sich zum einen zutiefst mit ihrem Kind identifizieren und gleichzeitig voller Ehrfurcht vor dem Wunder ihres Andersseins stehen. Dies war das vorletzte Gedicht, das Sylvia Plath vor ihrem Tod schrieb:

> … Dein kleiner Bruder
> Läßt seinen Ballon jaulen wie eine Katze.
> Er sieht wahrscheinlich durch ihn hindurch
> Auf der anderen Seite
> Eine komische rosa Welt, die er essen könnte.
> Er beißt,
>
> Dann setzt er sich
> Zurück, ein bauchiger Krug,
> Der eine Welt betrachtet, klar wie Wasser,
> In seiner kleinen Faust
> Einen roten Fetzen.

In dem Gedicht »Die Nachttänze« sieht eine Mutter ihrem Baby bei seinen komischen Possen zu und überlegt, was aus ihrem Kind werden könnte:

> Und wie werden deine Nachttänze
> sich verlieren. In Mathematik?
> So reine Sprünge und Spiralen …

In vielen ihrer Gedichte beschreibt Sylvia Plath die Mutterliebe und den Mutterstolz und schildert gleichzeitig, wie anstrengend es sein kann, einfach nur die normalen Bedürfnisse normaler Babys zu erfüllen. Sich das untröstliche Geschrei eines Säuglings anhören zu müssen, ist entnervend und kann eine Mutter zum Wahnsinn treiben. Einige der späten Gedichte von Sylvia Plath belegen, welch überwältigende Verantwortung das Elternsein in schwierigen Zeiten bedeutet. Alle Mütter, die ihre Kinder lieben, wollen sie nicht nur vor den Gefahren der Außenwelt beschützen, sondern auch vor ihrer eigenen unglücklichen Gemütsverfassung. In einigen Gedichten, die kurz vor ihrem Tod entstanden, offenbart Sylvia Plath ihre tiefe Liebe zu ihren Kindern und das heftige Bemühen, ihren eigenen Schmerz und ihre Verzweiflung von ihnen fernzuhalten. In »Nick und der Kerzenleuchter« ruft die Erzählerin:

> O Lieber, wie kamst du her?
> … Das Blut blüht rein
> In dir, Rubin.
>
> Die Pein, zu der du erwachst
> Ist nicht die deine.

Das Gedicht endet mit einer Vision von ihrem Sohn als Christuskind, für Mütter neugeborener Söhne keine ungewöhnliche Empfindung:

> Du bist das eine
> Feste, an das die Räume sich lehnen, neidvoll.
> Du bist der Säugling im Stall.

In dem wenige Monate später entstandenen Gedicht mit dem Titel »Child« ist die Erzählerin ganz verzweifelt, weil sie ganz genau weiß, was ihrem Kind Freude machen würde. Doch ihre innere Qual hindert sie daran, ihrem Kind wenigstens die emotionale Stabilität zu bieten, die es bräuchte:

> Dein klares Auge ist das eine absolut Schöne.
> Ich möchte es füllen mit Farbe und Entchen …

Nicht dieses unruhige
Ringen der Hände …

Am verwundbarsten und auf ihren Mann am meisten angewiesen ist die Mutter unmittelbar nach der Geburt eines Kindes und in seinen ersten, entscheidenden Lebensjahren. Schon allein die hormonelle Umstellung kann eine junge Mutter anfällig für Depressionen machen; das Stillen und Abstillen verursacht bei jeder Frau einen chemischen und einen emotionalen Aufruhr. Wenn eine Mutter mit kleinen Kindern verlassen wird, ist das für sie ungleich schlimmer als zu irgendeinem anderen Zeitpunkt. Genau zu dieser Zeit wurde Sylvia Plath von ihrem Mann sitzengelassen, der eine Affäre mit einer anderen Frau hatte.

Nur selten sind Situationen, die für Mütter extrem hart sind, schriftlich festgehalten worden. Aus Sylvia Plaths letzten Gedichten geht deutlich hervor, was es heißt, die volle Verantwortung für zwei kleine Kinder zu tragen, nachdem man sich auseinandergelebt hatte und der Mann sich so wenig für seine Kinder zuständig fühlte, daß er sie verließ.

In einigen Gedichten kombiniert Plath generelle Erfahrungen von Müttern mit höchst beunruhigenden und alptraumhaften Empfindungen. Die Gedichte »Tod & Co.« und »Lesbos« beispielsweise muten an wie Straßenkarten durch gefährliches, unerforschtes Gelände. Plath leuchtet die Fallgruben mütterlicher Liebe und mütterlichen Versagens mit einem so grellen Scheinwerfer aus, daß sich die meisten Leute abwenden von dem, was sie uns über die eher bitteren Aspekte des Mutterseins zu sagen hat.

Das Gedicht »Tod & Co.« offenbart die qualvolle Phantasie einer Mutter, die ihre toten Kinder sieht:

… in ihrem
Eisschrank im Krankenhaus, eine einfache
Krause am Hals,
Dann die Kannelierungen ihrer
Ionischen Totenhemden,
Dann zwei kleine Füße.

Wenn eine Mutter unter emotionaler Spannung steht, deprimiert oder erschöpft ist, kann es leicht geschehen, daß solche Bilder vor ihrem inneren Auge vorbeiziehen. Meistens sind solche Phantasien flüchtig, schnell vergessen und bleiben unausgesprochen. Sie sind nichts Ungewöhnliches, haben häufig mit dem Erschöpfungszustand der Mutter zu tun und sind stets ein Anzeichen dafür, daß sie Hilfe braucht und einmal ausspannen muß. Unglücklicherweise haben solche Phantasien die gegenteilige Wirkung – sie jagen der Mutter solche Angst ein, daß sie sich eher noch mehr um ihre Kinder kümmert, um sie vor dem eingebildeten Schaden, dem eingebildeten Tod, zu bewahren. Plath hat über diese erschreckenden Gefühle, die bei überlasteten Müttern zu übertriebener Fürsorglichkeit führen können, geschrieben.

In »Lesbos« geht es um die Schuldgefühle und den Zorn, die die Mutter zerreißen, wenn sie sich für alles, was bei ihren Kindern schiefgeht, verantwortlich fühlt. Das Gedicht handelt davon, daß man nicht Herr der Lage ist, obwohl man das sein müßte. Dieses familiäre Szenario ist sehr viel mehr verbreitet, als wir wahrhaben möchten: die überlastete, niedergedrückte Mutter, die sich verzweifelt Erleichterung wünscht, sich aber gezwungen sieht, die volle Verantwortung für ihre Kinder zu übernehmen; und der Vater/Ehemann, der es irgendwie schafft, sich auszuklinken. Die Mutter bleibt, gibt sich allein die Schuld an den Wutausbrüchen der Tochter, stellt sich vor, daß die Tochter verrückt ist und daß sie – die Mutter – der Grund dafür ist:

> Kleine haltlose Puppe, trittst, um zu verschwinden …
> Warum ist sie schizophren,
> Rot und weiß ihr Gesicht, eine Panik …
>
> Sie wird sich die Kehle durchschneiden mit zehn, wenn sie mit zwei verrückt ist …

In diesem Gedicht beschreibt Sylvia Plath das Chaos, das Kleinkinder oft anrichten, wenn ihre Wünsche nicht erfüllt werden, und schildert, wie sich das typische markerschütternde Geschrei einer Zweijährigen auf empfindliche Nervenenden auswirkt. Wenn eine etwas dünnhäutige Mutter, die von ihrem Mann verlassen wurde und keine unmittelbare Entlastungsmöglichkeit hat, die Wutausbrüche eines Kleinkindes aushalten und regelmäßig mit ansehen muß, wie es um sich schlägt, während das Baby (»die fette Schnecke«) eine »Schleimspur« auf dem gebohnerten Linoleumboden hinterläßt, kann sich ihre Wut manchmal nirgendwo hinkehren als nach innen. Es sei denn, sie mißhandelt ihre Kinder.

Die Mutter, die Selbstmord begeht, hat eine gewisse Ähnlichkeit mit der Mutter, die ihr Kind mißhandelt. Beide werden von extremen inneren und äußeren Kräften gequält und hören irgendwann auf, sich über die Folgen ihres Handelns Gedanken zu machen. Wer Selbstmord begeht, hat alles Interesse am Leben verloren, nicht nur am eigenen. Zwischen dem Drang, sich selbst Schmerz zuzufügen, und dem Impuls, andere zu verletzen, besteht ein enger Zusammenhang. Auf dem Weg der Sublimation kann es dazu kommen, daß Kinder Aspekte unseres Selbst verkörpern. Wenn wir wild auf sie einschlagen, versuchen wir manchmal, den bedürftigen, fordernden Teil in uns selbst zu zerstören, weil wir ihn verachten.

Selbstmord und Kindsmißhandlung haben auch viel mit Rache zu tun. Mag sein, daß Sylvia Plaths Freitod zum Teil durch die Wut auf ihren Mann (ebenfalls ein Schriftsteller), der sie verlassen hatte, und durch den Wunsch nach Rache motiviert war. Eine unglückliche Mutter berichtete, sie habe eine solche Wut auf ihren Mann, daß ihr der Schmerz und die Angst in den Gesichtern ihrer Kinder inzwischen gleichgültig seien. Edith (30), Mutter einer dreijährigen Tochter und eines fünfjährigen Sohnes, wollte sich rächen – sie suchte ein Ventil für ihre mörderische Wut, und sei es nur für den Augenblick. Im Gegensatz zu ihrem Mann, der zu prügeln anfing, jagten ihr die Kinder keine Angst ein und wurden deshalb zur Zielscheibe für ihren Zorn und ihren Wunsch nach Vergeltung.

Irgendwann schämte und haßte Edith sich so sehr, daß sie einen Selbstmordversuch unternahm. Nach einer mehrmonatigen psychotherapeutischen Behandlung in einer Klinik wurde ihr klar, daß es sich bei dieser selbstzerstörerischen Handlung um einen »Hilferuf« handelte, der beinahe tödlich verlaufen wäre. Mutter zu sein, war

Edith nicht leichtgefallen; sie hatte Jura studiert, ihren Beruf aber aufgegeben, um sich um ihre Kinder zu kümmern. Obwohl Edith eine erfolgreiche Anwältin war, hatte sie nie um Hilfe bitten können, wenn es nötig war. Und sie hatte nie gelernt, sich ihr eigenes Bedürfnis nach Liebe und Umsorgtwerden einzugestehen, das sich, wie sie sagte, nach der Geburt ihrer Kinder um »ein Hundertfaches« verstärkte.

Nach Aussage von A. Alvarez hielt Sylvia Plath während der letzten, qualvollen Monate ihres Lebens die Fassade aufrecht, schottete ihre inneren Folterqualen hinter dem mühsam kultivierten »falschen Selbst« ab, das seit der Kindheit nach Anerkennung getrachtet und deshalb Erfolge angehäuft hatte. Da sie nicht in der Lage war, um Hilfe zu rufen, obwohl sie sie dringend gebraucht hätte, blieb ihr nur die Möglichkeit, ihre Pein in ihren Gedichten zum Ausdruck zu bringen; doch die wurden erst nach ihrem Tod gelesen.

In ihrem Essay »Über Sylvia Plath« bestätigt Elizabeth Hardwick, ohne es zu wollen, unsere Blindheit in bezug auf Mütter:

> ... es ist sentimental, an der Behauptung festzuhalten, daß die Geburt ihrer Kinder ihre poetische Kraft freisetzte. Warum auch? Die Geburt von Kindern setzt die Energie frei, für sie zu sorgen und sie zu lieben. Die allgemeine Beobachtung, daß man darauf gefaßt sein muß, jede andere Arbeit ein paar Jahre lang zurückzustellen, ist durchaus fundiert.

Keine Frau kann im voraus wissen, welche Emotionen durch die Geburt und das Sorgen für ein Baby entfesselt werden und ob ihre Energie zu- oder abnimmt. Hardwicks Argumentation schürt den Mythos, daß Frauen von Natur aus, von ihrem Instinkt her, auf die Pflichten des Kinderaufziehens vorbereitet seien; und selbstgefällig ignoriert sie dabei die vielen Fälle, in denen Frauen nicht über die emotionalen oder materiellen Mittel verfügen, in den ersten Jahren eine liebevolle, fürsorgliche Beziehung zu ihren Kindern aufrechtzuerhalten.

Tatsächlich hat Sylvia Plath ihre besten Gedichte *nach* der Geburt ihrer Kinder geschrieben; sie machen vielfach deutlich, welche Gefühle die Belastungen des Daseins für Kinder in ihr entfesselten. Es ist so viel über

Plaths Ehrgeiz geschrieben worden, über ihren Perfektionismus, ihren Drang, etwas zu leisten und Erfolg zu haben. Nur wenige Kritiker sprachen davon, daß sie sich intensiv bemühte, ihren Kindern eine liebevolle und fürsorgliche Mutter zu sein, daß ihr Mann sich weigerte, ihr zu helfen und sie zu stützen, als sie am verwundbarsten war, und daß die mühselige Arbeit des Kinderaufziehens ihre dürftige Widerstandsfähigkeit möglicherweise untergraben hat.

Sexton: Die Angst vor der Zudringlichkeit der Mutter

Im Gegensatz zu Sylvia Plath lebte Anne Sexton lange genug, um ihre Kinder heranwachsen zu sehen. Infolge ihrer zahlreichen Selbstmordversuche und Krankenhausaufenthalte erlebte sie einen großen Teil der Entwicklung ihrer Kinder aus der Ferne. Welche Faktoren machen es einer Frau unmöglich, sich um ihre Kinder zu kümmern, obwohl sie sie innig liebt? In ihrem Werk legt Anne Sexton die Gründe dar, warum sie nicht freudig und bereitwillig für ihre Kinder sorgen konnte, und beleuchtet einige Ursachen mütterlichen Versagens.
In vielen ihrer Gedichte spricht Sexton ausdrücklich von der grenzenlosen Macht, die eine Mutter über ihr kleines Kind hat, und über die fließenden Grenzen zwischen Mutter und Tochter. In ihrem Gedicht »Housewife« unterscheidet sie zwischen dem Mutter-Sohn- und dem Mutter-Tochter-Verhältnis:

> Männer dringen ein mit Gewalt, werden eingesogen wie Jonas
> in ihre fleischigen Mütter
> … Eine Frau *ist* ihre Mutter
> Das ist das Entscheidende …

Das Fehlen klarer Grenzen zwischen Mutter und Tochter muß nicht unbedingt schädlich sein. Fließende Grenzen können notwendig sein, um zu tieferem Mitgefühl und Verständnis für die Situation eines anderen zu gelangen. Doch wenn die Beziehung eines Kindes zu seiner Mutter schmerzhaft oder erschreckend ist, kann das Verwechseln von Grenzen gravierende Folgen haben.

In einigen ihrer stärksten Gedichte benennt Sexton eindringlich die Gefahren der Intimität – jenen schmalen Grat zwischen Vertraulichkeit und massiver Beeinflussung. Für Sexton stellte der Verlust ihrer Identitätsgrenzen eine sehr reale Gefahr dar. In dem chronologisch geschriebenen Zyklus *Live or Die* rückt die Sprecherin mit jedem Gedicht näher an die Wut und die Sehnsucht heran, die sie für ihre Mutter empfindet. Sexton benutzt hier anheimelnde Wörter und Bilder, die normalerweise die beruhigende Gegenwart einer liebenden Mutter suggerieren, um das absolute Scheitern des mütterlichen, häuslichen Lebens zu beschreiben, das schiefgelaufen ist. Heimelige Wörter und Bilder für eine liebe, zahme Häuslichkeit: Vorhänge, Tapeten, Turnschuhe, »Schärpen und Kleidchen mit Puffärmeln, Krägen und Fünfzentimetersäumen«, fast wie Beschwörungen eingesetzt, schaffen es jedoch nicht, die Erzählerin vor den unaussprechlichen Verletzungen durch die Mutter-Tochter-Beziehung zu schützen. In dem Gedicht »Those Times ...« beschreibt Sexton die schreckliche Zudringlichkeit einer Mutter, die von ihrer Tochter eine lähmende, erniedrigende Unterwerfung verlangt:

> ... stopfte mein Herz in einen Schuhkarton
> ... ich wartete das Ende des Tages ab
> bis meine Mutter,
> Die große,
> kam und mich zwang, mich auszukleiden

Das zudringliche Verhalten der Mutter, das ans Gespenstische grenzt, lähmt die Erzählerin und zwingt sie in eine schreckliche Passivität:

> Ich lag da, schweigend ...
> Hinterfragte nicht das Abendritual
> bei dem ich, auf den kalten Fliesen des Badezimmers,
> täglich hingebreitet wurde
> und auf Makel untersucht ...

Dieses tödliche Übertreten von Grenzen reduziert die Fähigkeit des Kindes, zu einer von der Mutter deutlich abgegrenzten Identität zu gelangen. Erfahrungen dieser Art können solchen Schaden anrichten, daß dem Kind nur noch die Flucht in eine gewalttätige, ohnmächtige Wut bleibt. Doch diese unbändige Wut kann für ein Kind bereits überwältigend sein. Zum einen gibt sie ihm das Gefühl, völlig allein zu sein, so als hätte es den Gegenstand dieser Wut, von dem es vollkommen abhängig ist, tatsächlich vernichtet. Solche Wutgefühle können dazu führen, daß man sich an die Mutter klammert und mit ihr verschmilzt, um sie nicht zu verlieren. Das verzweifelte Festklammern wiederum kann die Kraft aufzehren, die man braucht, um vieles, darunter den Schmerz des Getrenntseins, auszuhalten.

Anne Sexton zwingt uns, die Wut auf die Mutter als Voraussetzung zu sehen – als etwas, das nötig ist, um sich ein bißchen Selbstgefühl zu bewahren. In manchen Fällen wird diese Wut zu einem Werkzeug der Selbsterhaltung, das dazu dient, das Individuum vor dem erschreckenden Gefühl der Auflösung zu bewahren. Wenn der auf die aufdringliche Mutter empfundene Haß zu übermächtig ist und man nicht damit umgehen oder ihn auflösen kann, besteht die Gefahr von Depression und Labilität; dies hat möglicherweise zur Folge, daß man unfähig ist, sich um seine Kinder zu kümmern.

Obwohl bei Anne Sexton aus der Unterwerfung unter die Mutter später ein Aufbegehren wurde, das sich in häuslicher und literarischer Aufsässigkeit äußerte (Sexton rebellierte nicht nur gegen gesellschaftliche und familiäre Konventionen, sondern auch gegen den spießigen, von Männern dominierten Literaturbetrieb), war sie nicht in der Lage, ihre Wut auf die Mutter einzusetzen, um sich von dem verderblichen Einfluß dieser Beziehung zu lösen. Und weil sie nicht fähig war, die problematische Bindung zur Mutter zu sprengen, konnte sie für sich auch nicht das Recht beanspruchen, sich über ihre Kinder zu freuen.

Manchmal können sich Frauen mit einem fragilen Selbstwertgefühl hinter einer starken beruflichen Identität verschanzen (vor allem dann, wenn sich diese Identität von der der Mutter unterscheidet). Häufig funktioniert diese Strategie, bis eine Frau Kinder bekommt. Solange sie nicht Mutter ist, ist sie sicher. Sobald sie die Rolle der Mutter übernimmt, können Gefühle der Identitätsverwechslung ihre innere Stabilität bedrohen und ihren Versuch, für ein Kind da zu sein, vereiteln.

Um erwachsen zu werden, um eine Frau zu werden, die sexuell voll entwickelt ist und Kinder zur Welt bringen kann, muß die Tochter dazu fähig sein, den Platz ihrer Mutter einzunehmen. Wenn wir Kinder haben, konkurrieren wir mit unseren Müttern und reihen uns gleichzeitig in die Schar aller Mütter ein, die vor uns da waren. Folglich muß jede Mutter ihrer Tochter irgendwie die Erlaubnis geben, sich loszulösen und letzten Endes über sie hinauszuwachsen. Sextons Gedicht »Those Times ... « ist ein entschiedenes Bekenntnis zur Weiblichkeit und offenbart den Stolz auf den eigenen Körper und das, wozu er fähig ist:

> Ich wußte nichts von der Frau, die ich sein würde
> ... noch daß Kinder,
> zwei Denkmäler,
> zwischen meinen Beinen hervorbrechen würden,
> zwei zusammengerollte Mädchen, sorglos atmend,
> jede schlafend in ihrer winzigen Schönheit ...

Doch bei Sexton wird die Loslösung von der Mutter wieder und wieder im besten Fall als Betrug beschrieben; schlimmstenfalls als Muttermord. Wann immer Sexton von sexuellem Genuß spricht, von der Freude über eigene Kinder, von der Erfüllung des Erwachsenenlebens, gleicht sie solche positiven Visionen sofort wieder durch Bilder aus, die mit Schuldgefühlen und Gewalt durchsetzt sind. So läßt sie die Erzählerin nach der oben zitierten Schilderung der Geburt ihrer beiden Töchter sagen:

> Ich wußte nicht, daß mein Leben am Ende
> das meiner Mutter überrollen würde wie ein Lastwagen ...

Gedichte wie »Little Girl, My String Bean, My Lovely Woman« machen deutlich, daß Anne Sexton ihre emotionalen Konflikte nicht an ihre Töchter weitergeben wollte. In diesem Gedicht vergleicht sie ihre eigene Pubertät mit der ihrer Tochter und sagt ihr, was jedes heranwachsende Mädchen hören und wissen will: daß es wirklich in Ordnung ist, erwachsen zu werden, eine Frau zu werden, sich an seinem sich verändernden Körper zu freuen; daß sie dazu den Segen der Mutter hat:

… Ich weiß noch, daß ich selbst nichts hörte.
Ich war allein.
Ich wartete wie eine Zielscheibe …

Ach Liebes, laß deinen Körper ein,
laß ihn dich einbinden,
wohlig.
… es gibt nichts in deinem Körper, das lügt.
Alles, was neu ist, spricht die Wahrheit.

Dieses Gedicht drückt das tiefe Verständnis dafür aus, daß Heranwachsende das Bedürfnis haben, von der Mutter die Bestätigung für ihre aufkeimende Sexualität zu erhalten. Im Gegensatz dazu hat Anne Sexton ihre eigene Adoleszenz als eine Zeit voller Schuldgefühle, Hemmungen und Erniedrigung erlebt. In ihrem Gedicht »Mother and Jack and the Rain« ist die Erzählerin nicht in der Lage, ihre Sexualität in der Adoleszenz zu benutzen, um der verheerenden Bindung an die Mutter und dem Gefängnis des Tochterseins zu entrinnen. Der Freund (der eigentlich dafür sorgen müßte, daß der Teenager seine Eltern völlig vergißt) spielt nur Karten mit dem jungen Mädchen, statt sie in eine Welt sinnlicher Genüsse zu entführen. Die heftige Sexualität der Adoleszenz – jenes letzte Schlupfloch, durch das wir alle entwischen müssen, wenn wir uns erfolgreich von der Mutter, vom Vater, von der verführerischen Welt der Kindheit loslösen wollen – wird der Erzählerin in diesem Gedicht verwehrt. Die aufblühende jugendliche Sexualität, die den Prozeß der Loslösung vorantreiben sollte, wird hier durch eine prüde, puritanische Erziehung gekappt. In anderen Gedichten wird Sexualität als etwas Aufdringliches, Gewaltsames, Inzestuöses beschrieben. Doch Sexton äußerte klar und deutlich ihren Wunsch, ihren eigenen Töchtern eben diese Schmerzen, Traumata und Frustrationen zu ersparen.

Doppelte Perspektive

Gedichte, in denen es um Mutterliebe und mütterliches Verständnis geht, können nicht den Platz konkreter Fürsorge für Kinder einnehmen, auch wenn sie noch so schön und ergreifend sind. Die meisten unglücklichen Mütter begehen nicht Selbstmord und werden auch nicht verrückt, sondern kümmern sich nach wie vor um ihre Kinder, ganz gleich wie deprimiert sie dabei sind oder welchen Schaden sie anrichten. Wenn sie den Mut aufbringen, suchen sie Hilfe – gehen zur Familienberatung, machen eine Therapie, nehmen den Telefonnotruf für Eltern in Anspruch. Doch diese Schritte erfordern enorme Kraft. Um die Gründe zu durchschauen, aus denen Mütter scheitern, bedarf es häufig jener doppelten Perspektive, zu der Plath und Sexton gelangt sind. Und es ist ein schmerzlicher und harter Prozeß, sich bewußtzumachen, welche Fehler man begeht – angefangen bei der mangelnden Geduld, die wir im Umgang mit unseren Kindern an uns selbst erleben, bis hin zu schwerwiegenderen Verfehlungen – und welche Schwierigkeiten einem das Sorgen für die eigenen Kinder bereitet. Obwohl wir die Werke von Sylvia Plath und Anne Sexton bewundern, wird das Wissen, das sie uns über die Vielschichtigkeit des Mutterdaseins vermitteln, in unserer Kultur keineswegs geschätzt und ernstgenommen; dabei könnten diese Erkenntnisse vielen Müttern und ihren Kindern helfen.

Die Unfähigkeit von Sylvia Plath und Anne Sexton, sich um ihre eigenen Kinder zu kümmern, wirft kritische Fragen auf: Was sollte eine Mutter im Extremfall tun, wenn sie einfach nicht in der Lage ist, so für ihre Kinder zu sorgen, wie es notwendig wäre?

Wenn eine Mutter Schwierigkeiten hat, sich selbst emotional von negativen Beziehungen aus der frühen Kindheit freizumachen, wird sie dazu neigen, die gleichen Verhaltensmuster bei ihren Kindern zu wiederholen. Es erfordert Kraft und Mut zu erkennen, wann man einem Kind schadet – und die Verantwortung eine Zeitlang jemand anderem zu übertragen. Manchmal kann eine Mutter, zumindest kurzfristig, nichts anderes tun, als zulassen, daß ihr Kind oder ihre Kinder fruchtbare Beziehungen zu anderen eingehen, bis sie sich wieder erholt hat. Es erfordert ein hohes Maß an Reife, einem Kind die Möglichkeit zu geben, einen anderen Menschen mit der leidenschaftlichen Intensität eines Säuglings oder eines kleinen Kindes zu lieben. Wir empfinden unsere Kinder immer wieder als Teile von uns selbst. Sie loszulassen kann tiefe Verlustgefühle wecken – sogar dann, wenn sie in unmittelbarer Nähe zu behalten dazu führen kann, daß man sie mißhandelt.

Die Werke von Anne Sexton und Sylvia Plath spiegeln den Schmerz früherer Bindungen wider, in denen es nicht gelang, dem Kind die entscheidende Bestätigung zu geben, die es ihm ermöglicht, das Leben zu ertragen. Weil Plath und Sexton zu keiner stabilen Identität und keinem ausreichend starken »echten Selbst« gelangen konnten, hatten sie massive Probleme mit ihren Kindern. Im Fall von Sylvia Plath bewirkte das Fehlen einer liebevollen, haltenden Umwelt, die ihr die Fürsorge für ihre kleinen Kinder erleichtert hätte, daß die mütterlichen Pflichten für sie unerträglich wurden. Da beide Frauen befürchteten, nicht verhindern zu können, das, was sich auf sie selbst schädlich und zerstörerisch ausgewirkt hatte, in irgendeiner Form weiterzugeben, waren sie nicht imstande, weiterhin für ihre Kinder sorgen.

Plath und Sexton erlebten und schrieben über die Qualen mütterlichen Scheiterns. Vor ihnen gab es nur wenige ernstzunehmende Autorinnen, die über das Mutterdasein schrieben, ein Thema, das für zu banal gehalten und gerne verkitscht wird. Doch nach ihrem Tod fanden eine ganze Reihe Gedichte, die sich mit den vielschichtigen Aspekten des Kinderaufziehens befaßten, Eingang in den Literaturkanon. Dadurch, daß Plath und Sexton die Schattenseiten des Mutterseins aufdeckten, ebneten sie Autorinnen wie Maxine Kumin, Adrienne Rich, Alicia Ostriker, Sharon Olds und anderen den Weg, auch über die Stärken, die aus dem Muttersein erwachsen können, zu schreiben. Doch bevor diese Dichterinnen den Reichtum dieser Bindung beschreiben konnten und auch gehört wurden, mußten Plath und Sexton über das »unruhige Ringen der Hände« sprechen und über ihre Bemühungen, ihre innere Qual von ihren Kindern fernzuhalten. Wollen wir hoffen, daß ihre Enthüllung der schmerzlichsten Seiten des Mutterseins der Vorbote einer neuen Aufrichtigkeit ist, die all jenen helfen wird, die für ihre Kinder da sind.

Kapitel 10

Möglichkeiten der Umwandlung

Heutzutage sind wir überall von der erstaunlichen Augenfälligkeit von Konsum und Überfluß umgeben, verursacht durch die Vermehrung von Gegenständen, Dienstleistungen und materiellen Gütern. Dabei handelt es sich inzwischen um eine grundlegende Veränderung in der Ökologie der menschlichen Spezies ... Menschen ... sind nicht mehr von anderen Menschen umgeben, wie dies in der Vergangenheit der Fall war, sondern von *Gegenständen.* Der tägliche Austausch findet nicht mehr mit ihren Mitmenschen statt, sondern vielmehr ... mit dem Erwerb und der Manipulation von Gütern und Botschaften.

Jean Baudrillard
Ausgewählte Werke

Die Jugend ist von jeher der empfindlichste Anzeiger, wenn »etwas faul ist im Staate Dänemark«. Der Heranwachsende weist uns, durch sein schlecht angepaßtes Verhalten, auf die mutwillige Unordnung der gesellschaftlichen Funktionen hin ..., obwohl er nicht imstande ist, die wahre Natur der dafür verantwortlichen Gründe oder die für die Regeneration der Gesellschaft erforderlichen Maßnahmen zu formulieren.

Peter Blos
Adoleszenz

Tagebucheinträge: 1985–87

So wenige Menschen spiegeln die tiefsten Gefühle einer Mutter wider. Darin besteht vielleicht unsere größte Sünde – in dem, was wir nicht wissen wollen. Wenn niemand da ist, der unser innerstes Selbst akzeptiert – jenen Teil von uns, der am wirklichsten ist –, kann dies sehr leicht dazu führen, daß wir »dichtmachen«. Gefühle und Ereignisse erscheinen uns dann zufällig und bedeutungslos, ohne es wirklich zu sein. Jetzt, nachdem die Frauen offener über ihre Erfahrungen als Mütter reden, können wir erkennen, daß viele erschreckende Dinge keineswegs zufällig und bedeutungslos sind, sondern eine schreckliche Logik besitzen …

Es kommt selten vor, daß Mütter ihren Kindern absichtlich weh tun. Meistens versuchen sie nur, dem schmerzlichen Gefühl emotionaler Deprivation zu entfliehen. Kann ein Kind überhaupt glücklich sein, wenn seine Mutter nicht glücklich ist? Lange Zeit ist das Kind die Mutter; und die Mutter ist das Kind. Wenn die Mutter kein Mitleid mit sich selbst hat, wie kann sie es dann mit ihren Kindern haben? Und wenn, ließe es sich nur schwer aufrechterhalten.

Wie merkwürdig, daß wir offenbar alles Wissen, das wir brauchen, unmittelbar parat haben. Und trotzdem bleiben die meisten Menschen – Kinder wie Erwachsene – in fast jeder Beziehung unbefriedigt. Der emotionale Hunger, der unser Leben durchdringt, wird versteckt, tritt in verkleideter Form als unersättlicher Konsumzwang zutage; und offenbar überträgt sich dieses Phänomen regelmäßig von einer Generation auf die nächste. Hat uns unsere fieberhafte Wirtschaft die Möglichkeit verbaut, unsere Kinder mit der Freude und Anteilnahme großziehen, die notwendig sind, um anständige Menschen aus ihnen zu machen?

Zu Beginn dieses Buches habe ich Huckleberry Finn als ein Symbol für die Freiheit angeführt, als eine fiktive Gestalt, die den in uns allen schlummernden Wunsch verkörpert, von der Mutter weg in eine Welt der Freiheit und Selbständigkeit zu laufen. Die Bezugsperson in Mark Twains Roman ist eine herrische Mutterfigur, die Hucks Unabhängigkeit – in unseren Augen vielleicht das wertvollste Gut – einschränkt und beschneidet und als Gegenleistung für ihn sorgt, also Wärme, ein Dach über dem Kopf, Nahrung und Sicherheit zur Verfügung stellt. Ich habe in diesem Buch versucht, die Kehrseite dieses Tauschhandels zu untersuchen: die Erfahrungen derer, die sich um ein Kind kümmern müssen.

Gegenwärtig identifizieren sich in unserer Kultur die meisten Menschen so sehr mit Kindern, daß sie darüber vergessen, daß *wir* Erwachsenen diejenigen sind, die ständig für sie da sein müssen. Von daher wollen wir auch weder über unsere tiefsten Gefühle gegenüber unseren Kindern etwas wissen, noch über die vielschichtigen Aufgaben, die das Sorgen für sie beinhaltet.

Während man im Bereich der Psychiatrie, der klinischen Psychologie und der Psychoanalyse Neuland erschließt und auskundschaftet und sich ein Untersuchungsinstrumentarium erarbeitet, hat man die Erforschung der emotionalen Tatsachen des Kinderaufziehens möglicherweise unbeabsichtigt hinausgeschoben. In einer Fallstudie nach der anderen wird die Mutter (und manchmal auch der Vater) als Bösewicht hingestellt; damit greift die Psychologie Mythen und Überzeugungen auf, die in weiten Bereichen der Gesellschaft bereits fest verankert sind, und verstärkt sie noch. Zwar liefern uns zahlreiche psychologische Theorien entscheidende Erkenntnisse über die Psychodynamik bei Kindern und Erwachsenen, doch die Bedürfnisse und Gefühle der verantwortlichen Bezugspersonen und die massive Abwertung der Mutter durch unsere Kultur bleiben häufig ausgeklammert.

In dem Augenblick, in dem uns bewußt wird, welchen Schaden wir einem Kind zufügen können, bekommt das Elternsein erhebliche moralische Untertöne. Aus diesem Grund hat alles, was wir tun und empfinden, wenn wir uns um Kinder kümmern, auch eine ethische Dimension. Daher auch der weitverbreitete Gebrauch von Begriffen wie gute Mutter, schlechte Mutter oder Rabenmutter, halbwegs gute oder passable Mutter. Da wir uns natürlich für gute Eltern halten möchten, ist es verständlich, daß wir die dunklen Gefühle, die durch den ständigen Umgang mit Kindern wachgerufen werden, lieber ausblenden. Und es überrascht auch nicht, daß viele Leute diesem mühseligen Prozeß der Umwandlung aus dem Weg gehen oder blind für das bleiben, was man daraus lernen könnte.

Zu wissen, wie leicht man Menschen verletzen kann, die so verwundbar sind und uns so viel bedeuten wie unsere Kinder, bereitet uns Kummer. Doch es passiert einfach, daß wir gelegentlich zu sehr mit uns selbst beschäftigt, zudringlich und ungeduldig sind oder es an Zuwendung fehlen lassen. Wir können nicht anders, als irgendeine Form der Unterwerfung zu verlangen. Wir alle benutzen unsere Kinder von Zeit zu Zeit auf die eine oder andere Weise, um unsere eigenen Bedürfnisse zu befriedigen. Der Mythos der Rabenmutter möchte uns glauben machen, daß nur schlechte Mütter so etwas tun.

Die Medien führen uns grob verzerrte Mutterbilder vor Augen und tragen auf diese Weise erheblich zu diesem Mythos bei. Bücher, Filme, Fernsehen und Werbung stellen Mütter entweder als liebevoll und großzügig oder als selbstsüchtig und aggressiv dar und verstärken dadurch die destruktivsten Überzeugungen, die eine Frau haben kann: daß man als Mutter entweder gut (oder halbwegs gut) ist und keine ernsthaften Probleme hat oder aber schlecht und unfähig, aus seinen Fehlern zu lernen; daß Mütter nicht in der Lage sind, sich zu ändern; und daß die Schäden, die man den eigenen Kindern zufügt, irreparabel sind.

Zum Glück sind derart rigide Einstellungen in den letzten Jahren allmählich einer humaneren und realistischeren Einschätzung unserer Bedürfnisse, Fehler, Wünsche und unseres Versagens gewichen – all der Komponenten, die jeden einzelnen von uns ausmachen. Eltern haben in zunehmendem Maß die Möglichkeit, offener über die vielfältigen Aspekte des Kinderaufziehens zu reden und bei Bedarf Hilfe zu suchen. Viele Paare wenden sich an Familienberatungsstellen oder Therapiezentren, wenn sie Probleme mit ihren Kindern haben. Zwar gibt es immer noch Eltern, die sich schämen, zuzugeben, daß sie gelegentlich bestürzt und verwirrt über das Verhalten ihrer Kinder und auch über ihre eigenen Reaktionen sind, doch wird inzwischen akzeptiert, daß Eltern ihre Gefühle

ergründen, um ihre Fehler zu erkennen, darüber zu reden und zu versuchen, sich zu ändern.
Im Idealfall führt das Aufziehen von Kindern dazu, daß man offener und mitfühlender auf andere Menschen reagiert. Ein liebevoller Vater formulierte das so:

> Manchmal kann man nur dadurch etwas dazulernen, daß man die Angst oder die Beschämung im Gesicht des eigenen Kindes sieht, weiß, daß man selbst das verursacht hat – daß man selbst schuld ist, daß sich das Kind verletzt fühlt –, und das Unrecht wiedergutmachen will, einfach nur dadurch, daß man es nie wieder tut.

Wir müssen lernen, uns unsere Irrtümer einzugestehen, den Mut aufzubringen, die dadurch wachgerufenen Schuldgefühle und Ängste zu durchleben, und diese Gefühle zu benutzen, um unser Verhalten zu ändern.

Irrtümer und Erkenntnisse

Alle Eltern machen Fehler mit ihren Kindern. Die Frage ist: Was passiert im Anschluß an diese Fehler? Nach Ansicht der meisten Psychologen können wir nur dann eine Veränderung herbeiführen, wenn wir unsere Irrtümer erkennen.
Forschungsergebnisse, aus denen hervorgeht, daß es *nie zu spät* ist, sind für unser Verständnis der emotionalen Situation von Menschen, die Kinder aufziehen, von entscheidender Bedeutung. Studien von Rutter (1979), Kagan (1984), Settlage et al. (1988) haben ergeben, daß für ein Kind unendlich viele Möglichkeiten bestehen, sich von Verlusten, Traumata und Deprivationserlebnissen in den ersten Lebensjahren zu erholen. Mit anderen Worten, Einsicht auf seiten der Eltern und eine Verbesserung des sozialen Umfeldes können, ganz gleich, was zuvor passiert ist, auch noch in der späteren Kindheit von großem Nutzen sein.
Trotz der weitverbreiteten Gewohnheit, mit Vorliebe der Mutter die

Schuld zu geben, besteht eine zunehmende Bereitschaft, sich bewußtzumachen, inwieweit wir alle – Männer ebenso wie Frauen – bei unseren Kindern versagen oder ihnen Schaden zufügen, und wie wir das wiedergutmachen können. Dieses geschärfte Bewußtsein geht Hand in Hand mit der Erkenntnis, wo unsere eigenen Eltern uns enttäuscht und versagt haben und wie leicht uns dasselbe mit unseren Kindern passieren kann. Ob uns nun eine neue Art von Mut, die verzweifelte Erkenntnis, was aus der Welt geworden ist, oder die Verarmung menschlicher Beziehungen dazu veranlaßt, schmerzliche Erlebnisbereiche zu erforschen – jedenfalls werden wir endlich neugierig und sind bereit, aus unseren Fehlern zu lernen.

Männer und Frauen haben mir erzählt, wie sie zu Einsichten dieser Art gekommen sind. Lytton (43), ein Anlageberater aus San Francisco, arbeitete jahrelang sieben Tage in der Woche von sechs Uhr morgens bis acht oder neun Uhr abends. Vor der Geburt seines ersten Kindes stellte Lytton diesen Lebensstil nie in Frage. Als ich mich mit ihm über seine Arbeit unterhielt, spürte ich deutlich, wie energiegeladen dieser Mann war, fast als stünde er unter Starkstrom.

Als wir anfingen, über seinen Sohn zu sprechen, wurde seine Stimme etwas leiser und nahm eine andere Klangfarbe an. Lytton sagte, er habe auf »die harte Tour« lernen müssen:

> Mir hat man immer beigebracht, daß man hart arbeitet, daß man nie aufhört, zu arbeiten. Man hat mir beigebracht, wenn du auch nur eine Minute langsamer trittst, dauert es nicht lange, und du fängst an, zu verlieren. Woher sollte ich wissen, daß ich meinem Kind weh tat? Mein Gott, ich wußte nicht mal, daß man einem Kind überhaupt weh tun kann. In New Jersey, wo ich aufgewachsen bin, wären die Leute nie auf eine solche Idee gekommen.
>
> Mein Sohn brauchte für alles immer furchtbar lange. Das machte mich jedesmal ganz verrückt, wenn wir beisammen waren. Ich dachte dann immer an etwas anderes. Zum Beispiel, mit wem ich am nächsten Tag einen Termin hatte; oder an irgendein lukratives Geschäft. Also habe ich versucht, ihn ständig anzutreiben – sogar beim Ballspielen im Park; wir mußten immer alles schnell-schnell tun, damit ich zu meiner Arbeit zurückkam.

Anfangs war mir die Tatsache, daß er »Probleme« hatte, schlichtweg peinlich. Ich konnte das nicht wirklich ernst nehmen. Ich brauchte buchstäblich einen Psychologen, der mir (für 95 Dollar die Stunde) klarmachte, daß ich mein Tempo drosseln müßte, wenn ich meinem Sohn helfen wollte, daß ich lernen müßte, die Dinge zu genießen, lernen, ihn zu genießen. Genießen! Im Grunde war es so einfach. Ich kam mir vor, als hätte ich das Rad erfunden …

Wegen der enormen Anstrengungen und dem Zwang, in Bereichen außerhalb der Rolle der Bezugsperson Erfolg zu haben, müssen die meisten Eltern das Dasein für ihre Kinder auf »die harte Tour« lernen, nämlich durch Fehler. Eine Mutter erzählte mir, es habe ein endlos langes und frustrierendes Jahr gedauert, bis ihr klar wurde, daß ihr kleines Kind das dringende Bedürfnis hatte, immer wieder stehenzubleiben und zu schauen und manchmal die allereinfachsten Dinge zu berühren – ein Abflußrohr, von einem Blatt kullernde Regentropfen, einen Hydranten, Bäume –, und daß es ihre Pflicht als Mutter war, irgendwie die Geduld und die Kraft aufzubringen (oder jemand anderen zu finden, der sie aufbrachte), ihrem Kind Zeit zu lassen, die Welt voller Staunen zu erkunden und zu erleben.
Richard (32), der im Bereich der Produktentwicklung arbeitet, wurde aus seiner Heimatstadt in der Nähe von Syracuse in einen häßlichen Vorort von Los Angeles versetzt. Richard berichtete, er habe seine Wut sechs Monate lang an seinen zwei Kindern ausgelassen, bis ihm schließlich aufging, wie sehr er ihnen damit schadete:

Es ist so einfach, sie anzuschreien. Ich meine, es ist ungefährlich – sie sind klein. Sie setzen sich nicht zur Wehr wie Erwachsene. Eines Tages entdeckte ich meine Tochter zusammengerollt in einer Ecke; sie hatte die kleinen Hände vors Gesicht geschlagen und schluchzte, weil ich sie wegen irgendeiner verdammten Kleinigkeit angebrüllt hatte. Da begann ich mich zu fragen, ob ich nicht ein echter Tyrann war.

Als Richard klar wurde, daß er seinen Kindern weh tat, begann er nach Möglichkeiten suchen, um die Belastungen und Frustrationen seines neuen Lebens zu abzubauen. Er lernte, zusammen mit seinen Kindern Dinge auszuprobieren, die allen Beteiligten Spaß machten, so daß er selbst auch etwas davon hatte. Dies ist vermutlich etwas sehr Wichtiges, was alle Eltern lernen müssen: ihre Kinder zu genießen.

Manchen Frauen fällt das Sorgen für Kinder in der ersten Zeit sehr schwer. Zwei der von mir interviewten Mütter hatten Probleme, solange ihre Kinder klein waren, kamen später allerdings recht gut damit zurecht. Jill (36), die bei einer großen Versicherungsgesellschaft, in der ein harter Konkurrenzkampf herrschte, schnell die Stufenleiter hinaufgeklettert war, meinte, wenn sie zu Hause geblieben wäre, um sich in den ersten Jahren um ihre Tochter zu kümmern, wäre sie im mittleren Management steckengeblieben. Jill strahlt eine große Liebenswürdigkeit aus und wirkt ehrlich engagiert; und sie ist ganz offensichtlich begabt und ehrgeizig. Als ich sie fragte, was es für sie bedeutet hätte, halbtags zu arbeiten, solange ihre Tochter klein war, antwortete sie:

> Wenn ich nicht ganztags gearbeitet hätte, wäre mir ziemlich elend zumute gewesen, zumindest damals. Meine Karriere wäre zu Ende gewesen. Es war ja nicht das Geld, hinter dem ich her war, obwohl es weiß Gott toll ist, viel Geld zu verdienen. Immerhin verdient mein Mann recht gut. Ich wollte einfach immer nur die Beste sein, es am weitesten bringen – so bin ich nun mal. Doch ich hatte keine Ahnung, welche Art von Fürsorge ein Baby braucht. Drei der vier Frauen, die ich in den ersten fünf Jahren anstellte, damit sie sich um meine Tochter kümmerten, taugten nicht viel. Ich habe einen schlechten Griff getan und hatte keine Ahnung, wie sehr sie darunter litt.
>
> Ich habe es nie richtig kapiert, bis sie in die Schule kam und dann diese Lernstörungen bekam. Schließlich ließ ich sie testen. Erst als sie in der zweiten Klasse wirklich versagte, beschloß ich, mich ein Jahr beurlauben zu lassen. Seitdem arbeite ich nur noch halbtags – sie braucht eine Mutter, und mir wurde klar, daß ich sie niemand anderem anvertrauen wollte, obwohl ich inzwischen

eine geeignete Schule gefunden hatte. Aber jetzt bin ich für sie da, wenn sie aus der Schule kommt, und ich helfe ihr jeden Abend bei den Hausaufgaben.

Obwohl es für Mütter und Väter schmerzlich ist, auf »die harte Tour« lernen zu müssen, sind die meisten erleichtert, wenn sie endlich erkennen, was mit ihren Kindern los ist, und die Situation korrigieren oder zumindest verbessern können. Manche Mütter brauchen eine Zeitlang, bis sie die Interessen ihrer Kinder über ihre eigenen stellen können. Joanne berichtete, sie habe schreckliche Depressionen bekommen, als ihre Tochter zweieinhalb Jahre alt gewesen sei. Weil sie als Dokumentarfilmerin oft weit weg von zu Hause arbeiten mußte, hatte sie ihren Beruf vorübergehend »auf Eis« gelegt. Doch die Entscheidung, sich ganz ihrer Mutterrolle zu widmen, hatte mit der Zeit katastrophale Auswirkungen auf Joanne:

> Anfangs dachte ich, es sei nur Rastlosigkeit und Langeweile – ich meine, sich um ein Kind in diesem Alter zu kümmern, ist nicht unbedingt inspirierend. Ich hatte ganz bewußt zu arbeiten aufgehört, weil ich dachte, ein paar Jahre auszusetzen, wäre kein allzu großes Opfer. Aber dann spitzte sich die Situation so zu, daß ich nicht mehr schlafen konnte und nicht mehr essen wollte. Ich nahm drastisch ab. Und andauernd hatte ich dieses schreckliche Angstgefühl in der Magengrube. Irgendwann bin ich einfach abgehauen. Das war, als die Kleine knapp drei Jahre alt war. Ich redete mir ein, sie bräuchte mich nicht mehr. Ich hatte das Gefühl, es würde mich verrückt machen, wenn ich weiter zu Hause hockte und mich um dieses Kind kümmerte. Also bin ich einfach abgehauen. Ich wollte herausfinden, wer zum Teufel ich war. Das Problem war, daß sich meine Tochter völlig im Stich gelassen fühlte. Aber zu diesem Zeitpunkt war mir das völlig egal. Ich dachte, mein Mann würde sich schon um sie kümmern, aber der stellte einfach eine Haushälterin ein und ließ sich den größten Teil des Tages nicht blicken. Er war es nicht gewohnt, darüber nachzudenken, was ein Kind braucht.
>
> Ich hatte keinerlei Probleme, Arbeit zu finden, und reiste einein-

halb Jahre lang kreuz und quer durch die Welt. Als ich in die Staaten zurückkehrte, war meine Tochter ein Wrack. Sie konnte überhaupt nicht mehr schlafen und schaukelte den ganzen Tag hin und her. Es war ungeheuer schwer, das wiedergutzumachen, und ohne professionelle Hilfe wäre es ganz unmöglich gewesen. Aber jetzt wird alles besser – allmählich.

Einige Frauen, die sich nicht um ihre Kinder kümmern konnten, solange sie Säuglinge waren, mußten später harte berufliche Entscheidungen treffen und neue Prioritäten setzen, um mehr Zeit mit ihren Kindern verbringen zu können. Eine Mutter sagte: »Ich mußte mich entscheiden, was wichtiger war, meine Arbeit oder meine Kinder.« Viele Mütter können sich aus finanziellen Gründen diesen Luxus gar nicht leisten. Sie sind völlig von Ersatzpersonen abhängig. Für sie stellt sich das Problem, andere Leute ausfindig zu machen, die fähig sind, für Kinder zu sorgen und eine liebevolle Beziehung zu ihnen aufzubauen. Viele berufstätige Mütter verspüren eine quälende Eifersucht, wenn sie feststellen, daß ihre Kinder die Betreuerinnen lieber mögen als sie selbst.

Manche Mütter haben genau das umgekehrte Problem. Sie beanspruchen ihre Kinder ganz für sich allein. Viele berichteten, sie seien von Anfang an extrem besitzergreifend gewesen, hätten ihre Säuglinge übermäßig beschützt und ihren Männern, ohne es zu wollen, das Gefühl gegeben, ausgeschlossen und unzulänglich zu sein. Eine Mutter sagte, sie sei jedesmal eifersüchtig gewesen, wenn ihr Mann mit den beiden Kindern gespielt habe oder auch nur zusammengewesen sei.

Der Hollywood-Film *Shoot the Moon* (*Du oder beide*) erfaßt auf dramatische Weise die Ernsthaftigkeit dieses Problems. Die Frau, um die es geht, erlebt die Beziehung zu ihren Kindern als ungleich erfreulicher als die Beziehung zu ihrem Mann. Im Laufe der Jahre fühlt sich der Mann mehr und mehr ausgeschlossen und der Familie entfremdet. Er hat so wenig Zeit mit seinen Kindern verbracht, daß er sich auch nie die Mühe gemacht hat, sich die Fähigkeiten anzueignen, die für den Umgang mit Kindern erforderlich sind. Die Folge davon ist, daß er, sobald er mit seinen Kindern zusammen ist, ungeduldig, frustriert, gelangweilt und ungeschickt ist. Weil sich der

Vater in diesem Film nicht an der Fürsorge für seine Kinder beteiligt hat, wird er emotional gesehen zum Säugling. Weil er sich nicht mehr engagiert hat, bleibt er selbst unreif und selbstsüchtig – im Grunde wie ein Kind. Dieses unselige, aber weitverbreitete Muster – das als unbewußte, stillschweigende Übereinkunft zwischen Männern und Frauen gesehen werden muß – verhindert bei manchen Männern den Humanisierungsprozeß. Viele solche Ehen enden früher oder später mit der Scheidung.

Mütter, die ganz in ihrer Mutterrolle aufgehen, geraten später in Schwierigkeiten, wenn ihre Kinder anfangen, sich abzulösen. Grace (32), die tief im Süden aufgewachsen war, meinte, ihre Problem sei die eigene Unfähigkeit, zwischen ihren eigenen Bedürfnissen und ihrer Identität und denen ihrer Tochter zu unterscheiden:

> Ich habe jahrelang durch meine Tochter gelebt, durch ihre Begabung und ihre Erfolge. Natürlich war mir das damals nicht klar. Dort, wo ich herkomme, war so etwas keineswegs ungewöhnlich. In Familien wie der, in der ich aufgewachsen bin, wurden Frauen nicht sonderlich dazu ermutigt, selbst etwas auf die Beine zu stellen. Alle Mütter, die ich kannte, lebten durch ihre Kinder.
>
> Ohne es zu wissen, habe ich meine Tochter ständig angetrieben. Sie haben ja keine Ahnung, was ich alles unternommen habe, damit sie schließlich eine gute Rolle in dem Stück *Annie* bekam. Ich war hellauf begeistert. Anfangs fand sie es toll, und es machte ihr großen Spaß. Kinder spielen von Natur aus gern Theater. Aber dann gingen sie mit dem Stück auf Tournee, und wir mußten in schmutzigen Hotelzimmern aus dem Koffer leben, zusammen mit lauter schrecklichen Theatermüttern und ihren verzogenen Gören. Eines Tages entdeckte ich sie hinter der Bühne, wo sie mit ihren Puppen spielte; dabei hätte sie sich eigentlich für ihren Auftritt fertig machen sollen. Sie sagte: »Ich möchte einfach nur nach Hause, damit ich mit meinen Puppen spielen kann.« Da hatte ich auf dem College Schauspielerei studiert, wollte immer Schauspielerin werden, hatte bei Amateurproduktionen mitgemacht, und jetzt erfüllte meine Tochter alle meine Träume, aber es war nicht in Ordnung, sondern fürchterlich. Wir nahmen das nächste

Flugzeug. Und jetzt kümmere ich mich wieder um meine Ausbildung (ich habe vor, an der High-School Schauspielunterricht zu geben), und sie führt wieder ein normales Kinderleben, und das ist vermutlich genau das, was sie wirklich will.

Ohne es zu beabsichtigen, drängen uns Kinder manchmal dazu, uns in eine unvorhergesehene Richtung zu entwickeln. Ohne es zu wissen, verschaffen sie uns die Möglichkeit, es in der zweiten Runde besser zu machen. Rita aus Cheyenne in Wyoming heiratete gleich nach der High-School ihren Freund und wurde auf der Stelle schwanger, weil sie hoffte, auf diesem Weg schnell »erwachsen zu werden«. Rita sagte, damals habe sie nicht den geringsten mütterlichen Instinkt besessen. Da sie sich eingesperrt und hundeelend fühlte, ließ sie sich rasch wieder scheiden, überließ ihrem Ex-Mann das Sorgerecht für ihre Tochter und lief auf und davon. Rita konnte ihrer eigenen Tochter keine Mutter sein, bekam aber durch die Kinder ihres zweiten Mannes, die von der eigenen Mutter im Stich gelassen worden waren, »eine zweite Chance«:

> Als meine Tochter zur Welt kam, war ich siebzehn. Es war mir völlig egal, daß die Eltern meines Ex-Mannes sie aufzogen. (Wenn ich heute daran denke, krampft sich alles in mir zusammen. Sie sind schreckliche Leute.) Aber ich wollte um jeden Preis raus, so daß es mir damals nichts ausmachte. So war ich damals, und wenn ich daran denke, habe ich noch immer ein schlechtes Gewissen. Gott sei Dank bekam ich eine zweite Chance. Jetzt (neun Jahre später) bin ich ganz für die Kinder meines Mannes da. Und die brauchen wirklich eine Mutter. Seine erste Frau hat sie völlig vernachlässigt. Zum Glück kann ich endlich etwas richtig machen – zumindest richtiger, als es war.

Auch andere Eltern schafften es, scheinbar hoffnungslose Situationen zu verändern, auch wenn das gewaltige Anstrengungen kostete. Lee (24), von Beruf Forschungsbiologin, berichtete, daß erst eine schwere Krankheit sie und ihren Ex-Mann dazu gebrachte habe, wirklich zu begreifen, welch großen Schaden sie ihrem Sohn zufügten:

Mein Ex-Mann und ich benutzten Joel als Kampfplatz, um uns aneinander zu rächen. Das machte den Jungen kaputt. Er war vier und brauchte einen Vater, aber ich konnte das damals nicht sehen und haßte den Kerl so sehr, daß ich mir ständig einredete, er sei ein miserabler Vater. Ich wollte es ihm einfach nicht gönnen, daß er sich an seinem Sohn freute. Die Scheidung hat bei uns beiden die schlimmsten Seiten zum Vorschein gebracht, aber am meisten darunter gelitten hat Joel. Erst als wir ihn um ein Haar verloren – er bekam eine Gehirnhautentzündung –, schoben mein Ex-Mann und ich unseren engstirnigen Scheißkram beiseite und konzentrierten uns wirklich auf den Jungen und seine Bedürfnisse, statt auf unsere endlosen Streitereien. Doch selbst nachdem wir den richtigen Weg erkannt hatten, hat es noch Jahre gedauert, bis der Schaden wieder behoben war. Inzwischen geben wir uns beide große Mühe, uns vor ihm nicht gegenseitig zu kritisieren, und tun, was wir können, um dafür zu sorgen, daß die Zeit, die Joel mit dem anderen verbringt, möglichst konfliktfrei verläuft...

Manchmal zwingt uns das Verhalten eines Kindes, über den eigenen Schatten zu springen und die Dinge in einem völlig neuen Licht zu sehen. Ein Vater, Veteran des Vietnam-Kriegs und jetzt Pilot bei einer Fluggesellschaft, berichtete, man habe ihm die Vorstellung anerzogen, daß Mut etwas mit »Macho«-Verhalten zu tun habe, was für ihn gleichbedeutend mit körperlicher Tüchtigkeit war. Robert (39) erzählte, das Schwerste in seinem Leben sei es gewesen, sich der Tatsache zu stellen, daß er auch seinen Teil dazu beigetragen hatte, daß seine Ehe nach 15 Jahren in die Brüche ging:

Meine Tochter war viel liebevoller als meine Frau, und ich hatte keine Ahnung, daß ich auf dem falschen Weg war. Ich hielt mich für einen guten Vater, weil ich viel Zeit mit meinem Kind verbrachte. Aber dann bekam sie in der Schule alle möglichen Probleme und geriet in schlechte Gesellschaft. Es kostete eine Ehe, und wir brauchten eine Familienberaterin, um zu erkennen, daß etwas mit der Ehe nicht in Ordnung war und unsere Tochter deshalb ihre Probleme ausagierte.

> Wenn einem ein Kind die Wahrheit an den Kopf wirft, indem es sich selbst etwas Schreckliches antut, muß man aufhören, sich etwas vorzumachen. (Bis ich das endlich begriffen habe, war sie bereits drogensüchtig.) Natürlich brauchte ich jemanden, der mir klarmachte, daß ich sie benutzte, um unseren Eheproblemen aus dem Weg zu gehen. Ich wollte es nicht glauben, bis meine Frau und ich anfingen, an unserer Beziehung zu arbeiten. Es war wie ein Wunder. Die Probleme meiner Tochter schienen sich in Luft aufzulösen.

Robert berichtete, daß seine Frau und er versuchen wollten, ihre Ehe zu retten, und daß es Zeichen der Hoffnung gebe. Doch erst mußte die Tochter durch ihr selbstzerstörerisches Verhalten den Alarm auslösen – die Aufmerksamkeit auf die Tatsache lenken, daß in der Familie etwas schieflief. Erst dann konnten Robert und seine Frau Einsichten in ihr eigenes Handeln gewinnen.

Wie diese Beispiele zeigen, müssen wir lernen, die Fehler, die wir bei unseren Kindern machen, nicht unter den Teppich zu kehren, bevor wir nicht genau herausgefunden haben, was sie bedeuten – und die Gefühle und Voraussetzungen, die zu diesen Fehlern führten, bewältigt haben. Die Einsicht in die tiefere Bedeutung unserer Fehler im Umgang mit unseren Kindern ist in doppelter Hinsicht ein Geschenk – für unsere Kinder und letztlich für uns selbst.

Deprivation und ihre Folgen

Wir haben eine Gesellschaft geschaffen, in der es immer schwieriger wird, sich um seine Kinder zu kümmern. Unsere Antenne für die Bedürfnisse unserer Kinder wird häufig durch das Dazwischenfunken – oder gar das heftige Bombardement – äußerer Anreize (»den Erwerb und die Manipulation von Gütern und Botschaften«, wie Baudrillard es formuliert) gestört. Unsere Fähigkeit, für Kinder zu sorgen, wird durch den Zwang, gut zu verdienen und Leistung in Bereichen zu erbringen, die im Widerspruch zum altruistischen Geben stehen, ständig unterminiert und beeinträchtigt. Unsere

Energien werden dadurch aufgezehrt und erschöpft, daß wir in einer Gesellschaft mithalten wollen, die auf ihre Mitglieder den Druck ausübt, materielle Güter anzuhäufen. Die Wertvorstellungen des Marktes, die unser aller Leben beherrschen, führen oft dazu, daß wir Kinder zwar nicht als etwas betrachten, was sich ausbeuten läßt, aber doch als irrelevant – fast wie einen Rückzug vom oder eine Behinderung des »richtigen« Lebens. Eine Alternative zu dieser Einstellung besteht darin, sich klarzumachen, daß das Aufziehen von Kindern vielleicht eine der wenigen Möglichkeiten darstellt, wie wir zu mehr Einsichten und zu größerer Menschlichkeit gelangen können.

Kinder teilen uns, manchmal auf rätselhafte Weise, durch ihr Verhalten mit, wenn etwas mit *uns* nicht stimmt, mit unserem Leben und der Gesellschaft, an die sie sich anpassen müssen. Natürlich versuchen Kinder nicht, ihren Eltern etwas beizubringen. Aus ganz natürlichen, egoistischen Gründen wollen sie, daß wir liebevoll und »nahe« sind, so daß sie einfach nur wachsen können – ohne sich irgendwelche Sorgen um ihre Eltern machen zu müssen.

Wenn unser Verhalten wirklich destruktiv wird, lassen uns unsere Kinder das auf drastische, oft tragische Weise spüren: durch die Zunahme der Selbstmordrate, der Depressionen und der Gewalttätigkeit bei Teenagern und durch den weitverbreiteten Drogenmißbrauch an den Schulen – inzwischen schon bei Kindern im vorpubertären Alter. Dadurch, daß wir uns mit dem Verhalten unserer Kinder und mit den emotionalen Tatsachen, die das Sorgen für sie mit sich bringt, beschäftigen, gewinnen wir Zugang zur tieferen Bedeutung der Krankheiten unserer problematischen Zeit. Ein Grund für die Übel, die uns befallen, sind die katastrophalen Auswirkungen emotionaler Deprivation sowohl auf die Mütter als auch auf die Kinder. Doch mit Ausnahme der Leute, die im Bereich der Psychologie tätig sind, nehmen nur wenige Menschen dieses Problem ernst. Aber das geballte Erleben emotionaler Deprivation ruft bei uns unvermeidlich Gefühle hervor, die sich unter Umständen verheerend auswirken können: Wut, Neid, Selbsthaß, Gier und den Wunsch nach Rache. Solche Gefühle sind die Ursache dafür, daß Kinder mißhandelt und vernachlässigt werden. Um diese negativen

Emotionen abzuwehren, setzen sich manche Eltern ganz von ihren Kindern ab. Das Gefühl der emotionalen Deprivation kann bei vielen Menschen dazu führen, daß sie nicht mehr am Wohlergehen ihrer Kinder interessiert sind.

Da es heutzutage in unserer Macht steht, alles Leben zu vernichten, ist eine neue Form von Mut erforderlich, um das schwindende Interesse für zukünftige Generationen zu verstehen. Die Angst, die Feindseligkeit und die Aggression, die uns für Kriege anfällig machen, hängen möglicherweise mit der zunehmenden Gleichgültigkeit gegenüber unseren Kindern und ihrer Zukunft zusammen.

Das größte Problem, mit dem wir derzeit konfrontiert sind, besteht darin, unsere destruktivsten Emotionen einzudämmen, um zu verhindern, daß sie auf das Leben unserer Kinder übergreifen. Zu den schrecklichsten Aspekten des Krieges gehört die Tatsache, wie leicht wir unsere Kinder zum Kämpfen veranlassen können. Jede religiöse oder ethnische Gruppe, jedes politische System, jede Familie und jeder Clan kann seine Kinder dazu bringen, irgendeinen Feind zu hassen und auf diese Weise über Generationen hinweg Fehden und Kriege aufrechtzuerhalten. Dies erreichen wir zum Beispiel auch dadurch, daß wir Deprivationsgefühle auf Kinder übertragen. Das macht sie verwundbar, extrem abhängig und schürt in ihnen eine Wut, die sich dann leicht manipulieren und von uns weg auf etwas anderes, Böses lenken läßt. Offenbar ist es nicht schwer, unsere Kinder dazu zu bringen, unsere Kriege für uns zu führen und unsere Gefühle auszuagieren, ihnen ihre Subjektivität (und auch ihre Objektivität) zu nehmen, anstatt ihnen die Individualität zuzugestehen, die wir doch angeblich so wichtig finden.

Wie bringen wir unsere Kinder dazu, unsere kriegerischen, destruktiven Impulse zu übernehmen? Wenn wir erkennen, inwieweit wir fähig sind, uns um unsere Kinder zu kümmern, und wo wir versagen, ist das der erste Schritt zur Beantwortung dieser schwierigen Frage. Kulturell betrachtet sind viele unserer Sünden Unterlassungssünden, die mit Fragen und Problemen zu tun haben, die wir vernachlässigen, umgehen oder einfach ableugnen. So tun wir zum Beispiel so, als sei das Aufziehen von Kindern einfach, reine Frauenarbeit – und das, obwohl inzwischen die meisten Mütter außer Haus arbeiten und häufig niemanden haben, der sich liebevoll und kompetent um ihre Kinder kümmert. Wir gehen nach wie vor dem Wissen aus dem Weg, daß emotionale Deprivation, ähnlich wie ganz konkreter Hunger, Leben zerstören und überwältigende Haßgefühle und heftige Rachegelüste erzeugen kann. Mütter, in ihrer Rolle als Fürsorgerinnen, sind gering geachtet und von den Machtzentren abgeschnitten; man lädt ihnen die volle Verantwortung für ihre Kinder auf, ohne ihnen dabei zu helfen, und gibt ihnen die Schuld, wenn ihre Kinder Probleme haben. Wir verstecken uns hinter fadenscheinigen Idealisierungen und wollen nicht einsehen, welche eminente Bedeutung das Kinderaufziehen hat, wie dringend notwendig es ist, Väter ganz zentral in diese Aufgabe einzubeziehen, und welch irreparable Schäden angerichtet werden können, wenn Kinder keine liebevollen und allgemein geachteten Bezugspersonen haben.

Radikale Veränderungen

In einer Kurzgeschichte mit dem Titel »Unterredung mit meinem Vater« beschreibt Grace Paley eine schwer pathologische Mutter-Sohn-Beziehung, in der eine Mutter versucht, die »enge Freundschaft« mit ihrem Sohn, einem 15jährigen Junkie, dadurch aufrechtzuerhalten, daß sie selbst heroinsüchtig wird. Doch selbst in dieser extremen Situation fordert uns die Autorin dazu auf, die Möglichkeit in Betracht zu ziehen, daß wir von unseren Kindern lernen können – und unsere unedlen Metalle in Gold verwandeln können.

Nachdem die Mutter abhängig geworden ist, verläßt der Sohn angewidert die Stadt, schafft es, von seiner Heroinsucht loszukommen, und weigert sich, seine Mutter wiederzusehen, bevor sie nicht von ihrer Abhängigkeit geheilt ist. Der ehemalige Junkie-Sohn wird zum Rollenmodell für seine Mutter. *Er* zeigt ihr den Weg aus ihrer Abhängigkeit, die ein Symptom ihrer wie auch seiner Krankheit ist.

Unfähig, die Leere ihres eigenen Lebens zu ertragen, verärgert über den Versuch ihres Sohnes, sich von ihr zu lösen, hat diese Mutter ihr Kind dazu benutzt, ihre eigenen Bedürfnisse zu befriedigen. Um das Gefühl der Einsamkeit und des Im-Stich-gelassen-Werdens abzuwehren, wurde die Mutter *wie* ihr Sohn – machte alles, was er machte (ähnlich ahmen Kinder ihre Mütter nach, sobald sie sich im Stich gelassen fühlen, imitieren ihre Gesten und Verhaltensweisen, um die Anwesenheit der Mutter heraufzubeschwören, versuchen die Illusion aufrechtzuerhalten, daß *sie* ihre Mütter sind und folglich nicht allein).

Wie diese Geschichte zeigt, neigen Eltern dazu, so wie ihre Kinder zu werden, vor allem wenn sie sich über viele Jahre hinweg tagtäglich intensiv um sie gekümmert haben. Anscheinend bedarf es enormer Anstrengung und Willenskraft, um nicht von den eigenen Kindern abhängig zu werden, um weder ihre kindlichen Eigenheiten anzunehmen, solange sie klein sind, noch ihr unberechenbares, extrem spannungsgeladenes (in diesem Fall extrem selbstzerstörerisches) Verhalten, wenn sie heranwachsen.

Ähnlich wie Huck Finn versucht der 15jährige Sohn, erwachsen zu werden, der Abhängigkeit von seiner Mutter (und ihrer Abhängigkeit von ihm) zu entrinnen, seiner Kindheit zu entkommen. Doch sein Floß ist nicht wie bei Huck, der mit dem Sklaven Jim »nach Westen« abdampfen will, die gesunde, natürliche Welt des Abenteuers. Sein Floß ist anfangs die schwächende Droge, die jedes Gefühl auslöscht. (Auch die Mutter fängt an, sie zu nehmen, weil ihr Leben derart verarmt ist, daß sie es nicht ertragen kann, mit sich allein zu sein.) Dann nimmt das Floß die Gestalt der Rehabilitation an, der emotionalen Gesundheit. Sein Floß wird der Heroinentzug, das Sicherholen, die geistige Gesundheit. (Man könnte darüber spekulieren, ob Sylvia Plath und Anne Sexton – in ihrem Bestreben, den verheerenden, verinnerlichten Beziehungen zu entfliehen – auf dieses Floß zu gelangen versuchten, auf diesem Weg aber nicht entrinnen konnten.)

Tatsächlich wird Drogenabhängigkeit häufig als Ersatz und Kompensation für frühere Bindungen benutzt, aus denen das Kind emotional verstümmelt und abhängig hervorgegangen ist. Drogen löschen bei vielen Heranwachsenden die Deprivationsgefühle und Sehnsüchte aus, die man heutzutage so schwer zu ertragen scheint. Auch Gewalttätigkeit und Selbstmorde bei Jugendlichen haben ihre Ursache zum Teil in dem Schmerz und der Wut, die durch schwierige Beziehungen hervorgerufen wurden.

Die Mutter in Paleys Erzählung lernt aus dem exemplarischen Verhalten ihres Sohnes, wird sich ihres zerstörerischen Versuches, ihren Sohn durch ihre eigene Drogenabhängigkeit zu »halten«, bewußt. Am Ende der Erzählung arbeitet die Mutter im Empfangsbüro in einer East-Village-Klinik und hilft anderen Menschen. Schließlich ist die Mutter »... erst um die Vierzig. Sie könnte im Laufe der Zeit hundert verschiedene Dinge sein auf dieser Welt, Lehrerin oder Sozialarbeiterin. Ex-Junkie: Manchmal ist das besser, als seinen Magister in Pädagogik zu haben.«

Diese Mutter wächst, anstatt zu schrumpfen; durch den Bindungsprozeß und das qualvolle Aufgeben dieser Bindung gelangt sie zu einer reiferen und positiveren Einstellung sich selbst und anderen gegenüber. Die Erzählung zeigt, daß uns unsere Kinder manchmal erstaunliche Wege zu Erkenntnis, Veränderung und Erneuerung weisen.

Ein weiteres großartiges Beispiel für eine Mutter, die das Verhalten ihres Kindes beobachtet und daraus Einsichten gewinnt, liefert die Erzählung »Faith am Nachmittag«. Paley schildert die Entrüstung eines Jungen, der mit ansieht, wie eine friedliche Anti-Kriegs-Demonstration brutal und unrechtmäßig von einem Polizisten zerstreut wird. Dieses Kind versucht nicht bewußt, seine Mutter zu verändern (eine alleinerziehende, arbeitende Mutter, die durch die vielen Jahre, in denen sie sich intensiv um ihr Kind gekümmert hat, kleinkariert geworden ist und deren Interessen sich darauf beschränken, einen Mann zu finden). Das Verhalten des Sohnes bewirkt bei der Mutter eine Umwandlung. Sie bemerkt die Empörung auf dem Gesicht ihres Jungen, bemerkt seinen tapferen und mitfühlenden Trotz; sie lernt, ihre Gedanken vom »Spielplatz der Geschlechter« abzulenken, wo sie ihre Kinder großgezogen hat. Sie fängt an, »Herz und Verstand« ihres Kindes wahrzunehmen, seinen Interessen und seiner Zukunft Beachtung zu schenken, die angesichts eines endlosen und sinnlosen Krieges ungewiß ist. Diese Mutter beginnt zu reifen, zum Individuum zu werden, »jeden Tag mehr und mehr über die Welt« nachzudenken, denn diese Welt wird zur haltenden Umwelt, in die wir unsere Kinder schicken.

Was wollen wir eigentlich für unsere Kinder, jetzt und in Zukunft? Wir müssen Tag für Tag über diese Dinge nachdenken. Wir müssen lernen, wie wir ihnen die bestmögliche haltende Umwelt bieten können. Aber wir müssen auch das gesamte Spektrum unserer Gefühle gegenüber unseren Kinder ergründen. Nur auf diese Weise können wir all das, was an zerstörerischen Kräften in uns schlummert, aufstöbern und ans Licht bringen. Wenn es uns gelingt, diese finsteren Bereiche zu erhellen, werden wir in der Lage sein, den Gefahren, mit denen die nächste Generation konfrontiert werden wird, zu begegnen.

Kinder sind wie Fenster, die sich in die Zukunft und in die Vergangenheit öffnen, in die äußere Welt und in unsere eigenen, inneren Landschaften. Wir müssen den Mut aufbringen, aus all dem, was sie uns enthüllen, zu lernen.

Die durch die Zärtlichkeit und Fürsorge einer älteren Generation genährte Hoffnung einer jungen Generation droht zu erlöschen. Die Zukunft unserer Kinder und Enkelkinder hängt davon ab, ob wir fähig sind, auch die gefährlichen Aspekte der Eltern-Kind-Beziehung zu erforschen. Was in unserer Kultur bis vor kurzem versteckt, unterdrückt und geleugnet wurde, ist von großer Bedeutung. Die emotionalen Tatsachen des Kinderaufziehens müssen gründlich durchdacht werden. Wir müssen uns diesem Aspekt unseres Selbst stellen, auch wenn dieses Bewußtmachen unseres Versagens im Umgang mit Kindern Schamgefühle und Abwehr hervorruft.

Wir müssen lernen, jedes Kind von Geburt an zu hegen und zu pflegen und jede sorgende Bezugsperson zu achten und zu unterstützen. Anders zu handeln, könnte sich für die Gattung als selbstmörderisch erweisen. Wir können es uns nicht mehr leisten, zu verdrängen, was es bedeutet, für alle Kinder zu sorgen. Wir wissen inzwischen, daß wir Fehler wiedergutmachen, Probleme lösen und unsere tiefsten Wunden heilen können, sie also sie nicht an unsere Kinder weitergeben müssen. Wenn wir uns dafür öffnen, wie es um die emotionale

Situation sorgender Bezugspersonen steht, kann uns das zu den dringend benötigten Problemlösungen führen, können wir die destruktiven Kräfte in eine positive Form des Sorgens für uns selbst und für die Welt umwandeln.

Danksagung

Ich möchte allen, die mir beim Schreiben dieses Buches geholfen und mir Mut gemacht haben, danken: Christina Wendel (deren Erkenntnisse so viele Seiten durchdringen), Tish Ezekiel, Libby Colman, Anye Rothenberg, Mary Jane Moffat, Bill Sylvester, Lin Yeiser, Dori Gores, Diane Flaherty, Kathy Parker, Patria Brown, Judith Bishop, Len Sanazaro, Bill Dickie, Kathy Williams, Peter Steinhart, Judy Steinhart, Rafe Ezekiel, Joe Gores, Pat Lupoff, Dick Lupoff, Leslie Garis, Arthur Kopit, Sue Auchincloss, Janice Brody, Mark Garofalo und meiner Agentin, Kathi Paton.

Die Anregung zu diesem Buch verdanke ich den bahnbrechenden Arbeiten anderer. Vier spezielle Bücher animierten mich, mit eigenen Recherchen zu beginnen. Jane Lazarres prägnante Memoiren *The Mother Knot* zeigen auf, daß Mutterliebe grundsätzlich mit Konflikten und Ambivalenz einhergeht. In seinem Buch *Infants and Mothers* (dt. *Babys erstes Lebensjahr*) erklärt T. Berry Brazelton, wie wichtig es ist, nicht nur den Säugling zu verstehen, sondern auch seine Bezugsperson. Dorothy Dinnerstein provozierte mich durch ihr Buch *The Mermaid and the Minotaur* (dt. *Das Arrangement der Geschlechter*) zu der Frage nach den Gründen, warum sich so viele Männer vor der Beschäftigung mit Kindern drücken. Adrienne Richs Buch *Of Woman Born* (dt. *Von Frauen geboren*) lieferte einen ersten theoretischen Rahmen für die Situation heutiger Mütter.

Ganz besonders danke ich meinem Mann, Rob Swigart, der mir geholfen hat, an dieses Buch zu glauben, und viele Versionen davon gelesen hat.

Außerdem möchte ich meinem Lektor, Paul Bresnick, für die gute Betreuung danken.

Anhang

Bibliographie

Abelin, E. L.: »Some Further Observations and Comments on the Earliest Role of the Father«, in *International Journal of Psychoanalysis* 65 (1975), 293-303.

Ariès, Philippe: *Geschichte der Kindheit*, Deutscher Taschenbuch Verlag, München 1978.

Artaud, Antonin: »Die Kunst und der Tod«, in *Frühe Schriften*, Matthes & Seitz, München 1983.

Badinter, Elisabeth: *Die Mutterliebe*, Deutscher Taschenbuch Verlag, München 1984.

Balint, Alice: »Liebe zur Mutter und Mutterliebe«, in Michael Balint: *Die Urformen der Liebe und die Technik der Psychoanalyse*, Klett, Stuttgart 1966.

Benedek, Therese: »Parenthood as a Developmental Phase: A Contribution to the Libido Theory« in *Journal of the American Psychoanalytic Society* 7 (1959), 389-417.

Bergman, Anni: »Considerations About the Development of the Girl During the Separation-Individuation Process«, in Dale Mendell (Hg.): *Early Female Development, Current Psychoanalytic Views*, Medical & Scientific Books, New York 1982, 61-81.

Bernay, Toni / Cantor, Dorothy W.: *The Psychology of Today's Women*, The Analytic Press, Hillsdale, New Jersey 1986.

Bettelheim, Bruno: *A Good Enough Parent*, Vintage Books, New York 1987.

Bibring, Grete / Kahana, Ralph J.: *Lectures in Medical Technology*, International Universities Press, New York 1968.

Blos, Peter: *Adoleszenz. Eine psychoanalytische Interpretation*, Klett-Cotta, Stuttgart 1983[3].

--: »Intergenerational Separation-Individuation: Treating the Mother-Infant Pair«, in *Psychoanalytic Study of the Child* 40 (1985), 41-57.

Brazelton, T. Berry: *Babys erstes Lebensjahr. Unterschiede in der körperlichen und geistigen Entwicklung*, Deutscher Taschenbuch Verlag, München 1975.

Cahill, Susan: *Women and Fiction*, Mentor, New York 1975.

Chasseguet-Smirgel, Janine (Hg.): *Psychoanalyse der weiblichen Sexualität*, Suhrkamp, Frankfurt 1976.

--: »The Femininity of the Analyst in Professional Practice«, in *The International Journal of Psycho-Analysis* 65 (1984), 169-79.

Chayes, M.: zitiert in Joseph Sandler: *Projection, Identification, Projective Identification*, International Universities Press, Madison, Connecticut 1987.

Chodorow, Nancy: *Das Erbe der Mütter*, Frauenoffensive, München 1985.

-- / Contratto, Susan: »The Fantasy of the Perfect Mother«, in *Rethinking the Familiy*, Longman, New York, London 1984.

Chopin, Kate: *Das Erwachen*, Rowohlt, Reinbek 1984.

Deutsch, Helene: *Psychologie der Frau* (2 Bde.), Hans Huber, Bern 1954[2].

--: *Selbstkonfrontation*, Kindler, München 1975.

Dickens, Charles, *Bleakhaus*, Winkler, München 1959.

Dinnerstein, Dorothy: *Das Arrangement der Geschlechter*, Deutsche Verlags-Anstalt, Stuttgart 1979.

Fraiberg, Selma: *Every Child's Birthright. In Defense of Mothering*, Basic Books, New York 1977.

--: »Ghosts in the Nursery«, in *Psychoanalytic Study of the Child*, Yale University Press, New Haven 1983.

Freud, Anna: »Eine Form von Altruismus«, in *Die Schriften der Anna Freud* (10 Bände), Bd. I, 1922-1936, Kindler, München 1980.

Freud, Sigmund: »Über die weibliche Sexualität«, in *Gesammelte Werke in Einzelbänden*, Bd. XIV, 517-37, S. Fischer, Frankfurt 1976[6].

Frodi, A. M. / Lamb, M. E.: »Sex Differences and Responsiveness to Infants«, in *Child Development* 49 (1978), 1182-88.

Furman, Edna: »Mothers Have to Be There to Be Left«, in *Psychoanalytic Study of the Child*, Yale University Press, New Haven 1983.

Greenacre, Phyllis: *Emotional Growth* (2 Bde.), New York 1960.

Grubrich-Simitis, Ilse: »Extreme Traumatization as Cumulative Trauma«, in *Psychoanalytic Study of the Child*, Yale University Press, New Haven 1983.

Harding, M. Esther: *Der Weg der Frau*, Rhein-Verlag, Zürich 1943.

Hardwick, Elizabeth: »On Sylvia Plath«, in Paul Alexander: *Ariel Ascending*, Harper and Row, New York 1984.

Harris, Marvin: *Cultural Materialism*, Vintage Books, New York 1980.

James, A. E. / Benedek, Therese: *Parenthood, Its Psychology and Psychopathology*, Little Brown, Boston 1970.

Kagan, Jerome: *The Nature of the Child*, Basic Books, New York 1984.

Kierkegaad, Søren: *Furcht und Zittern* (= Bd. 4 der Gesammelten Werke), Diederichs, Düsseldorf, Köln 1962.

Kotelchuck, M.: »The Infant's Relationship to the Father«, in M. E. Lamb (Hg.): *The Role of the Father in Child Development*, Wiley, New York 1976, 329-44.

Lessing, Doris: *Das goldene Notizbuch*, S. Fischer, Frankfurt 1989[6].

--: *Martha Quest*, Deutscher Taschenbuch Verlag, München 1985.

--: »Zimmer neunzehn«, in *Zwischen Männern*, Deutscher Taschenbuch Verlag, München 1986.

Loewald, Elizabeth: »The Baby in Mother's Therapy«, in *Psychoanalytic Study of the Child*, Yale University Press, New Haven 1983.

Mahler, Margaret / Gosliner, B.: »On Symbiotic Psychosis«, in *Psychoanalytic Study of the Child*, Yale University Press, New Haven 1955.

-- / Pine, Fred / Bergman, Anni: *Die psychische Geburt des Menschen*, S. Fischer, Frankfurt 1978.

Mitscherlich, Alexander: *Auf dem Weg zur vaterlosen Gesellschaft*, Piper, München 1963.

Ogden, Thomas H.: »On Potential Space«, in *The International Journal of Psycho-Analysis* 66 (1985), 129-43.

--: *The Matrix of the Mind*, Jason Aronson, New Jersey 1986.

Olds, Sharon: *The Gold Cell*, Knopf, New York 1987.

Olsen, Tillie: »Erzähl mir ein Rätsel«, »Ich stehe hier und bügle«, »He, Seemann, welches Schiff?«, alle in *Erzähl mir ein Rätsel*, Darmstadt, Luchterhand 1980.

Paley, Grace: »Faith am Nachmittag«, »Unterredung mit meinem Vater«, »Die Langstreckenläuferin«, alle in *Ungeheure Veränderungen in letzter Minute*, Suhrkamp, Frankfurt 1985.

Parke, R.: »Perspectives in Father-Infant Interactions«, in J. D. Osofsky (Hg.): *Handbook of Infant Development*, Wiley, New York 1979, 110-30.

-- / Sawin, D. B.: »The Familiy in Early Infancy«, in F. A. Pedersen (Hg.): *The Father-Infant Relationship*, Praeger, New York 1980, 44-70.

Pedersen, F. A. / Anderson, B. / Kain, R.: »Parent-Infant and Husband-Wife Interactions Observed at Five Months«, in F. A. Pedersen (Hg.): *The Father-Infant Relationship*, Praeger, New York 1980, 65-91.

Plath, Sylvia: *The Collected Poems*, Harper and Row, New York 1960.

Pruett, Kyle D.: »Infants of Promary Nurturing Fathers«, in *Psychoanalytic Study of the Child*, Yale University Press, New Haven 1983.

--: »Oedipal Configurations in Young Father-Raised Children«, in *Psychoanalytic Study of the Child*, Yale University Press, New Haven 1985.

Rich, Adrienne: *Von Frauen geboren. Mutterschaft als Erfahrung und Institution.* Frauenoffensive, München, 1979.

Ruddick, Sara: *Maternal Thinking*, Beacon Press, Boston 1989.

Rutter, M.: »Maternal Deprivation, 1972-1978: New Findings, New Concepts, New Approaches«, in *Child Development* 50 (1979), 283-305.

Sade, Donatien A. de: *Die hundertzwanzig Tage von Sodom oder Die Schule der Ausschweifung* (2 Bde.), Wien 1908.

Settlage, C. F. / Curtis, J. / Lozoff, Marjorie / Lozoff, Milton / Silverschatz, G. / Simburg, E. J.: »Conceptualizing Adult Development«, in *Journal of the American Psychoanalytic Association*, Bd. 36, 1988, Nr. 2, International Universities Press, Connecticut 1987.

Sexton, Anne: *All My Pretty Ones*, Houghton Mifflin Company, Boston 1961.

--: *Live or Die*, Houghton Mifflin Company, Boston 1966.

Styron, William: *Sophies Entscheidung*, Droemer Knaur, München, 1982.

Winnicott, D. W.: *Reifungsprozesse und fördernde Umwelt*, Kindler, München 1974.

--: *Vom Spiel zur Kreativität*, Klett, Stuttgart 1973.

Woolf, Virginia: *To the Lighthouse*, Dent, London 1964. Dt.

Ausgabe: *Die Fahrt zum Leuchtturm*, S. Fischer, Berlin, Frankfurt 1965.

Zak de Goldstein, Raquel: »The Dark Continent and Its Enigmas«, in *The International Journal of Psycho-Analysis* 65, (1984).

Quellennachweis

Auszüge aus »Daddy«, »Magi«, »Brasilia«, »The Night Dances«, »Child«, »Nick and the Candlestick«, »Death & Co.«, »Morning Song«, »Lesbos«, »Balloons«: Sylvia Plath, *The Collected Poems.*

Copyright © 1960, 1965, 1971, 1981 by the Estate of Sylvia Plath; mit frdl. Genehmigung von Olwyn Hughes.

Auszüge aus »The Disquieting Man«, »The Colossus«: Sylvia Plath, *The Colossus.* Copyright © 1962 by the Estate of Sylvia Plath; mit frdl. Genehmigung von Olwyn Hughes.

Auszüge aus »Pain for a Daughter«, »A Little Uncomplicated Hymn«, »Little Girl, My String Bean, My Lovely Woman«, »Those Times«: Anne Sexton, *Live or Die.* Copyright © 1966 by Anne Sexton.

Auszug aus »Housewife«: Anne Sexton, *All My Pretty Ones.* Copyright © 1966 by Anne Sexton.

Auszüge aus »That Moment«, »Looking at Them Asleep«, »The Signs«: Sharon Olds, *The Gold Cell.* Copyright © 1987 by Sharon Olds.

Auszüge aus »Dutch Graves in Bucks County«: *The Collected Poems of Wallace Stevens.* Copyright © 1954 by Wallace Stevens.